Beate Eberhardt
Eva-Maria Stoppkotte (Hrsg.)

Demokratie in der Arbeitswelt

Beate Eberhardt
Eva-Maria Stoppkotte (Hrsg.)

Demokratie in der Arbeitswelt

Strategien und Handlungsfelder gegen Rechtsextremismus

BUND
VERLAG

Bibliographische Information der Deutschen Nationalbibliothek
Die Deutsche Nationalbibliothek verzeichnet diese Publikation in der Deutschen Nationalbibliografie; detaillierte bibliografische Daten sind im Internet über *http://dnb.d-nb.de* abrufbar.

Umschlag: Felix Schramm, Großostheim (fsvk.design)
Satz: Dörlemann Satz, Lemförde
Druck: CPI books GmbH, Birkstraße 10, 25917 Leck

ISBN 978-3-7663-7516-2

kontakt@bund-verlag.de
www.bund-verlag.de

Inhaltsverzeichnis

Vorwort

Als die Idee für diesen Reader nach der Europawahl 2024 entstand, wollten wir der rechtsextremen Demagogie eine klare Kante entgegensetzen – aus der gewerkschaftlichen und aus der betrieblichen Perspektive. Da Betriebe und Dienststellen ein Abbild der Gesellschaft sind, kommen auch hier die Protagonisten mit einem gefestigten rechtsextremen Weltbild aus der Deckung und tragen Rassismus und Ausgrenzung zunehmend in die Arbeitswelt. Wo das (noch) nicht der Fall ist, sollte man sich wappnen: Couragiert und überlegt gegenüber Demokratieverächtern auftreten, wenn sie die Betriebsverfassung schlecht machen, freie Gewerkschaften verunglimpfen und gewählte Interessenvertretungen angreifen oder beleidigen.

Längst haben und hatten sich gewerkschaftliche Initiativen und Vereine gegründet, die Interessenvertretungen stärken, informieren, aufklären. Sie kommen in diesem Band zu Wort – neben Gewerkschaftsvertreter*innen, Vertreter*innen der Wissenschaft und Interessenvertretungen. Die Haltung und Botschaft sind unmissverständlich: Bei Fremdenfeindlichkeit und Rassismus muss man aufstehen und sich wehren! Es gilt, den Hintergrund sorgfältig auszuleuchten, fundierte Analysen zu verbreiten, sich gezielt zu vernetzen sowie sich über rechtliche Gestaltungsspielräume zu informieren und diese aktiv zu nutzen. Schließlich können und müssen die Betriebsparteien einen eigenständigen Beitrag zur kulturellen Verständigung und zur Stärkung der Demokratie leisten – für Vielfalt, Respekt, Toleranz. Das betrifft Arbeitgeber genauso wie gewählte Interessenvertretungen und die DGB-Gewerkschaften.

Es war unser Antrieb, konkret herauszuarbeiten, worin dieser eigenständige Beitrag der Betriebsparteien besteht. Dafür haben wir Autorinnen und Autoren gewonnen, die in 19 Beiträgen sowie in Interviews verdeutlichen: Es gibt wegweisende Erkenntnisse und Positionen, erfolgversprechende Strategien sowie gesetzliche Mitbestimmungsrechte und Vorschriften, die uns gegenüber Rechtspopulisten und -extremisten handlungs- und aktionsfähig machen. Die demokratisch organisierte Arbeitswelt, Bürger-

und Menschenrechte, die uns alle schützen, sind es wert, verteidigt und stark vertreten zu werden. Bei allen Beteiligten bedanken wir uns sehr herzlich für ihre Ideen, Beiträge und die gelebten Praxisbeispiele!
Inzwischen sind wir einige Landtagswahlen und eine vorgezogene Bundestagswahl weiter. Das Gedankengut rechtspopulistischer, nationalistischer Gruppen und Parteien hatte Zulauf, war bei Wahlen bedenklich erfolgreich und macht vor den Werkstoren, Dienststellen und Arbeitsstätten nicht Halt. Die Entwicklung unterstreicht, dass dieser Reader nicht nur mit Blick auf die Betriebsratswahlen 2026 für die Praxis relevant ist. Die Beiträge sprechen für sich, sie stehen insgesamt für alles, was uns wichtig ist. Wer sich einen kurzen Eindruck vom Inhalt der einzelnen Texte verschaffen möchte, gewinnt im Kurzbeitrag »Zum Inhalt« mit Abschnitten zu den Beiträgen einen Überblick. Für weitere Informationen und zum Vernetzen finden Interessierte Surftipps am Ende des Readers.

Beate Eberhardt und Eva-Maria Stoppkotte

Zum Inhalt

Wachsende Ungleichheit höhlt auf lange Sicht die Demokratie aus. Echte Freiheit bedeutet Schutz vor Ausbeutung – und nicht einfach nur die Abwesenheit von Regeln. Freiheit ist auch die Fähigkeit, sein Potenzial ausschöpfen zu können. Jemand, der mehrere Jobs gleichzeitig hat, ist nicht frei. Er tut, was er tun muss, um zu überleben. Das sagt Professor Joseph E. Stiglitz in der Auseinandersetzung mit dem Rechtspopulismus und der Wirtschaftspolitik in den USA.[1] Sein aktuelles Buch trägt den Titel: »Der Weg zur Freiheit: Ökonomie für eine gerechte Gesellschaft«.
Bei uns in Deutschland sind die Menschen von der Wucht der Transformation erschüttert und verunsichert. Wirtschaftliche Turbulenzen, reale negative Erfahrungen durch Betriebsschließungen und Personalabbau schüren Ängste. Dieses Bild prägt nicht nur die letzten Monate, sondern es geht um Trends der letzten rund 20 Jahre. Viele Menschen haben daher das begründete Empfinden, dass die Versprechen der sozialen Marktwirtschaft nicht mehr gelten; Reichtum und Wohlstand sind ungleich verteilt. In der Folge gehen sie in Teilen Populisten auf den Leim, die einfache Antworten auf komplizierte Probleme anbieten, für jede Fehlentwicklung Sündenböcke liefern, nicht nach politischen Ursachen und ernsthaften Lösungen suchen.
In dieser gesellschaftlichen und (sozial-)politischen Gemengelage gilt es, sprach- und handlungsfähig zu sein, die Werte der Demokratie, der Gerechtigkeit, der Solidarität und der Menschlichkeit offensiv zu vertreten. Auch und gerade in der Arbeitswelt. Das ist Sache der Gewerkschaften und der Interessenvertretungen, die in den Betrieben noch in einer außergewöhnlich komfortablen Situation sind: Sie gestalten und bestimmen mit – und genießen das Vertrauen der Beschäftigten. Das muss erhalten und gestärkt werden, denn Gewerkschaften gelten als glaubwür-

1 Die Zeit, Interview 9.7.2025 (online gelesen). Joseph E. Stiglitz (82 Jahre), Professor an der Columbia University, wurde 2001 mit dem Nobelpreis für Wirtschaftswissenschaften ausgezeichnet.

dige Anwälte, die die Interessen der Arbeitnehmerschaft wahrnehmen, die politisch und praktisch relevante Themen aufgreifen, die das Leben der Menschen konkret verbessern (können). Hier setzen wir angesichts der rechtspopulistischen Herausforderungen in diesem Band an: Dazu haben wir drei inhaltliche Schwerpunkte entwickelt, die das Thema strukturieren und eine fundierte Auseinandersetzung ermöglichen.

Im ersten Block geht es um »Analysen: Politische Ausgangslage und gewerkschaftliche Einschätzungen«:

Gerd Wiegel Antifaschismus gehört zur DNA der Gewerkschaften. Die Erinnerung an die Zeit des Nazi-Regimes und die Zerschlagung freier Gewerkschaften ist wach. Der DGB und seine Gewerkschaften haben sich klar gegen antidemokratische, rassistische und rechtsextreme Strömungen positioniert, da diese Ideologien weiter an Einfluss gewinnen – in Deutschland, Europa und darüber hinaus. Verstärkt wurden Programme zur politischen Bildung, Projektarbeit, Netzwerke und Aufklärung gefördert. Im Fokus steht dabei, die eigenen Ziele und Vorstellungen einer solidarischen Gesellschaft zu schärfen und offensiv zu vertreten. Klare Kante bei rechtsextremen, menschenverachtenden Äußerungen oder Übergriffen gehört dazu. Gerd Wiegel liefert einen Überblick.

Prof. Dr. Thomas Klebe Demokratie im Wirtschaftsleben ist ein hohes Gut, aber stets neu zu erkämpfen. Überall, wo das Arbeitsleben geregelt wird, haben Beschäftigte eine Stimme und Rechte, sie können Entscheidungen beeinflussen. Insbesondere die betriebliche Mitbestimmung stärkt das Demokratieprinzip in der Arbeitswelt. Als Lehren aus den Katastrophen zweier Weltkriege wurden und werden diese Leitbilder verfolgt und in Recht und Gesetz umgesetzt. Heute gilt es, diese demokratischen Grundlagen zu verteidigen und mithilfe des geltenden Rechts durchzusetzen, so Prof. Dr. Thomas Klebe. Daneben ist Demokratie im Betrieb praktisch zu stärken: über die Teilhabe der Beschäftigten, ihre Angelegenheiten zu vertreten. Dazu müssen ihnen betriebliche und gewerkschaftliche Angebote unterbreitet werden.

Michael Vassiliadis Im ersten, idealisierten Stadium hat die Idee der Transformation Euphorie entfacht: Man hatte alles im Griff – mit Zielen, Modellen, Projekten und dem Versprechen der wirtschaftlichen und politischen Stärke in Europa. Nun hat uns mit Krisen, Kriegen und internationalen Zerwürfnissen die Realität eingeholt. Michael Vassiliadis mahnt: Trends und Ereignisse werden von bestimmten Gruppen genutzt, um die populistischen Debatten anzuheizen. Die Gewerkschaften müssen die Menschen, deren Leben, deren Zukunft in den Fokus rücken, wenn es um tragfähige Lösungen geht. Seine Forderung: Politik und Unternehmen müssen langfristige, tragfähige Strategien entwickeln und ihre Verantwortung gegenüber den Menschen achten.

Prof. Dr. Marcel Fratzscher Umfragen und Studien ergeben, dass überdurchschnittlich häufig Männer im mittleren Alter zwischen 45 und 59 Jahren die AfD wählen. Der Zuspruch ist in den ostdeutschen Bundesländern besonders hoch, zudem in ländlichen und strukturschwachen Regionen Deutschlands, die ökonomisch abgehängt zu werden drohen. Hier profitiert die AfD von großer Zustimmung. Das Einkommen und die Bildung ihrer Wähler sind eher gering bis mittelhoch, Arbeiter und Arbeitslose sind überdurchschnittlich häufig vertreten. Wissenschaftliche Analysen zeigen aber, dass gerade diese Menschen nicht vom AfD-Wahlprogramm profitieren.

Dr. Klaus Heimann Die AfD macht die Demokratie verächtlich und bekämpft deren Institutionen. Sie agitiert sprachlich gewalttätig – teils sogar in den Parlamenten –, was bisweilen in reale Gewalt umschlägt. Sie propagiert Feindbilder gegen Menschen mit Migrationshintergrund, die als Sündenböcke für alles herhalten müssen, was hierzulande (angeblich) schief läuft. Der Autor betrachtet das Verhalten von AfD-Funktionären und unterzieht die Programmatik der selbst ernannten »Alternative« einer Prüfung.

Tim Ackermann Gerade in der aktuellen politischen Lage kommt Gewerkschaften und Interessenvertretungen eine wichtige Aufgabe zu: Sie setzen sich in der Arbeitswelt für demokratische Werte und für die Gleichbehandlung aller Menschen ein. Dabei sind sie (noch) im Vorteil, da sie beim Gros der Beschäftigten als glaubwürdige Instanzen gelten, die nah an den Bedürfnissen der Menschen agieren: relevante Probleme aufgreifen und lösen, spürbare Verbesserung durchsetzen und so fort. Tim Ackermann fordert: Abstiegsängste und Ohnmachtsgefühle in Teilen der Belegschaften mit glaubwürdigem Handeln und politischen Angeboten bekämpfen!

Romin Khan Mehr als zwölf Millionen Menschen mit Migrationshintergrund sind hierzulande erwerbstätig. Die polarisierte Migrationsdebatte zur Bundestagswahl 2025 hat dazu beigetragen, die berufliche Teilhabe zugewanderter Menschen zu erschweren, ihre Potenziale bleiben vielfach ungenutzt. Dabei spitzt sich der Fach- und Arbeitskräftebedarf zu. ver.di und DGB weisen schon lange darauf hin: Zum inländischen Erwerbstätigenpotenzial gehören auch die vielen Menschen, die im letzten Jahrzehnt nach Deutschland geflüchtet sind. Ihr Zugang zum Arbeitsmarkt ist teils restriktiv eingeschränkt. Das ist inhuman und auch unter wirtschaftlichen Kriterien nicht nachvollziehbar. Romin Khan stellt die ver.di-Forderungen dazu vor.

Im zweiten Block geht es um die »Rechtslage: Mitbestimmungsrechte und betriebliche Handlungsfelder«:

Tim Hühnert Rassismus und Fremdenfeindlichkeit sind in unserer Gesellschaft zunehmend präsent und machen vor Betrieben und Dienststellen nicht Halt. Interessenvertretungen können aktiv gegen Diskriminierung vorgehen, indem sie ihre Rechte aus dem Betriebsverfassungsgesetz, dem Bundespersonalvertretungsgesetz und dem Allgemeinen Gleichbehandlungsgesetz nutzen. Tim Hühnert liefert den rechtlichen Überblick.

Dr. Ernesto Klengel, Dr. Laurens Brandt Es wird viel über den Schutz der Demokratie diskutiert, aber selten über Demokratie-Erfahrungen am Arbeitsplatz. Wer sich dort fremdbestimmt fühlt, ist oft auch mit der gesellschaftlichen Demokratie unzufrieden. Wie kann das verändert werden? Welche rechtlichen Möglichkeiten gibt es? Und wie können Betriebsräte ihre Arbeit gestalten, um die betriebliche Demokratie zu stärken? Betriebsräte verfügen über Instrumente, um direkte Beteiligung und interkulturelle Zusammenarbeit zu fördern. Studien zeigen, dass dies wirtschaftlich sinnvoll ist und zur Demokratisierung der Gesellschaft beiträgt.

Michael Kröll Personalräte können und müssen gegen Diskriminierung und rechtsextremen Hass aktiv werden. Ihr Engagement für Gerechtigkeit und eine gute Betriebskultur wird von umfassenden rechtlichen Instrumenten der Personalvertretungsgesetze unterstützt. Michael Kröll betont: Der Personalrat steht nicht allein da, wenn es darum geht, sich gegen jedwede Diskriminierung stark zu machen. Auch die Dienststelle und deren Leitung sind gefordert.

Pia Bräuning, Dr. Fessum Ghirmazion Die häufigsten Fälle von Diskriminierung finden in der Arbeitswelt statt. Mit dem Allgemeinen Gleichbehandlungsgesetz kann dagegen vorgegangen werden: Niemand darf wegen seiner Herkunft, wegen des Geschlechts, Alters, der Religion und Weltanschauung, der sexuellen Identität und Orientierung oder einer

Behinderung diskriminiert werden. Das Team Bräuning und Ghirmazion stellt zudem die Hebel im Betriebsverfassungsgesetz vor, gegen Diskriminierung vorzugehen – auf individueller und auf betrieblicher Ebene.

Friederike Boll, Isaf Gün Der Betriebsrat kann mit seinem Engagement und mit Initiativen ein starkes Zeichen gegen Rassismus und Diskriminierung setzen. Mit klarer Haltung und auf Basis der Mitbestimmung sorgt er für ein respektvolles, tolerantes und wertschätzendes Arbeitsumfeld. Die Autorinnen Boll und Gün fordern dazu auf, gemeinsam mit den Kolleg*innen das Betriebsklima zu gestalten.

Sabine Reimann Soziale Medien spielen eine entscheidende Rolle bei der Verbreitung menschenverachtender Ideologien und der Stärkung der extremen Rechten. Die Plattformen bieten eine Bühne für Hassrede und Radikalisierung. Doch es gibt Wege, dem entgegenzuwirken: fundiertes Informieren, kritisches Hinterfragen und aktives Vorgehen gegen Hassreden.

Dr. Simon Jakobs Interessenvertretungen müssen auf rechtsextreme, diskriminierende und rassistische Äußerungen im Betrieb reagieren, um ein respektvolles, demokratisches Arbeitsumfeld zu fördern. Dabei sind nicht nur das Arbeitsrecht, sondern auch die Grundrechte und Vorschriften weiterer Gesetze zu achten – ihnen ist betrieblich Geltung zu verschaffen. Kommunikative und argumentative Strategien sowie entsprechende Schulungen helfen dabei, verbale Übergriffe direkt zu kontern.

Im dritten Block geht es um »Gute Praxis: Initiativen gegen Rechtsextremismus, für Vielfalt und Demokratie«:

Interview VBD Ausgangspunkt Automobilindustrie in Baden-Württemberg: Dort hat die rechtsextreme Liste »Zentrum Automobil« in Gremien großer Unternehmen Fuß gefasst. Die AfD versucht mithilfe dieser Liste, ihren Einfluss in der Arbeitswelt zu stärken. Sie greift die DGB-Gewerkschaften und die IG Metall massiv an. Der »Verein zur Bewahrung der Demokratie« (VBD) wurde auf Initiative der IG Metall gegründet und unterstützt Betriebsräte dabei, gegen Feinde der Gewerkschaften und der Betriebsverfassung vorzugehen. Mit und neben dem Verein ist zudem die »Initiative betriebliche Demokratiekompetenz« aktiv, die der DGB koordiniert. Das Interview mit Danial Bamdadi und Lukas Hezel bietet Einblicke in die rechte Szene, zeigt erschreckende Trends auf, stellt aber auch wirksame Lösungen vor.

Peter Eitner, Freia Polzin Für die IGBCE ist klar: Der Betriebsrat spielt eine zentrale Rolle bei der Förderung von Demokratie, Grundrechten und Antidiskriminierung. Der Beitrag geht auf die Rechtsgrundlagen ein, bietet aber vor allem Einblicke in die gute Praxis von drei Unternehmen. Die Beispiele aus der Chemie- und Energiebranche stellen spannende Ideen und Initiativen vor, wie Demokratieförderung in den Arbeitsalltag integriert werden kann, und zwar von beiden Betriebsparteien: Interessenvertretung und Geschäftsleitungen ziehen an einem Strang.

Interview GBR Siemens AG Für ihr Projekt »Demokratie schützen, Grundwerte stärken« wurden der Gesamtbetriebsrat (GBR) und der Konzernbetriebsrat (KBR) der Siemens AG 2024 mit dem Deutschen Betriebsräte-Preis in Gold ausgezeichnet, den der Bund-Verlag vergibt. Saskia Kraußer, Metin Bukan und Peter Kropp berichten im Gespräch über eine breit angelegte Unternehmensinitiative für Vielfalt, Respekt und Demokratie. Sie verteidigen am Arbeitsplatz soziale und gesellschaftliche Errungenschaften, die nicht zum Nulltarif zu haben sind. Der Arbeitgeber zieht mit.

Elisa Rabe Die Gewerkschaft Nahrung-Genuss-Gaststätten (NGG) hat das Thema »Partnerschaftliches Verhalten« auf ihre Agenda gesetzt und praxisnah aufbereitet. Die Autorin erläutert, wie sich eine demokratische Betriebskultur mit Betriebsvereinbarungen und verschiedenen Aktionen fördern lässt. Ein Beispiel guter Praxis, die Gesamtbetriebsvereinbarung (GBV) einer Hotelkette, wird in einem Kurzinterview vorgestellt: Die GBV schafft Verbindlichkeit, weil sie immer wieder thematisiert und diskutiert wird, weil sie die Beschäftigten stärkt, die durch die GBV ihre Rechte kennen.

Thomas Otto Populisten und Extremisten zielen mit einfachen, zersetzenden Botschaften auf die Erosion der Demokratie. Gewerkschaften können und müssen handeln, Bildungsinitiativen und die Nähe zu den Menschen und ihren Belangen sind wertvolle Strategien: Es geht darum, sinnvolle Lösungen und Alternativen aufzuzeigen, die Menschen mit überzeugenden Konzepten erreichen, und offensiv relevante Themen zu setzen. Glaubwürdige Gestaltungsperspektiven sind erforderlich: ein stimmiges Bild einer stabilen Demokratie, der sozialen Marktwirtschaft und einem zukunftsfesten Sozialstaat, der niemanden zurücklässt. Widersprüche dürfen nicht verkleistert werden.

Analyse:
Politische Ausgangslage und gewerkschaftliche Einschätzungen

Gerd Wiegel
leitet beim DGB-Bundesvorstand das Referat Demokratie, Migrations- und Antirassismuspolitik und arbeitet seit vielen Jahren zur extremen Rechten in Deutschland und Europa.

Klare Kante gegen Rechts

Gewerkschaftliche Handlungsfelder in der Auseinandersetzung mit der extremen Rechten und für Demokratie[1]

Darum geht es in diesem Beitrag

Antifaschismus gehört zur DNA der Gewerkschaften. Die Erinnerung an die Zeit des Nazi-Regimes und die Zerschlagung freier Gewerkschaften ist wach: mit Verhaftungen, Verfolgung, Inhaftierung und Hinrichtung ungezählter Opfer, darunter viele engagierte Kolleginnen und Kollegen. Selbstverständlich mischen sich der DGB und seine Gewerkschaften ein, wenn die Demokratie gefährdet ist und von Parteien vertretene rechte Ideologien an Einfluss gewinnen – in Deutschland, Europa und darüber hinaus. Grund genug, dass sich die Gewerkschaften gegen den Aufstieg der extremen Rechten zur Wehr setzen und verstärkt mit besonderen Programmen der Bildung, Projektarbeit und Aufklärung die eigenen Ziele und Vorstellungen einer solidarischen Gesellschaft schärfen und offensiv vertreten. Ein Überblick.

»AfD: Der Feind der Beschäftigten«, so heißt es prominent auf der Homepage des Deutschen Gewerkschaftsbunds (DGB), wenn man dort mit dem Stichwort »AfD« sucht. Antifaschismus gehört zur DNA der Gewerkschaften und eine Partei, die in weiten Teilen zur extremen Rechten zu zählen ist, steht konträr zu fast allem, wofür Gewerkschaften stehen:

- Die kraftvolle Vertretung der Interessen der Beschäftigten in der Auseinandersetzung von Kapital und Arbeit;
- gute Löhne und Gute Arbeit in einem sozial-ökologisch orientierten Wirtschaftsmodell;
- starke Gewerkschaften, die die Ansprüche der Beschäftigten auf betrieblicher Ebene unterstützen;

1 Ich danke den Kolleg*innen aus dem Projekt »Vernetzung, Aufklärung, Unterstützung« (VAU) und der Koordinierungsstelle Betriebliche Demokratiekompetenz für wertvolle Hinweise auf ihre Praxis.

- ein finanziell auskömmlich ausgestatteter Sozialstaat, der die Risiken des Lebens absichert;
- ein solidarisches Miteinander der Beschäftigten, unabhängig von ihrer Herkunft, ihrem Glauben, ihren sexuellen Orientierungen.

Zahlreiche weitere gewerkschaftliche Werte ließen sich nennen, denen die extreme Rechte in all ihren Schattierungen und eine Partei wie die AfD entgegenstehen.

Demokratie ist für Gewerkschaften das zentrale Lebenselixier – und historisch haben sie bittere Erfahrungen gemacht, was es für ihre Arbeit bedeutet, wenn die Demokratie gefährdet ist. Verfolgung, Verbot, Verschleppung in die Lager und häufig Ermordung ihrer Vertreter und Vertreterinnen sind die bis heute wache Erinnerung an die Zeit des Nazi-Regimes. Insofern ist es selbstverständlich, dass sich Gewerkschaften und der DGB dann einmischen, wenn die Demokratie gefährdet ist, wenn die extreme Rechte an Einfluss gewinnt und wenn Parteien, die extrem rechte Ideologien vertreten, an Stärke und Einfluss gewinnen – in Deutschland, Europa und darüber hinaus.

Die extreme Rechte steht konträr zu den Interessen der Beschäftigten

Die AfD ist im Wahlzyklus 2024/25 zur stärksten Gefahr für die Demokratie in Deutschland seit 1945 herangewachsen. Ihr Aufstieg erfolgt in einer Phase der Zunahme autoritärer Regierungen weltweit und des wachsenden Einflusses ähnlicher Parteien. Von Ungarn über die Niederlande bis Schweden, von Italien über die Slowakei bis Finnland und Belgien reichen die Regierungsbeteiligungen dieser Parteien in Europa – von den USA oder Argentinien gar nicht zu sprechen. Zweifellos befinden sich die liberalen Demokratien des Westens in einer heftigen Auseinandersetzung mit diesem neuen/alten Autoritarismus und die Gewerkschaften sind in dieser Auseinandersetzung nicht neutral.

Die Verbindung der Tech-Milliardäre um Elon Musk mit der Trump-Administration, aber auch die Regierungspolitik zahlreicher Parteien dieses Typs haben immer wieder gezeigt, dass die extreme und autoritäre Rechte konträr zu den Interessen von Beschäftigten und Gewerkschaften steht. Abschaffung des Flächentarifvertrags, Verlängerung der Arbeitszeiten, Verdrängung der Gewerkschaften aus den Betrieben, die weitere Umverteilung von unten nach oben und eine Politik im Sinne der Reichen, eine

rückwärtsgewandte Wirtschaftspolitik, die Spaltung von Belegschaften entlang der Frage Migration – das sind nur einige Erfahrungen mit einer Partei wie der AfD (vgl.: *https://www.dgb.de/gerechtigkeit/demokratie/afd-der-feind-der-beschaeftigten/*).
Grund genug also, sich als Gewerkschaften gegen diesen Aufstieg der extremen Rechten zur Wehr zu setzen, die eigenen Ziele und Vorstellungen einer solidarischen Gesellschaft zu schärfen und den Kampf für Demokratie und Menschenrechte mit noch mehr Nachdruck zu führen.

Verabredungen zum Wahlzyklus 2024/25

Im Sommer und Herbst 2023 erreichten die bundesweiten Umfrageergebnisse der AfD die 20-Prozent-Marke; in den ostdeutschen Bundesländern, in denen im Herbst 2024 Landtagswahlen anstanden, sahen die Prognosen noch bedrohlicher aus – und haben sich dann bestätigt. Der DGB-Bundesvorstand beschloss in dieser Zeit (2023), die Auseinandersetzung für die Demokratie zu einem wichtigen Feld der politischen Arbeit zu machen. Der Wahlzyklus 2024/25 sollte aktiv begleitet und das Thema der Gefährdung der Demokratie zu einem zentralen Thema werden. Insbesondere soll auch weiterhin die betriebliche Ebene stärker in diese Auseinandersetzung einbezogen werden, denn hier haben die Gewerkschaften ein Handlungsfeld, das nur von ihnen mit Aussicht auf Erfolg erschlossen werden kann.
Der Arbeitsplatz als Ort gesellschaftspolitischer Debatten, verbunden mit der Möglichkeit, die Sorgen und Nöte der Kolleg*innen zu erfahren und mit ihnen in Gespräche über die politische Entwicklung und die Krise der Demokratie zu kommen – das war die Idee hinter diesem Ansatz. Der weitere Aufstieg der AfD, so die Erfahrung der letzten Jahre, lässt sich nicht mit der moralischen Diskreditierung dieser Partei und ihrer Anhänger*innen als Demokratiefeinde und Rechtsextremisten verhindern. Die Kolleg*innen in den Betrieben wollen nicht politisch missioniert, sondern mit ihren Sorgen ernst genommen werden.
»Offenes Ohr und klare Kante« war deshalb eine Verabredung zur Ansprache auch von Kolleg*innen, für die die Wahl der AfD sehr wohl eine Option ist. Es sollte darum gehen, Interesse und Offenheit gegenüber den betrieblichen, aber auch gesellschaftspolitischen Problemen zu zeigen, die die Kolleg*innen umtreiben, und gleichzeitig eine klare Haltung gegenüber der Politik der AfD einzunehmen, ohne die Gesprächspartner*innen, die in diese Richtung tendieren, moralisch in eine Ecke zu stellen.

Mit drei konkreten Maßnahmen sollte dieser Ansatz unterstützt werden:

1. Aufbau einer Taskforce »Demokratie stärken« beim DGB-Bundesvorstand, in der die thematisch Verantwortlichen des DGB und der Mitgliedsgewerkschaften in engem Austausch abstimmen, welche Instrumente und Unterstützung die Gewerkschaftskolleg*innen vor Ort brauchen, um diese Themen auf die betriebliche Ebene zu tragen.
2. Die Einstellung von Kolleg*innen in den drei DGB-Bezirken, in denen 2024 die Landtagswahlen stattfanden, um die Bezirke beim Thema Kampf für Demokratie zu unterstützen.
3. Schließlich die Aufstockung des Bildungsprojekts »Vernetzung, Aufklärung, Unterstützung« (VAU) des DGB Bildungswerks zur Schulung von haupt- und ehrenamtlichen Gewerkschafter*innen in der Auseinandersetzung mit der extremen Rechten um eine Stelle speziell für Ostdeutschland. Hinzu kam die vom DGB mitbetriebene Gründung eines bundesweiten Bündnisses »Zusammen für Demokratie«, das die Arbeit lokaler Demokratieinitiativen sehr konkret unterstützen soll (*https://zusammen-fuer-demokratie.de/*)

Inhaltliche Auseinandersetzung

Die AfD vertritt als Teil des konservativen und rechten Parteienspektrums besonders in den Bereichen Wirtschaft, Arbeit und Soziales, Steuern etc. politische Positionen, die den materiellen Interessen von Beschäftigten und Gewerkschaftsmitgliedern zuwiderlaufen (vgl. die Beiträge von M. Fratzscher und K. Heimann in diesem Band). Insofern sollte es mit Blick auf die Wahlauseinandersetzungen auch darum gehen, inhaltliche Argumentationen zur AfD zu entwickeln, mit denen die gewerkschaftlichen Kolleg*innen vor Ort deutlich machen und belegen können, welche Politik von der AfD in den Parlamenten verfolgt wird. Ihre parlamentarischen Aktivitäten gegen den Flächentarifvertrag und gegen geltende Vergabegesetze in einzelnen Bundesländern, mit denen öffentliche Aufträge nur an tarifgebundene Unternehmen vergeben werden sollen, sollten in den Blick gerückt werden. Gleiches gilt für ihre Entlastungsvorschläge für Reiche und Vermögende, verbunden mit der Ablehnung von Vermögens- und Erbschaftssteuer, ihr finanziell nicht durchgerechnetes Rentenkonzept, aber auch ihr antiquiertes Familienbild.

Kurze Argumentationspapiere zu Themen wie Flächentarif, Streikrecht, Steuerkonzepte, Rente, Gewerkschaftsfeindlichkeit wurden verfasst, außerdem zu den Themen Familien- und Geschlechtermodelle der AfD, Migration oder zum Thema Frieden. Ziel dabei war es, die Kolleginnen und Kollegen in den Betrieben argumentativ zu erreichen, die nicht aus ideologischer Überzeugung, sondern aus Enttäuschung über die Politik der Ampel erst kürzlich zur AfD übergegangen sind (vgl. WSI-Report 92: Andreas Hövermann: Das Umfragehoch der AfD, *https://www.wsi.de/de/faust-detail.htm?sync_id=HBS-008748*).

Der DGB-Ansatz beruhte also auf der Annahme, dass in Zeiten der wirtschaftlichen Krise die Wahlauseinandersetzung stark von wirtschafts-, sozial- und arbeitsmarktpolitischen Themen geprägt ist und es hier darauf ankommt, die weitgehend neoliberalen und gegen die Interessen der Beschäftigten gerichteten Konzepte der AfD zu entlarven. Auch wenn der überwiegende Teil der Wähler*innen dieser Partei sie inzwischen nicht aus Protest, sondern aus inhaltlicher Überzeugung wählt, sollte es darum gehen, den ideologisch noch nicht festgelegten und gewerkschaftlich erreichbaren Teil ihrer neuen Wähler*innen anzusprechen.

Der Wahlkampf zur Bundestagswahl 2025 war aber vor allem durch das Migrationsthema geprägt, bei dem die Parteien von der Ampel-Koalition bis zur CDU/CSU in einen verbalen Überbietungswettbewerb mit der AfD um die restriktiveren Konzepte in der Migrationspolitik stritten. Somit wurde genau das Thema zum zentralen Punkt des Wahlkampfs, bei dem der AfD die meisten Kompetenzen zugesprochen wurden und das für ihre Wähler*innen das wichtigste Thema überhaupt ist. Insofern lief die gewerkschaftliche Strategie weitgehend ins Leere und konnte den klaren Wahlerfolg der extremen Rechten nicht verhindern oder entscheidend beeinflussen.

Für die weitere Auseinandersetzung muss überprüft werden, wer aus gewerkschaftlicher Sicht in den Blick genommen werden sollte und wer erreichbar ist. Ganz offensichtlich läuft die Bindung des größten Teils der Wähler*innen der AfD über das Thema Zuwanderung und kann durch den Verweis auf ihre sozial- und wirtschaftspolitische Aufstellung nur schwer erschüttert werden. Nicht nur, dass die Partei seit geraumer Zeit zur stärksten Kraft unter denjenigen wird, die sich selbst als »Arbeiter*innen« einstufen, auch unter Arbeitslosen, gegen die die Partei eine wüste Polemik mit Bezug auf das »Bürgergeld« führte, wählten überdurchschnittlich viele die AfD.

Aus diesen Gründen sollte künftig weniger auf diejenigen geguckt werden, die bereits zu den Wähler*innen der Partei gehören, als vielmehr auf die, die das noch nicht sind oder das sogar explizit ablehnen, aber in ihrem Umfeld unter starkem politischen Druck stehen. Der DGB und seine Mitgliedsgewerkschaften müssen vor allem Argumente für das politische Gespräch im Pausenraum, am Arbeitsplatz, beim Feierabendbier liefern. Hier müssen wir diejenigen stärken, die dem scheinbaren Sog zur AfD nicht nachgeben, denen aber häufig schnelle und schlagkräftige Argumente gegen den Populismus von rechts fehlen. Jeder laut geäußerte Einwurf gegen die einfachen Parolen von rechts stärkt diejenigen, die Zweifel am rechten Populismus haben, ihn aber nicht zu äußern wagen.

Gewerkschaftliche Zugänge nutzen

Auch wenn die AfD mit einem Rekordergebnis von mehr als 20 Prozent in den 21. Bundestag eingezogen ist, werden die gewerkschaftliche Auseinandersetzung mit der extremen Rechten und der Einsatz für Demokratie weitergehen. Der Blick auf Länder, in denen Parteien vom Typ der AfD regiert haben oder aktuell in Regierungsverantwortung sind, zeigt, dass deren konkrete Politik immer auf Kosten der abhängig Beschäftigten geht. Ausweitung von Arbeitszeiten, Einschränkung gewerkschaftlicher Aktionsmöglichkeiten, eine massive Umverteilung von unten nach oben lassen sich für viele dieser Länder nachweisen. Hinzu kommt eine teils rassistische Form der Ausgrenzung gegenüber Menschen mit Migrationsgeschichte und damit gegen einen großen Teil unserer Kolleginnen und Kollegen.

Für die Sicherung der demokratischen Grundlage der eigenen Arbeit müssen Gewerkschaften weiterhin konsequent für Demokratie, Vielfalt und ein solidarisches Miteinander von Menschen unterschiedlicher Herkunft eintreten. Daraus folgt ein klares Engagement gegen eine autoritäre und extreme Rechte. Beides bezieht sich sowohl auf die Gesellschaft als auch auf die betrieblichen Ebene und richtet sich sowohl an haupt- und ehrenamtlich tätige Gewerkschaftsmitglieder als auch an die Kolleginnen und Kollegen in den Betrieben. Deshalb sollen abschließend zwei Initiativen vorgestellt werden, die unter dem Dach des DGB diesen unterschiedlichen Anforderungen nachkommen.

VAU – Vernetzung, Aufklärung, Unterstützung – Gewerkschaftliche Bildung gegen rechte Einflussnahme in der Arbeitswelt (DGB Bildungswerk)

Im DGB und den Mitgliedsgewerkschaften wird die Arbeit gegen die extreme Rechte als eine Querschnittsaufgabe gesehen, der sich nicht nur einige Expert*innen in den Politik- und Grundsatzabteilungen annehmen. Sie ist selbstverständlicher Teil der Arbeit aller Gewerkschaftssekretär*innen, Bildungsreferent*innen und anderer hauptamtlicher Funktionär*innen – beispielsweise in Form von Bündnisarbeit gegen Rechts, Bildungsarbeit zur Stärkung der Demokratie, dem Vertreten gewerkschaftlicher Positionen zur AfD gegenüber Mitgliedern oder der Unterstützung von Kolleg*innen, die von der AfD-Politik bedroht bzw. beleidigt werden.
Ähnlich gilt das auch für viele Ehrenamtliche, die als Vertrauensleute, Betriebs- und Personalräte und in anderen Funktionen in gesellschaftspolitischen Debatten in Betrieb und Dienststelle das Gesicht ihrer Gewerkschaften und des DGB sind. Allerdings verfügen die Kolleg*innen meist nicht über die Zeit, sich eigenständig tiefergehend mit extrem rechter Ideologie und wirkungsvollen Handlungsstrategien dagegen zu beschäftigen.
Um an dieser Stelle zu unterstützen, haben der DGB und das DGB Bildungswerk 2020 das Projekt »VAU – Vernetzung, Aufklärung, Unterstützung. Gewerkschaftliche Bildung gegen rechte Einflussnahme in der Arbeitswelt« ins Leben gerufen (*https://www.dgb-bildungswerk.de/politische-bildung/vau-vernetzung-aufklaerung-unterstuetzung*).
Damit wurde eine Stelle geschaffen, an die sich bundesweit alle Gewerkschafter*innen wenden können, die sich Vernetzung mit anderen Aktiven wünschen: um sich über Positionen und Strategien gegenüber rechtsradikalen und rechtsextremen Aktionen zu verständigen, um über die Entwicklungen in der Szene auf dem Laufenden zu bleiben und gewerkschaftliche Handlungsmöglichkeiten zu entwickeln; auch die dazu nötige Unterstützung ist ein zentrales Anliegen, wenn Beschäftigte Angriffen der extremen Rechten ausgesetzt sind oder diese fürchten. 2024 haben wir auf die Stärke der extremen Rechten insbesondere in Mecklenburg-Vorpommern, Brandenburg, Thüringen, Sachsen-Anhalt und Sachsen reagiert und VAU um eine Stelle erweitertet, die speziell für Belange der Kolleg*innen ansprechbar ist, die in diesen Bundesländern unter verschärften Bedingungen gegen die extreme Rechte arbeiten.
Um den DGB und die Gewerkschaften in der Arbeit gegen die extreme Rechte möglichst nachhaltig zu stärken, liegt der Schwerpunkt von VAU

auf der Fortbildung und Vernetzung gewerkschaftlicher Multiplikator*innen. Dies sind zumeist Personen, die hauptamtlich oder ehrenamtlich in ihren Funktionen Themen wie »Demokratiestärkung« und »Kampf gegen Rechts« bearbeiten und Erkenntnisse oder erarbeitete Handlungsmöglichkeiten in ihren Organisationsbereichen weitergeben können. Wichtigstes Element ist dabei die »Multiplikator*innen-Fortbildung VAU: Extreme Rechte in der Arbeitswelt. Hintergrundwissen und Handlungsmöglichkeiten für Gewerkschafter*innen«. Diese umfangreiche einjährige Fortbildungsreihe bringt Kolleg*innen aus dem DGB und den Mitgliedgewerkschaften zusammen und bietet ihnen einen Rahmen, um gewerkschaftliche Handlungsmöglichkeiten gegen die extreme Rechte zu diskutieren und weiterzuentwickeln.

Darüber hinaus ist das Team von VAU bundesweit aktiv, um mit und für DGB- und Gewerkschaftsgliederungen Bildungsveranstaltungen durchzuführen. Diese reichen von einem

- »Argumentations- und Haltungstraining gegen Diskriminierung und rechte Parolen« im Bildungsprogramm der Gewerkschaft der Polizei
- über eine Online-Schulungsreihe zum »Umgang mit rechten Narrativen« für ver.di-Beschäftigte
- bis zu einem Beitrag zu »Kommunikationsstrategien gegen die extreme Rechte« für eine Tagung mit allen Gewerkschaftssekretär*innen der Gewerkschaft Nahrung Genuss Gaststätten (NGG).

Dabei werden die Angebote von VAU immer individuell auf die aktuellen Herausforderungen und Bedürfnisse der anfragenden DGB- und Gewerkschaftsstrukturen zugeschnitten. Seit Anfang 2024 sind diese Anfragen stark angewachsen. Die Mobilisierung gegen die AfD, die sich nach der Correctiv-Recherche zum Treffen der extremen Rechten in Potsdam entwickelt hat, scheinen auch in den Gewerkschaften zu einer verstärkten, mutigen und offenen Auseinandersetzung mit der Bedrohung von rechts geführt zu haben (vgl. hierzu die Interviews mit Danial Bamdadi und Lukas Hezel sowie mit Saskia Kraußer, Metin Bukan und Peter Kropp von der Siemens AG).

So ist das Team von VAU regelmäßig im direkten Austausch mit Kolleg*innen aus den verschiedenen Ebenen des Ehren- und Hauptamts von DGB und Gewerkschaften, wodurch ein guter Überblick über die Stimmungslage in diesem Arbeitsfeld entsteht. Dabei zeigt sich: Es gibt zahlreiche engagierte Kolleg*innen, für die Gewerkschaftsarbeit immer auch antifaschistische Arbeit ist, die sich auch schwierigen Gesprächen in Betrieb und Gewerkschaften stellen und mit ihren Kolleg*innen an dem Thema dranbleiben wollen. Dafür brauchen diese Kolleg*innen Unterstützung, die Möglichkeit, sich beraten zu lassen und Unsicherheiten und

Fragen offen anzusprechen sowie die Gewissheit, dass die Gewerkschaftsbewegung sie stützt, wenn es schwierig wird.
Angesichts hoher Zustimmungswerte zur in weiten Teilen extrem rechten AfD und der fortschreitenden Normalisierung von AfD-Positionen steigt der Druck auf die engagierten Kolleg*innen (vgl. hierzu auch den Beitrag von Dr. Klaus Heimann in diesem Band). Gerade diese Kolleg*innen betonen immer wieder, dass sie sich Vernetzung, Unterstützung und Raum zum gemeinsamen Erarbeiten von Gegenstrategien wünschen. Hier leistet VAU mit seinen Angeboten einen wichtigen Beitrag.

DGB-Koordinierungsstelle Betriebliche Demokratiekompetenz

Die Erkenntnis, dass die Arbeitswelt für das demokratische Zusammenleben eine nicht zu unterschätzende Bedeutung hat – immerhin verbringen viele Beschäftigte einen Großteil ihrer Lebenszeit am Arbeitsplatz und treffen auf Menschen mit unterschiedlichen Hintergründen –, ist eine wesentliche Grundlage für die seit dreieinhalb Jahren arbeitende DGB-Initiative »Betriebliche Demokratiekompetenz« (*https://betriebliche-demokratiekompetenz.de/*).
Zu dem seit Jahren gesammeltem gewerkschaftlichem Erfahrungswissen gehört, dass gleichberechtigte und kollegiale Zusammenarbeit diverser Belegschaften eine Schlüsselerfahrung bildet, die auch den demokratischen Zusammenhalt in der Gesellschaft stärken und fördern kann.
Diese Erkenntnis wurde von der Bundesregierung politisch anerkannt: mit einem Maßnahmenkatalog zur Bekämpfung von Rechtsextremismus und Rassismus, der im Dezember 2020 vom Bundeskabinett beschlossen wurde. Dafür wurde eine Förderrichtlinie vom Bundesministerium für Arbeit und Soziales (BMAS) erlassen, die in ein staatlich gefördertes Bundesprogramm »Betriebliche Demokratiekompetenz« mündete. DGB und BMAS verabredeten seinerzeit die gemeinsame Umsetzung eines »lernenden Programms«, das mit branchenbezogenen und regional orientierten Modellprojekten unter Beteiligung freier Träger umgesetzt wurde und wird. Dank einer einjährigen Verlängerung ist die Fortführung des Programms zumindest bis Ende 2025 gesichert.
Die Trägerstruktur und ihre Projekte aus dem Umfeld gewerkschafts- und arbeitgebernaher Bildungseinrichtungen vermitteln mit unterschiedlichen Methoden und Ansätzen betriebliche Demokratiekompetenzen.

An der Umsetzung beteiligt wurden zudem Selbsthilfeorganisationen von Migrant*innen und »kleinere« Bildungsträger, die keinem der oben genannten Bereiche zugeordnet werden können. Die Programme umfassen

- Einstellungen und Werte,
- praktische Handlungsfertigkeiten und Wissen
- sowie kritisches Denken.

Das durch ein DGB-Koordinierungsprojekt aufgebaute, ständig mit Fachwissen ausgestattete und in enger Abstimmung mit dem Fördermittelgeber BMAS koordinierte Netzwerk setzte an den drei Aspekten an, um größtmögliche Wirkung zu erzielen. Mit dem Programm wurde erstmals der Fokus auf Erwachsene gelegt, die vor allem in kleinen und mittelständisch geprägten Betrieben tätig sind; das ist ein Bereich, der in der klassischen politischen Bildungsarbeit bisher leider eher eine untergeordnete Rolle spielte.

Alle Modellprojekte wurden auf Betriebsebene oder in Berufsschulen umgesetzt, um die Dimension der Arbeitswelt in der Auseinandersetzung mit Rassismus und anderen ausgrenzenden Ideologien in die (betriebliche) Praxis zu tragen. Dabei standen im Laufe des Programms Branchen und Unternehmen im Fokus, die sich im Strukturwandel befinden und durch tiefgreifende Umbrüche gekennzeichnet sind, in denen deshalb eine erhöhte Anfälligkeit der Beschäftigten für populistische Beeinflussung, rechtsextreme und rassistische Diskurse zu befürchten war (vgl. den Beitrag des IGBCE-Bundesvorsitzenden Michael Vassiliadis in diesem Band).

Wichtige Aktivitäten des DGB-Koordinierungsprojekts bestanden im Förderzeitraum 2021 bis 2024 unter anderem darin, die öffentliche Wirkung des Bundesprogramms durch begleitende Öffentlichkeitsarbeit zu stärken: etwa mit (politischen) Fachtagen und öffentlich zugänglichen Berichten. Darüber hinaus wurden die in den regionalen Projekten beschäftigten Kolleg*innen in ihrer Arbeit fachlich beraten und unterstützt. Schließlich erstellt das DGB-Koordinierungsprojekt ein quantitatives und qualitatives Monitoring und dokumentiert Beispiele Guter Praxis.

Innovative Modelle wurden entwickelt, um Demokratiekompetenzen von Belegschaften zu stärken und Rassismus sowie Rechtsextremismus in der Arbeitswelt entgegenzuwirken. Hierbei besonders erfolgreiche Ansätze wurden nach einheitlichen Kriterien ausgewählt und werden im Verlängerungsjahr 2025 interessierten Akteur*innen zur weiteren Umsetzung in der Praxis bereitgestellt. Der Transfer der guten Praxisbeispiele zwischen Akteuren und Branchen innerhalb und außerhalb des Programms begann erst nach Redaktionsschluss für diesen Beitrag, diese Prozesse kön-

nen deshalb hier noch nicht beschrieben werden. Über Suchmaschinen im Netz sind sie aber unter dem Stichwort »Betriebliche Demokratiekompetenz« zu finden.
Ende 2024 legte das DGB-Koordinierungsprojekt der interessierten Öffentlichkeit einen mit dem BMAS abgestimmten Abschlussbericht vor; darin werden zentrale Ergebnisse und Erkenntnisse des Programms in der Laufzeit zwischen Juni 2021 und Dezember 2024 vorgestellt und ausgewählte Ansätze Guter Praxis präsentiert. Der Bericht steht online zum Download bereit (*https://betriebliche-demokratiekompetenz.de/gute-praxis-ansaetze-und-abschlussbericht-foerderzeitraum-2021-2024-erschienen/*).
Im Abschlussbericht sind unter anderem die Ergebnisse aus dem begleitenden Monitoring des Programms dokumentiert; zudem findet sich ein Überblick über die Vernetzungsaktivitäten im Zuge der Projekte und Praxis-Einsätze. Zudem gibt es praktische Empfehlungen für politische Entscheidungsträger*innen und Akteure der Arbeitswelt, um das Engagement gegen Rassismus und Rechtsextremismus zu fördern und Demokratiekompetenzen in der Arbeitswelt zu stärken. Das gesamte Modellprogramm wurde mit einer begleitenden Social-Media-Kampagne einer breiteren Öffentlichkeit zugänglich gemacht.

Prof. Dr. Thomas Klebe
Rechtsanwalt in der Anwaltskanzlei Apitzsch, Schmidt, Klebe, Honorarprofessor an der University of Labour in Frankfurt am Main, ehrenamtlicher Richter am Bundesarbeitsgericht, ehemaliger Justiziar der IG Metall, Gründer des Hugo-Sinzheimer-Instituts.

Mitbestimmung und Demokratieprinzip

Darum geht es in diesem Beitrag
Demokratie im Wirtschaftsleben ist ein hohes Gut, aber stets neu zu erkämpfen. Überall, wo das Arbeitsleben geregelt wird, haben Beschäftigte eine Stimme und Rechte, sie können Entscheidungen beeinflussen. Die Mitbestimmung durch gewerkschaftliche Tarifverträge, in Aufsichtsräten und insbesondere die betriebliche Mitbestimmung stärken das Demokratie- und Sozialstaatsprinzip in der Arbeitswelt. Als Lehren aus den Katastrophen zweier Weltkriege wurden diese Leitbilder verfolgt und in Recht und Gesetz umgesetzt. Heute gilt es, diese demokratischen Grundlagen zu verteidigen und mithilfe des geltenden Rechts durchzusetzen. Daneben ist Demokratie im Betrieb auch praktisch zu stärken: über die Teilhabe der Beschäftigten, ihre Angelegenheiten zu vertreten. Dazu müssen ihnen betriebliche und gewerkschaftliche Angebote unterbreitet werden.

»Ziel des Arbeitsrechts ist es, die Wirtschaftsuntertänigkeit in ein wirtschaftliches Bürgertum umzuwandeln. Ziel ist eine ›Befreiung der Arbeit‹, eine menschenwürdige Arbeitswelt, die dem Menschen soziale Grundrechte verleiht.« (Hugo Sinzheimer, Das Wesen des Arbeitsrechts, 1927).

Einleitung

Hugo Sinzheimer hat den Anspruch des Arbeitsrechts und der Mitbestimmung exakt formuliert: Demokratie hört nicht am Werkstor auf, Demokratie muss auch das Leben im Betrieb bestimmen. Insofern ist Mitbestimmung Ausdruck des Demokratieprinzips, gelebte Demokratie. Dieser Vorstellung liegt als Menschenbild zugrunde, dass überall, wo das Arbeitsleben geregelt wird, Beschäftigte eine Stimme haben sollen, sie Entscheidungen beeinflussen können, also ein Gegenmodell zu dem Film »Moderne Zeiten«, in dem Charlie Chaplin ein kleines Rädchen im großen Räderwerk darstellt, das nur funktionieren muss. Es soll gerade nicht so sein, wie Henry Ford I. es einmal ausgedrückt hat, dass der Arbeiter »seine Seele in der Garderobe abgeben« soll, wenn er eine Fabrik betritt.

Auch das Bundesarbeitsgericht (BAG) hat diese überragende Bedeutung der Mitbestimmung mehrfach betont, wenn es das Betriebsverfassungsgesetz (BetrVG) eine »Ausprägung des Demokratie- und Sozialstaatsprinzips in einem Teilbereich des Rechts« nennt[1] oder die Mitbestimmung »ein aus dem Demokratie- und Sozialstaatsprinzip folgendes Recht der Arbeitnehmer auf Teilhabe an den sie betreffenden Angelegenheiten«.[2]

Demokratisierung der Wirtschaft

Insbesondere nach den Katastrophen durch die zwei Weltkriege wurde der Gedanke einer Demokratisierung der Wirtschaft jeweils aufgegriffen und verfolgt. Gerade auch Sinzheimer hat durch seine Ideen die Weimarer Reichsverfassung wesentlich in dieser Hinsicht beeinflusst. Artikel 165 Absatz 1 lautet: »Die Arbeiter und Angestellten sind dazu berufen, gleichberechtigt in Gemeinschaft mit den Unternehmen an der Regelung der Lohn- und Arbeitsbedingungen sowie an der gesamten wirtschaftlichen Entwicklung der produktiven Kräfte mitzuwirken. Die beiderseitigen Organisationen und ihre Vereinbarungen werden anerkannt.«

Die in Artikel 159 zum ersten Mal im Verfassungsrecht anerkannte und begründete Koalitionsfreiheit wurde so mit der Tarifautonomie ergänzt. Im gleichen Artikel wird die Schaffung von Betriebsarbeiterräten vorgesehen, ebenso die nach Wirtschaftsgebieten gegliederten Bezirksarbeiterräte und eines Reichsarbeiterrats, die alle mit den Vertretungen der Unternehmer und den sonst beteiligten Volkskreisen zu Bezirks- und Reichswirtschaftsräten zusammentreten sollten. Diese Institutionen blieben allerdings ohne wirkliche Bedeutung, während die Betriebsräte durch das Betriebsrätegesetz vom 4. 2. 1920 trotz nur eingeschränkter Rechte zu einer wichtigen Gestaltungskraft des Arbeitslebens wurden.[3]

1 BAG 10. 12. 2002 – 1 ABR 7/02.
2 BAG 14. 9. 2010 – 1 ABR 16/09; 1. 2. 2011 – 1 ABR 79/09.
3 Vgl. Däubler/Kittner, Geschichte und Zukunft der Betriebsverfassung, 2. Aufl. (2022), §§ 14 – 16.

Auch nach dem zweiten Weltkrieg wurde die Demokratisierung der Wirtschaft sehr grundsätzlich diskutiert und fand wesentlichen Ausdruck im DGB-Grundsatzprogramm von 1949. Die dortigen Ideen wurden sehr unterschiedlich realisiert: Es folgten das BetrVG, das Tarifvertragsgesetz und in dessen Folge Zehntausende von Tarifverträgen. Die staatliche Wirtschaftsplanung der regionalen und zentralen Arbeiter- und Wirtschaftsräte blieb demgegenüber aber ebenso eine Idee auf dem Papier wie die Sozialisierung der Schlüsselindustrien.
2025 können wir feststellen, dass das Betriebsverfassungsgesetz deutlich weiterentwickelt wurde, insbesondere durch die Novellierung 1972 bei den Mitbestimmungsrechten, aber auch 2001 bei den Arbeitsgrundlagen der Betriebsräte. Des Weiteren gibt es auf der Ebene der Betriebsräte inzwischen europäische Richtlinien und das Gesetz über die Europäischen Betriebsräte. Individuelle Rechte der Beschäftigten, Bürgerrechte im Betrieb, sind noch immer eher eine Randerscheinung. Demgegenüber sind die Mitbestimmung und Gestaltung durch Tarifverträge, die die Gewerkschaften durchgesetzt haben, ein ganz wesentliches Element von Demokratisierung der Wirtschaft. Hinzu kommen schließlich die Mitbestimmungsmöglichkeiten im Aufsichtsrat.

Die Wahl von Betriebsräten: Repräsentative Demokratie

Das wesentliche Element der betrieblichen Demokratie besteht in der Wahl von Betriebsräten. Natürlich wissen wir, dass trotz der klaren Formulierung in § 1 Absatz 1 BetrVG dessen Ziel nur sehr unzulänglich umgesetzt worden ist: »In Betrieben mit in der Regel mindestens fünf ständigen wahlberechtigten Arbeitnehmern, von denen drei wählbar sind, werden Betriebsräte gewählt.« 2023 waren nur in 10 Prozent der Betriebe, die diese Voraussetzungen erfüllten, Betriebsräte gewählt, die 43 Prozent der Beschäftigten erfassten.[4] Ebenso wissen wir durch eine aktuelle Untersuchung des Wirtschafts- und Sozialwissenschaftlichen Instituts (WSI) der Hans-Böckler-Stiftung, dass von den Arbeitgebern jede fünfte Neuwahl behindert oder verhindert wird.[5] In einer demokratischen Gesellschaft kann man dies nur als Skandal bezeichnen.

---

4 Hohendanner/Kohaut zum IAB-Betriebspanel 2023, WSI-Mitteilungen 2024, 289 ff.

5 Behrens/Dribbusch, WSI-Mitteilungen, Nr. 6/2024.

Mit der Wahl von Betriebsräten ist auch deren Abwahl erfasst. Wie die Bundestagswahlen finden Betriebsratswahlen alle vier Jahre statt und geben den Beschäftigten die Möglichkeit, ihre Zufriedenheit oder Unzufriedenheit zum Ausdruck zu bringen. Aber auch innerhalb der Wahlperiode bestehen für die Beschäftigten Rechte, mit denen sie die Zusammensetzung des Betriebsrats beeinflussen können. Die Anfechtung der Betriebsratswahl ist nach § 19 BetrVG bereits durch drei Wahlberechtigte bei einem Verstoß gegen wesentliche Wahlvorschriften möglich. Nach § 23 Abs. 1 BetrVG ist zudem die Amtsenthebung von Betriebsratsmitgliedern oder die Auflösung des Betriebsrats durch das Arbeitsgericht bei einer groben Verletzung ihrer gesetzlichen Pflichten möglich: wenn zum Beispiel mindestens ein Viertel der Wahlberechtigen dies beantragt.
Unabhängig hiervon gibt es während der Wahlperiode eine Reihe von Möglichkeiten für die Beschäftigten, sich demokratisch zu betätigen. Die Betriebsversammlungen nach §§ 42ff. BetrVG, die Sprechstunde nach § 39 BetrVG oder auch die Beteiligung sachkundiger Arbeitnehmer*innen an der Betriebsratsarbeit gemäß § 80 Abs. 2 BetrVG sind hier zu nennen. Über diese Beteiligungsmöglichkeiten hinaus hat der Betriebsrat auch das Recht, die Beschäftigten über Befragungen an seiner Arbeit zu beteiligen.[6]

Rechte des Betriebsrats als Ausdruck des Demokratieprinzips

Wir erleben zurzeit in den Betrieben massivste Umbrüche, die mit rasanter Geschwindigkeit stattfinden. Als Stichwörter seien hier nur genannt: die Transformation zu einem umweltschonenderen Wirtschaften, die Digitalisierung, die alle Betriebsbereiche erfasst, die weltweite Vernetzung durch das Internet und die massive Umgestaltung der Arbeit durch Künstliche Intelligenz. Diese gravierenden Veränderungen betreffen die Beschäftigten vielfältig in ihrer wirtschaftlichen und sozialen Existenz. Deshalb ist es unverzichtbar, dass Betriebsräte den Wandel sozial gestalten, auch wenn ihre Rechte teilweise unzulänglich sind.[7] Dies gilt umso mehr, als nach einer 2024 durchgeführten Befragung des IG Metall-Vor-

6 Vgl. z. B. BAG, DER BETRIEB 92, 1732; LAG Sachsen, NZA-RR 23, 355.

7 Vgl. den Gesetzentwurf für ein modernes Betriebsverfassungsgesetz des DGB, AuR Sonderausgabe, April 2022.

stands nur etwa 50 Prozent der befragten Betriebsräte davon ausgingen, dass »ihr« Unternehmen eine Zukunftsstrategie hat.

Um die Beschäftigten in dieser Situation nicht wie Charly Chaplin zum Rädchen im großen Räderwerk werden zu lassen, ist eine aktive Nutzung insbesondere der Rechte nach den §§ 87, 92, 95, 96ff. und 111ff. BetrVG zwingend erforderlich. Darüber hinaus sieht das Gesetz aber auch eine Reihe von wichtigen Möglichkeiten für Betriebsräte vor, sich gegen Diskriminierung, Spaltung und Hass, für die Demokratie im Betrieb und die Gesellschaft zu engagieren (vgl. dazu unter anderem die Beiträge von Tim Hühnert und Isaf Gün in diesem Band). § 75 BetrVG formuliert einen Auftrag für Arbeitgeber und Betriebsrat; beide haben darüber zu wachen, dass alle im Betrieb tätigen Personen nach den Grundsätzen von Recht und Billigkeit behandelt und Diskriminierungen ausgeschlossen werden, dass die freie Entfaltung der Persönlichkeit, die Selbstständigkeit und Eigeninitiative der im Betrieb beschäftigten Arbeitnehmer nicht nur geschützt, sondern auch gefördert wird.

Des Weiteren nennt § 80 BetrVG als Betriebsratsaufgabe und -recht, darüber zu wachen, dass Gesetze und Tarifverträge eingehalten werden. Die Durchsetzung der tatsächlichen Gleichstellung von Frauen und Männern ist von ihnen ebenso wie die Vereinbarkeit von Familie und Erwerbstätigkeit zu fördern und auch die Integration ausländischer Arbeitnehmer*innen im Betrieb und die Bekämpfung von Rassismus und Fremdenfeindlichkeit als wesentliche Aufgabe aktiv anzugehen.

§ 88 Nr. 4 BetrVG sieht zu dem letztgenannten Punkt unter anderem vor, dass freiwillige Betriebsvereinbarungen geschlossen werden können. Schließlich ist auch das Allgemeine Gleichbehandlungsgesetz (AGG) zu nennen, dass zum Beispiel in § 13 ein Beschwerderecht der Beschäftigten bei Diskriminierungen und in § 17 bei einem groben Verstoß des Arbeitgebers gegen das AGG die Möglichkeit vorsieht, dass der Betriebsrat oder die im Betrieb vertretene Gewerkschaft mit einem Unterlassungsanspruch gegen diese Diskriminierungen vorgehen.

Inzwischen gibt es eine ganze Reihe von positiven Beispielen, in denen Betriebsräte sich eindrucksvoll gegen Diskriminierungen, Fremdenfeindlichkeit und Spaltungsversuche sowie für eine demokratische Gesellschaft einsetzen (vgl. hierzu den Beitrag von Freia Polzin und Peter Eitner in diesem Band). Beispielhaft sei hier die Initiative des Gesamt- und Konzernbetriebsrats (GBR/KBR) der Siemens AG zusammen mit der IG Metall genannt. Unter dem Motto »Demokratie schützen, Grundwerte stärken« werden zahlreiche Aktivitäten und Maßnahmen für Toleranz und Vielfalt initiiert – auch zusammen mit dem Management (vgl. hierzu das Interview mit Saskia Kraußer, Metin Bukan und Peter Kropp in diesem Band).

Über die bereits genannten Möglichkeiten hinaus kann der Betriebsrat aber auch Mitbestimmungsrechte gegen die Diskriminierung von Beschäftigten einsetzen. So kann und muss er zum Beispiel bei der Anwendung von Auswahlrichtlinien gemäß § 95 BetrVG konsequent überprüfen, ob Diskriminierungen vorkommen und diese gegebenenfalls eliminieren. Das gilt in besonderem Maße beim Einsatz von Künstlicher Intelligenz. Nach § 99 Abs. 2 BetrVG kann der Betriebsrat bei den dort genannten personellen Einzelmaßnahmen die Zustimmung unter anderem verweigern, wenn ein Gesetzesverstoß vorliegt, wie zum Beispiel gegen das AGG (§ 99 Absatz 2 Nummer 1 BetrVG), oder auch, wenn durch rassistische Äußerungen eine Störung des Betriebsfriedens begründet zu befürchten ist (§ 99 Absatz 2 Nummer 6 BetrVG). Schließlich sieht § 104 BetrVG unter anderem bei einer groben Verletzung »der in § 75 Abs. 1 enthaltenen Grundsätze, insbesondere durch rassistische oder fremdenfeindliche Betätigungen«, und dadurch wiederholter ernstlicher Störungen des Betriebsfriedens vor, dass der Betriebsrat vom Arbeitgeber die Entlassung oder Versetzung der Personen verlangen kann, die entsprechend aufgefallen sind. Gegebenenfalls muss dann das Arbeitsgericht entscheiden, wenn der Betriebsrat von dieser Möglichkeit Gebrauch machen will und der Arbeitgeber die Maßnahme ablehnt.

Individualrechte der Beschäftigten im Betrieb

Die Frage, ob und wie die Individualrechte am Arbeitsplatz gestärkt werden können, hat in den Gewerkschaften, insbesondere Ende der 1960er Jahre, eine sehr kritische Diskussion ausgelöst. Damals war die überwiegende Meinung, dass Individualrechte eine Mitbestimmung am Arbeitsplatz, die Rechte des Betriebsrats schwächen könnten. Das Gegenteil ist richtig und heute in der gewerkschaftlichen Diskussion unbestritten. Durch die Stärkung der Individualrechte am Arbeitsplatz werden Mitbestimmungsrechte ergänzt, beide Ansätze unterstützen sich wechselseitig.

In der aktuellen Betriebsverfassung sind hier insbesondere die in den §§ 81 ff. BetrVG genannten Anhörungs- und Erörterungsrechte der Beschäftigten, das Einsichtsrecht in Personalakten und das Beschwerderecht zu nennen, mit dem sich gegebenenfalls (so die Rechtsprechung) auch die

Einigungsstelle befassen kann, wenn es nicht um einen Rechtsanspruch geht.

Darüber hinaus sieht § 28a BetrVG vor, dass in einem Betrieb mit mehr als 100 Arbeitnehmer*innen Aufgaben des Betriebsrats per Rahmenvereinbarung von Arbeitgeber und Betriebsrat auf eine Arbeitsgruppe übertragen werden können. Dabei muss es sich um Aufgaben handeln, die im Zusammenhang mit den von der Gruppe zu erledigenden Arbeiten stehen, wie zum Beispiel der Arbeitswechsel in der Gruppe, Arbeitszeitfragen, die Lage der Pausen oder die Urlaubsplanung, Fragen also, die ohne Auswirkungen auf andere Beschäftigte sein müssen.[8] Dann hat die Gruppe auch das Recht, Vereinbarungen mit dem Arbeitgeber abzuschließen.

Neben den Möglichkeiten in der Betriebsverfassung sind an dieser Stelle auch die Reklamationsrechte in Tarifverträgen oder die aus dem allgemeinen Arbeitsrecht kommenden Individualrechte anzuführen, wie zum Beispiel die Meinungsäußerungsfreiheit oder Zurückbehaltungs- (§ 273 Bürgerliches Gesetzbuch (BGB)) und Entfernungsrechte (§ 9 Absatz 3 Arbeitsschutzgesetz (ArbSchG)). Wird im Betrieb Gruppenarbeit durchgeführt (§ 87 Absatz 1 Nummer 13 BetrVG), bestehen auch hier Selbstorganisationsrechte der Gruppe.

Der Vorschlag des DGB zur Novellierung der Betriebsverfassung will Individualrechte stärken. Er sieht zum Beispiel in § 82a vor, dass die Beschäftigten ein allgemeines Recht auf Meinungsäußerungsfreiheit haben, auch zu außerbetrieblichen Stellungnahmen, die betriebliche Fragen berühren. Weiterhin wird in § 85 des Entwurfs das Beschwerderecht ausgebaut, da entsprechende Arbeitgebermaßnahmen während des Verfahrens auszusetzen sind und die Einigungsstelle auch bei einem Rechtsanspruch von Beschäftigten entscheiden kann, falls der Betriebsrat die Beschwerde aufgreift.

Die Betriebsversammlung soll bereits dann auf Wunsch von Beschäftigten stattfinden, wenn dies 15 Prozent anstatt wie bisher 25 Prozent wollen. Sachkundige Arbeitnehmer*innen sollen leichter an der Betriebsratsarbeit beteiligt werden können. Und schließlich, ein Kernstück des DGB-Entwurfs, sollen die Beschäftigten pro Woche mindestens eine Stunde von ihrer Arbeit freizustellen sein, um ihre Beteiligungsrechte zu erörtern (»Demokratiezeit«, § 81 Abs. 5 des Entwurfs). Alle diese Möglichkeiten können einen wichtigen betrieblichen Partizipationsraum für die Beschäftigten bilden. Und: Es ist inzwischen auch völlig klar, dass ein

8 Vgl. z. B. Klebe/Ratayczak/Heilmann/Spoo, Basiskommentar Betriebsverfassungsgesetz, 23. Auflage/2024), § 28a Rn. 3.

Schlüsselelement für erfolgreiche Betriebsratsarbeit die Beteiligung der Beschäftigten ist.

Das gilt ebenso für die Arbeit der Gewerkschaften, die ihren Mitgliedern diverse Möglichkeiten zur Teilhabe und Beeinflussung ihrer Politik geben. Dies betrifft zum Beispiel Beschäftigtenbefragungen zu Tarifrunden, Konzepte wie das der IG Metall, »Vom Betrieb aus denken«, die zwingende Mitwirkung bei den sogenannten Pforzheim- und Zukunftsverträgen[9] und die allgemeinen Möglichkeiten der innergewerkschaftlichen Demokratie zum Beispiel auf Ebene der Geschäftsstellen.

Demokratie im Betrieb und in der Gesellschaft

Diese Möglichkeiten der Beschäftigten, sie betreffende Entscheidungen im Betrieb, in ihrem Arbeitsleben, aktiv zu beeinflussen, führen zu positiveren Einstellungen gegenüber der gesellschaftlichen Demokratie; das belegen alle empirischen Untersuchungen.[10] Gerade in Zeiten, in denen Demokratien von Populisten und Rechtsradikalen massiv infrage gestellt werden, in denen Ausgrenzung, Diskriminierung und Fremdenhass sich auszubreiten drohen, ist dies ein wichtiger Beitrag zum Schutz der Demokratie. Prof. Dr. Uwe Jirjahn (Universität Trier) nennt für die Bedeutung der betrieblichen Erfahrungen, die daraus resultierende Stabilisierung demokratischer Überzeugungen, folgende Gründe:

- Es entsteht ein verstärktes Gefühl politischer Selbstverwirklichung: »Man kann etwas bewegen!«
- Beschäftigte erwerben dadurch politische Fähigkeiten: Argumente entwickeln, diskutieren, Positionen öffentlich vertreten.
- Es entsteht bei den Beschäftigten ein erhöhtes Bewusstsein für die politische Dimension der Erwerbsarbeit: Arbeitsbedingungen sind nicht naturgegeben, politische Entscheidungen außerhalb des Betriebs sind wichtig.
- Es entsteht eine verstärkte, generalisierende Solidarität, gemeinsame Interessen werden identifiziert und durchgesetzt.

---

9 2004 wurde in Pforzheim von der IG Metall und dem Arbeitgeberverband Südwestmetall ein Tarifvertrag geschlossen, der Abweichungen vom Flächentarifvertrag durch Ergänzungstarifverträge ermöglichte, insbesondere, wenn sich Betriebe in einer schwierigen wirtschaftlichen Situation befanden. Heute ist diese Regelung Teil der Tarifverträge zur Beschäftigungssicherung.

10 Vgl. z. B. Jirjahn, NZA 24, 1119 ff.; Herzog, NZA 24, 1114 ff. jeweils mit vielen weiteren Nachweisen.

Neben dieser »demokratischen Dividende der Mitbestimmung«, wie Jirjahn es formuliert, kann man durchaus davon ausgehen, dass die Beteiligung und die Stärkung individueller Rechte auch eine »Mitbestimmungsdividende« mit sich bringen. Eine durch den Betriebsrat gelebte Demokratie mit aktiver Einbeziehung der Beschäftigten kann viele positive Wirkungen entfalten: Es entsteht

- eine höhere Identifikation der Beschäftigten mit ihrer Interessenvertretung,
- eine höhere Bereitschaft, Mitglied von Gewerkschaften zu werden,
- eine Stärkung der inhaltlichen Betriebspolitik, die mit ihrer Vielzahl von Aufgaben Betriebsräte und Gewerkschaften nicht selten an Kapazitäts- und teilweise auch an Qualitätsgrenzen führt,
- eine bessere Erschließung von Innovationspotenzialen im Unternehmen,
- eine Stärkung der Vertrauensleute als Promotoren der Beteiligungsprozesse,
- und eine bessere persönliche Absicherung mündiger Menschen im Abhängigkeitsverhältnis der Arbeit.

Das alles sind wichtige Argumente, Beschäftigte aktiv an der Betriebsratsarbeit zu beteiligen und auch eine Verbesserung der Mitbestimmungs- und der Individualrechte in der Betriebsverfassung weiter zu verfolgen, selbst wenn es politische Verhältnisse nicht immer leicht erscheinen lassen.

Michael Vassiliadis
Bundesvorsitzender der IGBCE.

Transformation: Aufgaben der Gewerkschaften und der Politik

Ängste der Beschäftigten ernst nehmen, Perspektiven aufzeigen

Darum geht es in diesem Beitrag

Im ersten, idealisierten Stadium hat die Idee der Transformation Euphorie entfacht: Man hatte alles im Griff – mit Zielen, Modellen, Projekten und dem Versprechen der wirtschaftlichen und politischen Stärke in Europa. Nun hat uns mit Krisen und Kriegen, mit internationalen Zerwürfnissen, Bedrohungen und nicht erreichten Zielen die Realität eingeholt. Der internationale Wettbewerb hat hiesige Unternehmen vom Treppchen geschuppst. Die Zukunftsangst der Arbeitnehmerschaft ist zum Greifen. Dieser Erkenntnisgewinn allein verhilft nicht zu neuen, tragfähigen Lösungen, sondern heizt die populistische Debatte an, denn in allen Konzepten und Visionen kam ein »Faktor« zu kurz, der zu geringen Stellenwert genießt, teils nur als Randnotiz auftaucht: der Mensch, sein Leben, seine Zukunft. Politik und Unternehmen müssen langfristige, tragfähige Strategien vorlegen und haben gegenüber den Menschen die Verantwortung, über konkretes Handeln ein Gefühl von Sicherheit im Wandel herzustellen.

Wir leben in Zeiten wirtschaftlicher, gesellschaftlicher und politischer Umbrüche: Immer wieder wurde und wird die Transformation in wirtschaftspolitischen Konzeptpapieren als eine zeitgemäße Erfolgsgeschichte beschrieben. Als ein in der Theorie perfekt geplanter Entwurf, der nur auf eine adäquate und konsequente Umsetzung wartet. Auf den klimaneutralen Umbau der Wirtschaft folgt in dieser Logik beinahe automatisch und fast naturgesetzlich ein umfassendes grünes Wirtschaftswunder, bei dem neben Arbeitsplätzen und Wohlstand auch das Klima und, von diesem Ansatz inspiriert, gar der Planet gerettet werden. Also ein Angebot eines ökonomischen, ökologischen und gesellschaftlichen Wandels, der am Ende (fast) nur Gewinner hervorbringt.

Die idealisierte Transformation

In diesem idealisierten Stadium hat die Idee der Transformation verständlicherweise große Euphorie entfacht. In den Unternehmen, in der Politik, in der Gesellschaft. In Deutschland, in Europa, aber auch in vielen anderen Teilen der Welt. Warum sollte man sich so einer erfolgreichen Zukunftsversion auch verweigern, die nebenbei auch noch alternativlos erscheint?

In diesem positiv aufgeladenen Zustand verharrte die Transformation in Deutschland eine ganze Weile. Erste Pilotprojekte wurden unter lautem Applaus ins Leben gerufen und öffentlichkeitswirksam ins perfekt beleuchtete Schaufenster gestellt. Natürlich unterstützt von einer umfassenden Förderkulisse und begleitet von viel, meist unkritischem, Idealismus. Ambitionierte Klimaziele wurden von Staaten und Unternehmen weltweit nicht nur beschlossen, sondern es entwickelte sich gar ein Wettbewerb der Zielformulierungen und der zeitlichen Beschleunigungen, diese zu erreichen.

Und das nicht, weil man erkannt hatte, dass man zuvor gegebenenfalls zu unambitioniert gewesen sei, sondern im Gegenteil: Als politische Antwort auf den Umstand, dass man nicht erfolgreich war beim Erreichen der verpassten Ziele. Sozusagen ein noch intensiveres Bemühen ersetzte immer wieder die Erkenntnis, dass die eingeschlagenen Wege nicht zum Erreichen der Ziele führten. Mit jedem höheren Ziel oder jeder zeitlichen Beschleunigung wuchs also die Ambition und zugleich das Risiko, dass ein unkritischer Umgang mit dem »Ist-Zustand« gleichsam in die Akzeptanzkrise führen wird.

Das alles trug dazu bei, dass vorhandene und berechtigte Zweifel und gezielte Warnungen vor etwaigen Problemen in der konkreten Umsetzung, vor absehbaren Fehlentwicklungen oder finanziellen Schwierigkeiten gekonnt ignoriert wurden. Selbst konstruktive Kritik passte nicht in den positiven Zeitgeist oder gar in das politische Narrativ. Zu gut, zu wünschenswert, zu alternativlos war die erfolgreiche Erzählung von der allumfassenden Transformation. Von nachhaltiger Wirtschaft, elektrifizierten Verkehren und CO_2-freien Fabriken.

Dieser positive Spin durfte auf keinen Fall von vermeintlichen Pessimisten und Berufsnörglern kleingeredet werden. Selbst als erste sichtbare Zweifel und Probleme an der schnellen und vor allem schmerzfreien Umsetzung des klimaneutralen Umbaus auftauchten. Der Kurs war schließlich gesetzt. Man unterstützte ihn oder gehört/e auf eine vermeintlich andere Seite.

Wirtschaftliche Krisen unterschätzt

Zugegeben, diese Einleitung zeichnet bewusst ein überspitztes und verkürztes Bild der aktuellen Transformationsdebatte. Damit verkennt sie etwa die durchaus beeindruckenden Erfolge beim Ausbau der erneuerbaren Energien in den letzten Jahren. Ich möchte daher ausdrücklich darauf hinweisen, dass sich meine Bewertung nicht ausschließlich auf die aktuelle Politik bezieht. Die hat, entgegen der öffentlichen Meinungen in den zurückliegenden drei Jahren, einige erhebliche Hürden und Hindernisse auf dem Weg zu einer erfolgreichen Transformation eingerissen und abgeräumt.

Viel mehr sind die zurückliegenden 25 Jahre, und hier vor allem die Jahre nach der großen Wirtschaftskrise 2008/2009, Ziel meiner Kritik. Eine Zeit voller Versäumnisse und nicht gehaltener Versprechen – ja, vor allem von der Politik, aber auch von den Unternehmen. Es geht um teure Fehleinschätzungen und Bequemlichkeiten, um falsche oder nicht gesetzte Prioritäten. Um nicht getätigte Investitionen, sei es in Anlagen oder in die gezielte Qualifikationen der Belegschaften. Schlicht: Um nicht gemachte Hausaufgaben.

Am Ende soll der vorliegende Text aber keine ausführliche Fehleranalyse der Vergangenheit liefern. Vielmehr möchte ich einen aktuellen Blick auf die Transformation werfen. Dazu möchte ich gleich zu Beginn einen meiner eigenen Kritikpunkte abräumen: Mittlerweile werden Probleme und Herausforderungen der Transformation in Deutschland offen anerkannt, intensiv diskutiert und ausführlich beschrieben. Das ist tatsächlich ein großer und relevanter Fortschritt. Nur liefert dieser Erkenntnisgewinn allein trotzdem noch keine tragfähigen Lösungen, sondern heizt, wenig erfreulich, auch populistische Debatten an. Vermutlich ist das kaum vermeidbar, wenn man aus ernstgemeinter Kritik echte Verbesserung machen will. Diesen Mut muss man haben – und auch die Kraft, die Kritik auszuhalten.

Der Mensch in der Transformation

Im Folgenden soll es nicht so sehr um konkrete Ausbauziele, um Wasserstoffstrategien oder Finanzierungsfragen gehen. Auch nicht um Netzausbau, Versorgungssicherheit, Energiewende oder Infrastrukturmaßnahmen. Keine Frage: All das sind zentrale und enorme Herausforderungen,

die zwingend nach klugen und nachhaltigen Lösungen verlangen. Sie schnell und sinnvoll zu beantworten ist daher essenziell für das Gelingen der Transformation und muss in der politischen Bewertung größte Priorität genießen. Zu Recht stehen sie daher auch im Fokus der Debatten. Oft kontrovers und lautstark diskutiert.
Daneben gibt es aber einen zweiten zentralen Faktor, der maßgeblich darüber entscheidet, ob der grüne Wandel gelingt, der aber in der öffentlichen Wahrnehmung oft nicht den gleichen Stellenwert genießt, meist sogar nur als Randnotiz auftaucht: der Mensch, sein Leben, seine Zukunft. Und nein, es ist aus meiner Sicht hier nicht zulässig, einfach zu rufen: Auf einem toten Planeten gibt es keine Zukunft! Weil dieses fatalistische Bild nicht die Bedeutung der Notwendigkeit der klimapolitischen Anstrengungen unterstreicht. Vielmehr produziert es Endzeitängste, die sich mit weiteren Sorgen, etwa vor atomaren Kriegen oder unbeherrschbaren Seuchen, zu jener Endzeitstimmung mischen, die den Populisten das Futter geben. Vor allem, wenn die konkrete Politik im bizarren Widerspruch zu der Bedeutung der Untergangsbilder steht.

Wie blickt die Bevölkerung auf den fundamentalen Wandel?

Daher: Neben all den organisatorischen, finanziellen und technischen Herausforderungen der Transformation stellen wir uns viel zu selten die Frage: Wie blickt die Bevölkerung auf all diese fundamentalen Veränderungen? Ist sie tatsächlich partizipativ einbezogen in die fundamentalen Entscheidungen, die ihr Leben betreffen? Was sind berechtigte Sorgen und Nöte, die mit dem klimaneutralen Umbau einhergehen? Welche Ängste, aber auch Chancen und Hoffnungen stecken in der Transformation? Was können Beschäftigte zu Recht erwarten und wo müssen sie sich gegebenenfalls selbst bewegen? Die Menschen verlangen daher zu Recht nach mutiger Führung. Diejenigen, die Entscheidungsprivilegien in unserem Land innehaben, die über unser aller Zukunft entscheiden, müssen dafür auch die Verantwortung übernehmen. Mit allen Konsequenzen. Das heißt: Sie müssen für ihre Entscheidung – oder schlimmer: ihre Nichtentscheidungen – im Zweifel (politisch) haften.
Die Menschen verdienen klare und verlässliche Antworten auf die vielen ungeklärten Fragen der Transformation: Warum findet der grüne Wirtschaftswandel in Deutschland trotz großer Versprechen und vollmundi-

gen Ankündigungen (noch) nicht in die Erfolgsspur? Warum mangelt es nicht nur an Tempo, sondern noch immer an grundsätzlichen Rahmenbedingungen?
Nach wie vor gilt, trotz aller Anstrengungen und Erfolge: Der lange und steinige Pfad der Transformation ist in Deutschland bisher allenfalls grob skizziert und bietet mitunter reichlich Platz für teure und kräftezerrende Irrwege. Was immer noch fehlt, sind verlässliche und belastbare Hauptstraßen mit verbindlichen Leitplanken, die dringend benötigte Struktur und Orientierung liefern. Abseits von kurzfristigen Entwicklungen und Legislaturen unter wechselnden politischen Vorzeichen, braucht es ein weitsichtiges, gesellschaftlich getragenes Commitment[1] für eine erreichbare Umsetzung der vereinbarten Ziele.
Diese Orientierungslosigkeit in Politik und Wirtschaft wird daher zunehmend zu einem ernsthaften Problem. Die vergangenen Jahre haben eine Menge Stress und Strapazen für Staat und Wirtschaft, aber auch für die Gesellschaft produziert. Hausgemachte Probleme der Transformation sind auf nationale Herausforderungen und globale Verwerfungen getroffen: Krieg und Zeitenwende, Energiekrise, Inflation, gestörte Weltmärkte, Corona – die Liste ließe sich beliebig erweitern. All das hat den klimaneutralen Umbau erheblich unter Druck gesetzt. Ihn stellenweise ausgebremst, teurer und unsicherer gemacht. Auf die Klimaeuphorie folgt daher nun eine Art Transformationskrise.

Transformationskrise: Transformation als Kulturkampf

Aus der zunächst blumigen Vision der Transformation ist plötzlich etwas Greifbares, etwas Konkretes geworden. Etwas, dass die Menschen im Alltag bewegt und beschäftigt. Dass sie zu spüren bekommen. Am Arbeitsplatz genauso wie im privaten Umfeld. Auch und vor allem finanziell. Klimaschutz ist aus einer abstrakten Ebene heraus greifbar geworden – und damit auch angreifbar.
Gleichzeitig ist der notwendige Übergang zu einer nachhaltigen Industrie und Gesellschaft nicht in Frage zu stellen. Über den Weg dorthin können und müssen wir intensiver, leidenschaftlicher und nach demokratischen

1 Oft übersetzt als: Verpflichtung, Bindung, Loyalität von Personen, auch Engagement.

Grundregeln streiten. Nicht aber über das »ob«. Bei allen Problemen, die aktuell in Deutschland und der Welt herrschen, müssen wir uns in einem Punkt einig sein: Der Klimaschutz hat nichts von seiner Dringlichkeit verloren. Er ist anders als fast alle anderen Themen aber tatsächlich nicht lokal lösbar, sondern ein globales Projekt. Der Rückzug in neo-biedermeierliche Vorgartenlösungen ist daher nicht nur wenig erfolgsträchtig, sondern vor allem eins: gefährlich.

Wir müssen uns aber auch an anderer Stelle ehrlich machen: Dieser tiefgreifende Strukturwandel wird nicht schmerzlos über die Bühne gehen. Für viele Menschen bedeutet der grüne Umbau erstmal eine Bedrohung ihrer beruflichen Lebensgrundlage. Gute, oft tarifgebundene Arbeitsplätze, vor allem in der Industrie, geraten unter Druck. Sei es in der Chemie oder der Automobilindustrie.

Ich verstehe, dass unsere Gesellschaft angesichts der globalen Herausforderungen krisenmüde geworden ist, aber wir können den Menschen trotzdem nicht vorgaukeln, es würde sich nichts verändern. Wir können nicht so tun, als ob hier alles beim Alten belassen werden könne. Ja, diese Erkenntnis kann und darf kurzfristig durchaus einen gewissen Trennungsschmerz verursachen. Schließlich waren wir in Deutschland in der alten Welt von Kohle, Öl und Co. besonders erfolgreich.

Die überdrehten und überhitzen Debatten, etwa um das Heizungsgesetz oder den Verbrennermotor, zeigen aber deutlich, wie schwer es Teilen von Gesellschaft, Politik und Wirtschaft noch immer fällt, die notwendige Neuformierung anzunehmen. Mittlerweile ist die Transformation für viele Menschen daher zu einer Art Kulturkampf geworden, etwa beim Blick auf die Energieversorgung. Am Klimaschutz zeigt sich eine der großen gesellschaftlichen Konfliktlinien. Nicht die einzige, aber mit Sicherheit eine, die besonders kontrovers und emotional diskutiert wird. An der individuellen Entscheidung zwischen Ölheizung oder Wärmepumpe, zwischen Lastenrad oder Dieselauto brechen sich inzwischen Identitätsfragen.

Die gerade beschriebenen Veränderungen durch die Dekarbonisierung, aber auch durch Digitalisierung oder mögliche Neuerungen durch Künstliche Intelligenz, lösen bei vielen Menschen berechtigte Ängste und Unbehagen, mancherorts sogar Widerstände aus. Der klimaneutrale Umbau ganzer industrieller Branchen und privater Lebensbereiche führt zu einem gewaltigen Strukturwandel, der Gewinner, aber eben zwangsläufig auch Verlierer produzieren wird.

Am Ende dieses gewaltigen Strukturwandels können und werden wir nicht jeden einzelnen Produktionsschritt in Deutschland erhalten können. So ehrlich müssen wir in der Analyse sein. Im besten Fall brauchen wir das aber auch nicht, weil sich eben auch neue Geschäftsfelder etablieren. Gleichzeitig bringt die Umstellung auf Greentech aber vor allem für Industrieunternehmen etliche technologische Hürden mit sich, die zwingend große Investitionen nach sich ziehen. Vor allem in energieintensiven Industrien wie zum Beispiel Chemie und Stahl. Branchen, die nicht nur eine enorme Relevanz für die Wertschöpfungsketten in Deutschland haben, sondern auch Hundertausenden von Beschäftigten gute und sichere Arbeitsplätze bieten – zumindest bisher.

Rolle der Gewerkschaften in der Transformation

Und genau hier setzt der Auftrag an die Gewerkschaften an. Wenn wir auch in Zukunft relevante und in großer Anzahl vorhandene Industriearbeitsplätze in Deutschland haben wollen, müssen wir gegenüber Politik und Wirtschaft als konsequente Treiber der Transformation auftreten. In all ihren unterschiedlichen Facetten. Wir müssen dafür sorgen, dass der Übergang sozial verträglich gestaltet wird. Dazu gehört vor allem, dass die betroffenen Menschen nicht allein gelassen werden mit ihren Sorgen und Nöten. Arbeitnehmer*innen, die zum Teil seit Jahrzehnten in einem bestimmten Sektor erfolgreich tätig sind, haben es verständlicherweise oft schwer, sich den neuen Anforderungen anzupassen. Für diese Kolleginnen und Kollegen müssen die Gewerkschaften da sein. Aber nicht als nostalgischer Trostspender und traditionsbeladener Kummerkasten, der an die gute alte Zeit erinnert, sondern als aktive Zukunftsgestalter und kluge Impulsgeber.

Natürlich bleibt es gewerkschaftliche Kernaufgabe, die berechtigten Ängste vor Arbeitslosigkeit, sozialem Abstieg und Perspektivlosigkeit ernst zu nehmen. Den Menschen zuzuhören. Aber am Ende müssen wir eben mehr anbieten als nur unser Ohr und unsere solidarische Schulter: Wir müssen für eine glaubwürdige, eine positive, aber vor allem eine erfolgreiche Version der Transformation sorgen, die den Beschäftigten eine echte Perspektive aufzeigt. Die dafür sorgt, dass Transformationsverlierer im großen Stil überhaupt nicht erst entstehen.

Dazu stehen uns gleich mehrere wirkmächtige Werkzeuge zur Verfügung. Wir müssen die Unternehmen auf ihrem Weg in eine klimaneutrale Zukunft sozialpartnerschaftlich unterstützen und eng begleiten. Kooperativ und auf Augenhöhe. Über unsere Mandate in den Aufsichtsräten, über die Betriebsräte, über das Einbringen selbstentwickelter Transformationsstrategien. Die Hand der Gewerkschaften ist weit ausgestreckt. Andererseits müssen wir die Unternehmen aber auch hart anspielen und herausfordern, wir müssen sie treiben und unsere Forderungen immer wieder unterstreichen. Die einfache Formel für die Unternehmen lautet daher: Wer nicht liefert, wer mit uns nicht konsequent den Weg der (grünen) Modernisierung bestreitet, dem steht Ärger ins Haus!

Gewerkschaften als Zukunftsgestalter

Ein weiterer zentraler Baustein sind Qualifizierung und berufliche Weiter- und Fortbildung. Die Transformation und die Digitalisierung erfordern von den Belegschaften grundsätzlich neue Fähigkeiten und Kenntnisse. Arbeitsplatzprofile und Anforderungen verändern sich gerade fundamental. Zum Teil über Jahrzehnte verfeinerte Produktionsprozesse und Arbeitsabläufe müssen nun im laufenden Betrieb – quasi nebenbei – neu gedacht und organisiert werden. Bereits jetzt leisten die Beschäftigten in vielen Betrieben Großartiges und meistern genau diese Jahrhundertaufgabe.
Um aber den Menschen den Übergang in neue Arbeitsfelder systematisch zu ermöglichen und zu erleichtern, braucht es massive Investitionen und das verbriefte Recht auf umfassende Weiterbildung und Umschulung: Bildung und Qualifizierung sind wesentliche Merkmale, um neue berufliche Perspektiven und Teilhabe für alle Beschäftigten zu organisieren. Um soziale Verwerfungen zu verhindern und gesellschaftlicher Spaltung etwas entgegenzusetzen. Es gilt der alte gewerkschaftliche Leitsatz: Niemand darf ins Bergfreie fallen!
Neben Qualifizierung spielt aber auch die Qualität der Arbeit eine zentrale Rolle – und zwar von zwei unterschiedlichen Standpunkten aus. Einerseits müssen wir dafür Sorge tragen, dass der Standort hinsichtlich der hier produzierten Güter den Anspruch hat, eine hohe Produktqualität zu liefern und diesen seit Jahrzehnten erfolgreichen Ansatz weiterentwickelt und ausbaut. »Made in Germany« muss (weiterhin) für hohe Innovationskraft und exzellente Fertigungstiefe stehen, für eine außergewöhnliche Spezialisierung, für verlässliche Qualität und praxisnahe Lösungskompetenzen. Was wir uns nicht leisten können ist, den Standort in einen ausschließlich kostengetriebenen Wettbewerb mit konkurrierenden Regionen zu schicken. Diesen Wettbewerb können wir schlicht nicht gewinnen, dass offenbart allein der Blick auf die internationalen Energiepreise, die

etwa in China oder den USA deutlich niedriger sind. Nein, wir müssen einen anderen Weg beschreiten: Wir müssen die hohe Qualität unserer Produkte in den Mittelpunkt rücken und so im Wettbewerb bestehen.
Andererseits muss man das Thema Qualität der Arbeit auch aus Sicht der Beschäftigten denken. Wenn sich Prozesse und Abläufe in den Betrieben grundlegend verändern, geht es auch darum, in den neu entstehenden Arbeitsfeldern gute und sinnstiftende Arbeit zu etablieren. Oft langwierig erkämpfte Normen und Standards sind zu erhalten und im Sinne der Beschäftigten weiterzuentwickeln.
Es ist meine feste Überzeugung: Ohne die Menschen wird die Transformation nicht gelingen. Nicht auf beruflicher und nicht auf gesellschaftlicher Ebene. Zustimmung, aber auch Ablehnung, wird sich früher oder später im direkten Wahlverhalten widerspiegeln, ebenso im Konsum; als Beispiele seien hier Wärmepumpe oder E-Mobilität genannt.
Hier ist aber nicht nur die Politik gefragt, auch die Industrie selbst steht in der klaren Verantwortung. Wenn der Wandel wirklich gelingen soll, müssen sich die Unternehmen den Herausforderungen gemeinsam mit ihren Belegschaften stellen. Offen, ehrlich und sozialpartnerschaftlich. Der Wandel im Betrieb muss auf Basis einer starken Mitbestimmung fair gestaltet werden. Die Beschäftigten und ihre demokratisch gewählten Gremien müssen aktiv und auf Augenhöhe in die entscheidenden Zukunftsentscheidungen ihres Unternehmens eingebunden werden. Es muss eine breite Akzeptanz geschaffen werden für die Veränderung. Dafür braucht es in den Betrieben ein echtes Wir-Gefühl. Das gilt insbesondere auch für das Management. Wer die benötigte Veränderungsbereitschaft von seinen Leuten einfordert, muss diese selbst auch jeden Tag vorleben. Nur jammern und mit dem Finger auf die Politik zeigen, reicht jedenfalls nicht aus, um sich für einen Spitzenposten zu qualifizieren.

Kann die Transformation gelingen?

Gerade erfolgreichen Unternehmen fällt das zuweilen schwer. Eben weil man in der Vergangenheit mit seinen Konzepten so erfolgreich war, tut man sich im Wandel schwer. Dabei bedeutet Transformation, dass nicht nur ein bisschen modernisiert wird. Ein frischer grüner Anstrich und fertig. Nein, es geht um einen grundsätzlichen Neuaufbau von Produktion und Fertigung, vermutlich über Dekaden. Und genau daher müssen jetzt die langfristigen Investitionsentscheidungen in den Unternehmen

getroffen werden – damit Wohlstand, Wertschöpfungsketten und gute Arbeitsplätze dauerhaft in Deutschland und Europa erhalten bleiben.
Dafür braucht es von der Politik aber kalkulierbare Rahmenbedingungen und ein hohes Maß an Verlässlichkeit. Der Staat ist in der Pflicht, die Grundvoraussetzungen für das Gelingen der Transformation zu schaffen, indem die benötige Infrastruktur überall in der erforderlichen Breite und Tiefe schnellstmöglich bereitgestellt wird. Das gilt für grünen Strom zu wettbewerbsfähigen Preisen genauso wie für ausreichend Wasserstoff. Für belastbare Netze und gut ausgebaute Pipelines. Auf diese Themen muss sich ein funktionierender Staat jetzt voll fokussieren. Er muss sie priorisieren und die notwendigen Basics liefern, damit sich die willigen Unternehmen in die grüne Transformation einwählen können. Das gelingt nicht allein mit dem Bereitstellen von großen Geldsummen und üppigen Fördertöpfen. Nein, der Staat muss jetzt eine proaktive Rolle einnehmen und selbst zum Marktakteur werden, etwa beim Ausbau der Stromnetze. Die Schuld, dass die gerade aufgezählten Instrumente noch immer nicht flächendeckend vorhanden sind, tragen nun mal Staat und Politik.
Daher braucht es nun dringend politische Führung. Es braucht den ernsthaften Willen zu parteiübergreifender Zusammenarbeit und Gestaltungsvisionen, die sich nicht nur am eigenen Wählerklientel und am Wahltermin orientieren. Kurzum: Es braucht politische Sicherheit und Stabilität für private Investitionen. Es braucht kluge und (juristisch) belastbare Förderinstrumente, an denen nicht ständig herumgeschraubt wird.
Natürlich braucht es eine soziale Konditionierung der Maßnahmen, damit am Ende nicht nur Unternehmen, sondern auch Beschäftigte von staatlichen Fördergeldern profitieren. Damit endet die Verantwortung der Politik aber nicht. Es braucht auch in anderen Bereichen umfassende staatliche Investitionen, etwa in Digitalisierung, in Verkehrsinfrastruktur, in Wohnungsbau, in Bildung. Es geht um zentrale Investitionen, die unser Land gesellschaftlich und wirtschaftlich zusammenhalten und es fit für eine erfolgreiche Zukunft machen. Es geht dabei auch um ein Grundvertrauen in den Staat und seine Handlungsfähigkeit. Um ein Gefühl von Sicherheit im Wandel.
Also, wo steht die Transformation in Deutschland nun? Ist das Glas halb voll oder halb leer? Ich denke, es gibt erstaunliche Fortschritte und Erfolge, auf die wir gemeinsam stolz sein dürfen und an denen wir anknüpfen können. Gleichzeitig gab und gibt es aber erhebliche Fehlentwicklungen und einen gewichtigen Berg nicht gelöster Probleme, der die Menschen verunsichert. Der sie zweifeln lässt. Ich bin aber sicher, dass Deutschland die Kraft und die Ressourcen hat, diese Herausforderungen erfolgreich zu stemmen, wenn jeder der im Text beschriebenen Akteure endlich seine

Transformationsaufgaben anständig erledigt: Gewerkschaften, Zivilgesellschaft, Politik und Wirtschaft.

Wenn es uns gemeinsam gelingt, die Veränderungen sozial und gerecht zu gestalten. Wenn es uns gelingt, glaubwürdige Perspektiven für die Beschäftigten zu entwickeln. Wenn wir den Menschen konsequent in dem Mittelpunkt unserer Betrachtung rücken und ihn von den notwendigen Veränderungen nicht nur überzeugen, sondern ihn für die Transformation begeistern. Dafür braucht es keine launigen Sonntagsreden und Jubelstürme, sondern sichtbare Erfolge im Alltag. Einen sicheren, tarifgebundenen Arbeitsplatz und einen bezahlbaren wie nachvollziehbaren Klimaschutz.

Dann, und daran glaube ich fest, wird uns die notwendige Modernisierung in Deutschland gelingen. Aber sie wird nicht einfach vom Himmel fallen. Sie wird viel Kraft und mehr Zeit kosten. Sie wird Erfolge wie Misserfolge produzieren. Aber vor allem wird es sie nicht kostenlos geben. Aber das muss uns unsere Zukunft wert sein!

Prof. Dr. Marcel Fratzscher
Ökonom, Politikberater, Professor für Makroökonomie an der Humboldt-Universität zu Berlin und Präsident des Deutschen Instituts für Wirtschaftsforschung e. V. in Berlin (DIW).

Das AfD-Paradox: Wer zum AfD-Milieu zählt, sollte vor allem nicht die AfD wählen

Darum geht es in diesem Beitrag
Umfragen und Studien ergeben, dass überdurchschnittlich häufig Männer im mittleren Alter zwischen 45 und 59 Jahren die AfD wählen. Der Zuspruch ist in den ostdeutschen Bundesländern besonders hoch. Insbesondere in ländlichen und strukturschwachen Regionen, die ökonomisch abgehängt zu werden drohen, profitiert die AfD von großer Zustimmung. Das Einkommen und die Bildung ihrer Wähler sind eher gering bis mittelhoch, Arbeiter und Arbeitslose sind überdurchschnittlich häufig vertreten. Hohe Unzufriedenheit mit dem eigenen Leben, über den »Zustand« von Wirtschaft und Gesellschaft sind in der AfD-Wählerschaft besonders ausgeprägt. Wissenschaftliche Analysen zeigen, dass gerade diese Menschen nicht vom AfD-Wahlprogramm profitieren.

Die Unterstützung für die Partei »Alternative für Deutschland« (AfD) hat sich seit den Bundestagswahlen 2021 auf mehr als 20 Prozent verdoppelt – und in dieser Höhe sogar im AfD-Wahlergebnis bei der vorgezogenen Bundestagswahl im Februar 2025 bestätigt (20,8 Prozent).[1] Das ist alarmierend, wenn man bedenkt, dass der Verfassungsschutz die AfD bundesweit als rechtsextremistischen Verdachtsfall einstuft, die Landesverbände Sachsen, Sachsen-Anhalt und Thüringen werden von den jeweiligen Landesämtern für Verfassungsschutz als gesichert rechtsextrem geführt. Was dabei überrascht ist, welche Menschen diese Partei wählen würden. Es tritt ein Paradox auf: Menschen, die die AfD unterstützen, leiden am stärksten unter der AfD-Politik, und zwar in Bezug auf fast jeden Politikbereich: Wirtschaft und Steuern ebenso wie Klimaschutz, soziale Absicherung, Demokratie und Globalisierung.

1 Der Beitrag geht zurück auf die Kolumne »Fratzschers Verteilungsfragen«, die auf Zeit Online erscheint (vom 1.9.2023).

Wie wir aus verschiedenen Umfragen und Studien wissen, wählen überdurchschnittlich häufig Männer im mittleren Alter zwischen 45 und 59 Jahren die AfD. Ihr Einkommen ebenso wie ihre Bildung sind eher gering bis mittelhoch, Arbeiter und Arbeitslose sind überdurchschnittlich häufig vertreten. Die Unzufriedenheit über das eigene Leben und über den Zustand von Wirtschaft und Gesellschaft ist unter der AfD-Wählerschaft deutlich höher als im Durchschnitt.
Die Zustimmung zur AfD ist vor allem in Ostdeutschland überdurchschnittlich hoch, insbesondere in ländlichen und strukturschwachen Regionen, die unter Abwanderung leiden und ökonomisch abgehängt zu werden drohen. Dabei zeigen zwei wissenschaftliche Analysen des Deutschen Instituts für Wirtschaftsforschung e. V. in Berlin (DIW), dass die AfD am besten in Wahlkreisen abschneidet, in denen die Perspektivlosigkeit groß ist.

Neoliberale Wirtschaftspolitik und Beschneidung des Sozialstaats

Demgegenüber stehen die politischen Positionen der AfD. Wie diese genau aussehen, lässt sich anhand der 38 Fragen des Wahl-O-Mat der Bundeszentrale für politische Bildung gut nachvollziehen. In einer aktuellen Analyse haben wir diese Positionen, kategorisiert nach Politikbereichen, dann mit den soziodemografischen Merkmalen der AfD-Wählerschaft abgeglichen.
Die AfD steht demnach für eine extrem neoliberale Wirtschafts- und Finanzpolitik. Sie setzt sich in fast allen Bereichen für Steuersenkungen (wie neuerdings bei der Erbschaftsteuer) und gegen Steuererhöhungen ein. Die Besteuerung großer Vermögen lehnt sie ab, den Solidaritätszuschlag für die Spitzenverdiener will sie komplett abschaffen. Das Gleiche gilt für die Wirtschaftspolitik, bei der die AfD generell die Rolle des Staates beschneiden und die Macht des Marktes vergrößern will.
Bei der Klimapolitik gibt es keine Partei, die Maßnahmen zum Schutz von Umwelt und Klima systematischer ablehnt als die AfD. Sie ist gegen den Kohleausstieg 2038 genauso wie gegen ein Verbot von Verbrennungsmotoren, gegen die Förderung von ökologischer Landwirtschaft, den Ausbau von Windenergie oder die Besteuerung des Flugverkehrs.
In der Kategorie Sozialpolitik wünscht sich keine Partei im Bundestag stärkere Einschnitte bei den Sozialleistungen als die AfD. So spricht sie

sich beispielsweise gegen eine Stärkung der Rechte von Mieter*innen aus und hat sich 2021 gegen die Erhöhung des Mindestlohns auf zwölf Euro ausgesprochen. Laut aktuellen Forderungen – die somit nicht im Wahl-O-Mat enthalten sind – will die AfD das Bürgergeld beschneiden und auf sechs Monate begrenzen. Zudem will sie Langzeitarbeitslose zu Bürgerarbeit zwangsverpflichten.
In der Gesellschaftspolitik unterscheidet sich die AfD am stärksten von den anderen Bundestagsparteien. So will die AfD die Rechte und Freiheiten vor allem für Minderheiten beschneiden, sie will die traditionelle Familie (Vater, Mutter und Kind/er) besserstellen als andere Familienmodelle und spricht sich gegen die Berücksichtigung unterschiedlicher Geschlechtsidentitäten in Veröffentlichungen der Bundesbehörden aus.

Ausgeprägte individuelle und kollektive Fehleinschätzung

Auch in Bezug auf die Demokratie und Innenpolitik will die AfD Rechte und Freiheiten deutlich stärker beschneiden als alle anderen Parteien im Bundestag. Sie lehnt, zusammen mit der CDU/CSU, die Ausweitung des Wahlrechts bei Bundestagswahlen auf Jugendliche ab 16 Jahren und eine doppelte Staatsbürgerschaft ab. In der Kategorie Außenpolitik ist die AfD die einzige Partei, die die Europäische Union abschaffen oder massiv beschneiden will.
Diese politischen Forderungen laufen den Interessen der AfD-Wähler*innen jedoch in vielen Punkten zuwider. Steuersenkungen für Spitzenverdienende, niedrigere Löhne für Geringverdienende und eine Beschneidung der Sozialsysteme: Das würde vor allem die AfD-Wähler*innen benachteiligen. Würde sich die Politik der AfD durchsetzen, käme es zu einer Umverteilung von Einkommen und sozialen Leistungen von AfD-Wähler*innen hin zu den Wählern anderer Parteien.
Dies würde die ohnehin schon häufig am Rande der Gesellschaft stehenden AfD-Wähler noch stärker marginalisieren und ihre gesellschaftliche und politische Teilhabe beschneiden. Des Weiteren träfe der mittel- und langfristige wirtschaftliche und politische Schaden, den eine Schwächung der Europäischen Union und eine Aussetzung von Maßnahmen gegen den Klimawandel verursachen würde, vor allem die sozial Benachteiligten der Gesellschaft – und dazu gehören viele AfD-Wähler*innen.

Wie kann es sein, dass ein Fünftel der Bürger*innen die Politik einer Partei unterstützt, die stark dem eigenen Wohlergehen und den eigenen Interessen zuwiderläuft? Erklären lässt sich dies nur mit einer ausgeprägten individuellen und kollektiven Fehleinschätzung.

Kaum eine im Bundestag vertretene Partei in Deutschland hat in den letzten 70 Jahren so hart nach unten getreten und verletzliche Gruppen so stark ausgegrenzt und diskriminiert wie die AfD. Durch die Hetze gegen und Diskriminierung von Ausländer*innen und Menschen mit Migrationsgeschichte – also fast jeden vierten Deutschen – schafft es die AfD, den eigenen Unterstützern einzureden, sie würden wirtschaftlich, sozial und politisch gewinnen, wenn soziale Leistungen oder Grundrechte für diese Gruppen eingeschränkt würden.

Viele AfD-Wähler realisieren nicht, dass eine Politik der Diskriminierung und Ausgrenzung sie selbst stark negativ betreffen würde, denn sie selbst gehören häufig zum unteren Rand der Einkommensverteilung, haben weniger Chancen und Privilegien als andere und sind stärker auf staatliche Leistungen angewiesen. So würden vor allem AfD-Wähler*innen unter Arbeitsplatzverlusten, einer schlechteren Infrastruktur und geringeren Leistungen, einer Schwächung der Europäischen Union oder Steuersenkungen für Spitzenverdienende leiden.

Die kollektive Fehleinschätzung der AfD-Wähler besteht in dem, was der ZEIT-ONLINE-Journalist Nils Markwardt »Verblendungszusammenhänge« nennt. Hierbei geht es im besten Falle um eine verzerrte Wahrnehmung der Realität, im schlimmsten Falle um irre Verschwörungstheorien, bei denen sich AfD-Wähler*innen als Opfer von Politik und Gesellschaft darstellen und sich selbst als Mehrheit beschreiben.

Nicht wenige AfD-Wähler*innen sind überzeugt, dass eine Rückabwicklung der Globalisierung, ein erstarkender Nationalismus sowie eine neoliberale Wirtschafts-, Finanz- und Sozialpolitik ihnen persönlich bessere Arbeitsplätze, mehr Sicherheit und bessere Chancen verschaffen würden. Was für ein Irrglaube – genau das Gegenteil würde passieren.

»*Be careful what you wish for*« (Seid vorsichtig, was ihr euch wünscht) – diese Weisheit kann man den AfD-Wähler*innen und -Sympathisant*innen nur ans Herz legen. Die Aufgabe von Politik und Gesellschaft ist es, diese Widersprüche zwischen AfD-Positionen und den Interessen der AfD-Wählerschaft offenzulegen, die individuellen und kollektiven Fehleinschätzungen zu benennen und den AfD-Populismus durch den öffentlichen Diskurs zu entlarven. Nur so lässt sich verhindern, dass bis zur nächsten Bundestagswahl der Anteil der irrlichternden AfD-Unterstützer noch wächst.

Dr. Klaus Heimann
Freier Journalist und Moderator in Berlin, er schreibt unter anderem regelmäßig für die Zeitschrift »Gute Arbeit«.

Wer Angst hat, ist für einfache Antworten empfänglicher

Darum geht es in diesem Beitrag
*Die AfD macht die Demokratie verächtlich und bekämpft deren Institutionen. Sie agitiert sprachlich gewalttätig – teils sogar in den Parlamenten –, was bisweilen in reale Gewalt mündet. Die AfD propagiert Feindbilder gegen Menschen mit Migrationshintergrund, die als Sündenböcke für alles herhalten müssen, was hierzulande (angeblich) schief läuft. Ihre Programme laufen den Interessen der abhängig Beschäftigten zuwider, doch die AfD feiert große Wahlerfolge – auch dank der Unterstützung der Arbeitnehmer*innen und der jungen Generation. Der Autor betrachtet das Verhalten von AfD-Funktionären und unterzieht die Programmatik der selbst ernannten »Alternative« einer Prüfung.*

Mit Beifall und Rufen nach Abschiebungen haben AfD-Anhänger das Ergebnis bei der Landtagswahl in Brandenburg im September 2024 im Landgasthof »Zum Alten Krug« in Potsdam gefeiert. Mehrere junge AfD-Anhänger stimmten lautstark und minutenlang ein aggressives Lied zum Thema Abschiebungen an. Zu der Melodie des Songs »Das geht ab. Wir feiern die ganze Nacht« der Band *Die Atzen* sangen sie: »Hey das geht ab, wir schieben sie alle ab, sie alle ab.« Dazu hielten sie ein Banner mit dem Slogan »Millionenfach abschieben!« hoch.
Mittendrin bei dieser Party: Die Bundesvorsitzenden Alice Weidel und Tino Chrupalla sowie der gesichert rechtsextreme Thüringer AfD-Vorsitzende Björn Höcke. Die Ex-Bundeskanzlerkandidatin Weidel hielt Höcke im Februar 2025 für »ministrabel«. Nach der Feier erstattete der Grünen-Politiker Volker Beck Strafanzeige »gegen die Verantwortlichen und AfD-Mitglieder, die sich an diesem Auftritt beteiligt hatten«. Das Lied würde zum Hass aufstacheln, Gewalt- und Willkürmaßnahmen wie millionenfache Abschiebungen fordern.
Später tanzten AfD-Anhänger, nach Angaben von rbb24, auf der Straße vor dem Gasthof zu dem Auftritt eines Sängers und dessen Song: »Ost, Ost, Ostdeutschland«. Darin heißt es: »Im Osten heißt Familie Mutter,

Vater, Kind, dem Westen ist das scheißegal, weil die so offen sind. Hier schaut man nach dem Rechten, hier passt man auf sich auf. Im Westen spielt der Ali mit den Bullen Katz und Maus. Im Osten hat man Kühe und einen Hühnerstall, im Westen LGTBQ und einen Knall. Ost, Ost, Ostdeutschland.« Die AfD gilt in vielen Bundesländern als »rechtsextremer Verdachtsfall«, was viele Menschen allerdings nicht davon abhält, sie zu wählen. Bei der Bundestagswahl 2025 erreichte die AfD 20,8 Prozent und legte damit im Vergleich zu 2021 um 10,4 Prozent zu.[1]

AfD-Paradox und der Wahl-O-Mat

Prof. Dr. Marcel Fratzscher, Präsident des Deutschen Instituts für Wirtschaftsforschung e. V. (DIW) in Berlin, hat zur Debatte um AfD-Wahlerfolge das Paradox betont (vgl. seinen Beitrag in diesem Band). Was meint er damit? Dahinter verbirgt sich die Erkenntnis, dass die Hauptleidtragenden der AfD-Politik die Mehrheit der eigenen Wähler*innen wären. Er schreibt im DIW aktuell Ausgabe 88: »Dabei tritt ein bemerkenswertes Paradox auf: Menschen, die die AfD unterstützen, würden am stärksten unter der AfD-Politik leiden, und zwar in Bezug auf fast jeden Politikbereich: Wirtschaft und Steuern ebenso wie Klimaschutz, soziale Absicherung, Demokratie und Globalisierung.«

Fratzscher stützt sich vor allem auf den sogenannte Wahl-O-Mat der Bundeszentrale für politische Bildung (bpb) für die Bundestagswahl 2021. Die 38 Fragen und Antworten zu den Parteiprogrammen werden in Bezug auf die sechs Parteien verglichen, die im Bundestag vertreten sind. Die Fragen sind sieben politischen Kategorien zugeordnet: der Steuer- und Wirtschaftspolitik, der Klima- und Umweltpolitik, der Sozialpolitik, der Gesellschaftspolitik und nicht zuletzt der Außen- und der Innenpolitik.

Die Analyse zeige, so Fratzscher, für welche Politik die AfD stehe: zum Beispiel für eine extrem neoliberale Wirtschafts- und Finanzpolitik. Sie setze sich in fast allen Bereichen für Steuersenkungen ein, wie neuerdings bei der Erbschaftssteuer, und positioniert sich gegen Steuererhöhungen sowie gegen die Besteuerung großer Vermögen. Den Solidaritätszuschlag für Spitzenverdiener*innen will sie abschaffen. Ähnliches ist für die Wirtschaftspolitik zu konstatieren: Die AfD ziele darauf ab, die aktive Rolle des Staats beschneiden und die Macht des Markts zu stärken.

---

1 Mehr lesen unter *https://www.bundeswahlleiterin.de/bundestagswahlen/2025/ergebnisse.html.*

Wirtschafts- und Sozialpolitik der AfD aus Landtagswahl-Programmen

Um Aussagen und Erkenntnisse des DIW zu stützen, lohnt sich für »Abgebrühte« ein Blick in die AfD-Wahlprogramme, die bei den letzten Landtagswahlen in Thüringen, Sachsen und Brandenburg im Herbst 2024 galten:

- »Für eine patriotische und Soziale Markwirtschaft« im Kapitel Wirtschafts- und Sozialpolitik der Partei in Thüringen;
- der Programmteil Wirtschafts- und Sozialpolitik im sächsischen Wahlprogramm: »Damit Sachsen Heimat bleibt«;
- Aussagen zur »Freien Marktwirtschaft in einem sicheren Land – Wirtschaft und Mittelstand« im Landtagswahlprogramm der AfD in Brandenburg.

»Für eine patriotische und Soziale Markwirtschaft« (Thüringen)

Voraussetzung *für eine patriotische und Soziale Markwirtschaft*[2] in Thüringen sind laut AfD drei Dinge: *eine Abkehr von der Energiewende, das Ende der Sanktionspolitik gegen Russland* und *das Ende der ungezügelten Masseneinwanderung.* Daniel Mullis analysiert in seinem Buch »Der Aufstieg der Rechten in Krisenzeiten«: »Der AfD geht es gar nicht um rationale Antworten. Sie betreibt eine Emotionalisierung der Politik, die letztlich in Form eines identitätspolitischen Kulturkampfs geführt wird: Wir gegen die anderen.« Die Partei verspreche den Menschen, deren Probleme zu mindern oder zu beseitigen, »wenn die Gesellschaft homogener deutsch wäre. Sie verspricht eine Gemeinschaft als Ort der Stabilität und Sicherheit, in der es wenig, bis gar keine Migration gibt, in der traditionelle Geschlechterrollen und klare gesellschaftliche Hierarchien etabliert sind. Wiederbelebt werden soll eine vergangene Gemeinschaft, um die Unsicherheiten in der Gegenwart aufzulösen.«
Die AfD verlangt, dass eine angeblich *dirigistische Kommandowirtschaft im Land, im Bund und auf EU-Ebene* beendet wird. Der Sprachstil (im Nazi-Jargon) vermittelt, dass es nur eine Sichtweise und Lösung für an-

2 Kursiv gesetzte Begriffe und Passagen sind Original-Textstellen aus den genannten AfD-Wahlprogrammen.

gebliche Probleme gibt (die der AfD), sonst folge ein *allgemeiner Wohlstandsverlust*. Die Partei fordert mehr persönliche Leistung, Eigeninitiative, alles Gute gründet auf Privateigentum.
Im Mittelpunkt der Wirtschaftspolitik der Thüringer AfD steht – zumindest auf dem Papier – der unternehmerische Mittelstand: Kleine und mittlere Unternehmensbetriebe (KMU-Betriebe) und das Handwerk sollen *frei von staatlichen Eingriffen* wirtschaften. Mit einer Gründerprämie von 20 000 Euro will die AfD-Thüringen den Unternehmergeist fördern. Man darf sich ausmalen, wer nach welchen Gesichtspunkten gefördert würde, falls es zu einer Regierungsbeteiligung käme. Bisher hält eine Brombeer-Koalition von CDU, BSW und SPD in Thüringen dagegen, die Beteiligten hoffen auf Stabilität des Bündnisses. Die AfD hatte 32,8 Prozent bei der Landtagswahl erreicht.
Wie bei der FDP steht bei für die AfD der »Bürokratieabbau« hoch im Kurs, also rechtliche Deregulierung: So soll die Datenschutz-Grundverordnung (DSGVO) komplett verschwinden, weil sie die Betriebe störe. Es gibt ein schon fast mystisches Bekenntnis zur Künstlichen Intelligenz, »übermäßige Regulierung« dieser Technologie lehnt die Thüringen-AfD kategorisch ab. Stichwort Bürokratieabbau und Wirtschaftsförderung: Mit dem Streichen all dieser Töpfe wären staatliche Unterstützungs- und Förderprogramme gerade für KMU sowie Anreize für Innovationen und die Transformation vom Tisch. Es darf begründet bezweifelt werden, dass dies den Interessen und Wünschen deutscher Unternehmen entspricht.
Im Gegenteil: Wirtschaftsverbände stellen der vorgeblichen »Alternative« ein mieses Zeugnis aus: »Wirtschaftsverbände warnen vor Plänen der AfD« (18.2.2025, bundesweite Meldungen, hier Auszüge aus der Süddeutschen Zeitung): »Die wirtschaftspolitischen Ideen der AfD sind für die Wirtschaft schädlich und würden in der Umsetzung einen massiven Wohlstandsverlust bedeuten«, so die Präsidentin des Verbands der Automobilindustrie (VDA), Hildegard Müller, anlässlich der Veröffentlichung einer Studie des Instituts der deutschen Wirtschaft (IW) im Auftrag der Unternehmensinitiative »Vielfalt ist Zukunft«. Die Pläne der AfD, Deutschland womöglich aus der Europäischen Union und dem Euro zu führen, bezeichnete Müller als »gefährlich und wachstumsvernichtend«.
Ein solcher als »Dexit« bezeichneter Schritt könnte laut IW-Berechnungen in den ersten fünf Jahren zu einem Rückgang des realen Bruttoinlandsprodukts (BIP) um 5,6 Prozent führen – umgerechnet wäre das ein Minus um ca. 690 Milliarden Euro. Rund 2,5 Millionen Arbeitsplätze könnten auf der Kippe stehen. Daneben präsentiere sich die Partei innovationsfeindlich, etwa bei Elektromobilität und erneuerbaren Energien:

»Wer den Klimawandel leugnet und Zukunft nicht als Chance versteht, besiegelt den langfristigen wirtschaftlichen Abstieg«, so Müller.
Gewarnt wird in der IW-Studie auch vor dem Verlust von Fach- und Arbeitskräften aus dem Ausland. Die Wirkung der AfD auf potenzielle Zuwanderer sei problematisch, denn die demografische Krise in Deutschland sei unter anderem mit Arbeitskräften aus dem Ausland auszugleichen. Bereits heute tragen 6,7 Millionen ausländische Beschäftigte zu 13,2 Prozent der Bruttowertschöpfung bei. Besonders in Ostdeutschland hätten ausländische Arbeitskräfte das Wirtschaftswachstum unterstützt. »Ohne Drittstaaten-Zuwanderung hätte es hier keine Zuwächse bei sozialversicherungspflichtiger Beschäftigung in den vergangenen Jahren gegeben«, heißt es in einer Mitteilung.[3]
Nicht zuletzt bezeichnete Fabian Zacharias vom Digitalverband Bitkom die Ausrichtung der Rechtsaußen-Partei als digitalpolitisch »rückwärtsgewandt« und »gesellschaftlich auf Spaltung und Abgrenzung ausgerichtet«. Die digitale Wirtschaft in Deutschland stehe für Innovation und weltweiten Austausch, die durch die angekündigte AfD-Politik »massiv beschädigt« würde. »Wir müssen die Wettbewerbsfähigkeit der deutschen Wirtschaft steigern, unsere digitale Souveränität stärken und gleichzeitig die Teilhabe an der digitalen Gesellschaft für alle Menschen in Deutschland verbessern«, betonte er.

»Wir werden Ausländer in ihre Heimat zurückführen. Millionenfach. Das ist kein Geheimplan. Das ist ein Versprechen.«
X-Tweet von René Springer (MdB)

Bei der Zuwanderung setzt die AfD auf *integrationswillige, hochqualifizierte Fachkräfte, die gut Deutsch sprechen.* Und die Partei behauptet: *Seit Jahren erleben wir anstatt einer Einwanderung von Fachkräften vor allem eine Einwanderung in die Sozialleistungssysteme.* Das soll sich laut AfD ändern, die jede Gelegenheit nutzt, um rassistische Vorurteile gegen Menschen mit Migrationshintergrund zu verbreiten. Die weitreichenden Vertreibungspläne, die im Januar 2024 als »Remigration« aus »geheimen Sitzungen« publik wurden, lösten öffentliche Empörung und betriebliche sowie gewerkschaftliche Initiativen aus, stehen aber als Zielmarke der Partei im Raum. Höcke, Thüringer AfD-Spitzenkandidat bei der Land-

3 Nach DGB-Berechnungen (Grundlage: Angaben der Bundesagentur für Arbeit) sind in sieben wichtigen Wirtschaftsbereichen 2,14 Millionen Beschäftigte ohne deutschen Pass. Das sind die Bereiche: Reinigungsgewerbe, Baubranche, Transportgewerbe, Handwerk, Sicherheitsgewerbe, Pflege und der Bildungsbereich.

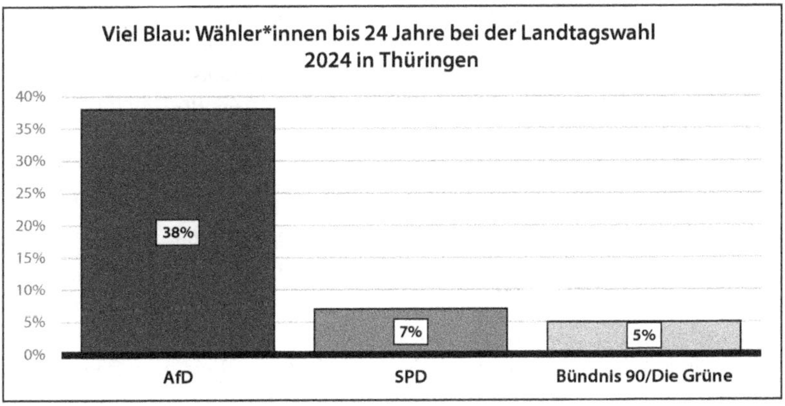

Quelle: infratest dimap

tagswahl, hatte bereits 2018 in einem Band (»*Nie zweimal in denselben Fluß*«) dieses Ziel beschrieben – versehen mit dem Hinweis, dass Vertreibungen nicht ohne »wohltemperierte Grausamkeit« auskämen.
Wie gefährlich für unsere Gesellschaft, die Demokratie und den Wohlstand der Menschen hierzulande ein Zuwanderungsstopp wäre, hat das Team der Deutschen Bank Research unter Leitung von Jim Reid untersucht. Klare Ansage: Ohne mehr Zuwanderung in den Arbeitsmarkt wird Deutschland Wachstum und Wohlstand verlieren.

Ohne ausländische Pflegekräfte geht nichts mehr
Würde »Remigration« ernsthaft verfolgt, geriete unsere Gesellschaft in schwere Turbulenzen, wie das Beispiel der Pflegebranche unterstreicht. Sie leidet seit Jahren unter Personalmangel. Das Institut für Arbeitsmarkt- und Berufsforschung (IAB) ermittelte, dass das Pflegesystem hierzulande ohne ausländische Beschäftige zusammenbrechen würde.
Zum einen kommt bereits heute jede sechste Pflegekraft (rund 16 Prozent) aus dem Ausland, zum anderen wird das Beschäftigungswachstum in der Pflege seit 2022 nur noch von ausländischen Beschäftigten getragen.
Ausländische Beschäftigte erzielten in diesem Zeitraum (2013 bis 2023) ein stark überproportionales Beschäftigungswachstum: in der Altenpflege um 273 Prozent auf fast 87 000 Personen; in den Altenpflegeberufen lag ihr Personalanteil 2023 bei 18,9 Prozent. In der Krankenpflege erhöhte sich der Anteil ausländischer Pflegekräfte an allen Pflegekräften in den zehn Jahren von 4,9 auf 14,5 Prozent.
2023 waren mehr ausländische Pflegekräfte aus Nicht-EU-Ländern als aus der Europäischen Union in Deutschland tätig. EU-Kräfte kommen oft aus Polen, Kroatien und Rumänien. Türk*innen und Serb*innen bilden eine gro-

> ße Gruppe der Pflegekräfte aus Drittstaaten. Besonders viele kommen aus Bosnien-Herzegowina, den Philippinen, Indien, Tunesien und Vietnam. (Vgl. IAB-Forschungsbericht Nr. 22/2024: Internationalisierung der Pflege – Pflegekräfte mit ausländischer Staatsangehörigkeit und ihr Beitrag zur Fachkräftesicherung).

Das Bürgergeld als Sozialleistung für die Notfälle des Lebens lehnt die AfD ab, an dessen Stelle soll eine *aktivierende Grundsicherung* treten. Und wenn doch: »*Wir sehen im Bürgergeld in erster Linie eine Sozialleistung für deutsche Staatsbürger*«, sagt René Springer, AfD-Bundestagsabgeordneter und sozialpolitischer Sprecher seiner Fraktion. »*Ausländer sollten darauf grundsätzlich keinen Anspruch haben.*« Inländische Leistungsträger seien zu belohnen, etwa mit weniger Staatseingriffen, weniger Subventionswirtschaft, weniger Steuern, Abgaben und Bürokratie. Stattdessen soll es *unternehmerische Freiheit* geben. »Ideologisch motivierte Steuern« wie die CO_2-Abgabe werden abgelehnt. Dazu passt, dass die Bundestagsfraktion der AfD nicht müde wird, den Klimawandel zu leugnen. Das Thüringer Klimagesetz soll ausradiert werden, weil es Klimaschutz und Klimaanpassung vereint und als Ziel festlegt, den Ausstoß von Treibhausgasen bis 2050 schrittweise um bis zu 95 Prozent zu senken.

Die Globalisierung wird als *heimatvergessene Außenhandelspolitik* bezeichnet und sei zu stoppen, die *einheimische Wirtschaft* zu fördern. Systemrelevante Branchen sollen wieder zurückkehren. Gefordert wird die Neuausrichtung der Geldpolitik der Europäischen Zentralbank (EZB).

Für die AfD entstehen faire Löhne und gute Arbeitsbedingungen automatisch, wenn die Lohnentwicklung eng an die Produktivität der Betriebe gekoppelt ist. Getreu dem Motto: Ist die Wirtschaftskraft hoch, kommt das den Beschäftigten von selbst mit höheren Einkommen zugute. Das ist die Kampfansage an Interessenvertretungen, Gewerkschaften und eine wirksame Tarifpolitik. Also sei der Appell an das Wohlwollen der Unternehmen in der sozialen Marktwirtschaft ausreichend, um *real steigende Löhne und Gehälter* zu erreichen.

Fast ein Witz, wenn die AfD es nicht gefährlich ernst meinte. Einst entmachteten die Nationalsozialsten die Gewerkschaften, zerschlugen Institutionen der Arbeiterbewegung und verfolgten aktive Kolleg*innen: sie wurden teils verhaftet, verschleppt, getötet.

Ein inniges Verhältnis hat die Thüringen-AfD offensichtlich zum Bargeld, für sie ist *Bargeld ein bürgerliches Freiheitsrecht* und Zeichen für *Unabhängigkeit*. Der digitale Zahlungsverkehr sei verbunden mit der *Totalüberwachung aller finanziellen Handlungen*. Diese Position hat es sogar ins Wahlprogramm der AfD zur Bundestagswahl 2025 geschafft.

Ein Schelm, der Böses dabei denkt. Bargeld erleichtert natürlich auch die Finanzierung über dunkle Kanäle und das Verschleiern von Parteispenden – ohne »Totalüberwachung«.

> **Verfassungsschutz in den Ländern und die AfD**
> Die Verfassungsschutzbehörden der Länder haben die AfD im Blick. 2020 wird der brandenburgische Landesverband als »Verdachtsfall« vom Verfassungsschutz Brandenburg eingestuft. Der Landesverfassungsschutz Thüringen kommt 2021 zu einer härteren Einschätzung. Er stuft den AfD-Landesverband als gesichert rechtsextremistische Bestrebung ein. Regelmäßig würden »die Grenzen zum politischen Extremismus überschritten«.
> In Sachsen und Sachsen-Anhalt gelten die AfD-Landesverbände als gesichert extremistische Bestrebungen, so die Verfassungsschutzorgane der Länder. Mittlerweile wird die AfD von mindestens acht Landesverfassungsschutzbehörden beobachtet, als Verdachtsfall eingestuft oder als gesichert rechtsextremistische Bewegung klassifiziert.

»Damit Sachsen Heimat bleibt«: Wirtschafts- und Sozialpolitik

Auch die Sachsen-AfD setzt zumindest verbal auf den Mittelstand und die Handwerksbetriebe, Sachsen soll sich zum *Innovationsmotor Deutschlands* entwickeln. Dazu sei es notwendig, die Energie- und Kraftstoffpreise zu senken und die Bürokratie abzubauen. Die Sachsen-AfD fordert staatliche *Bürgschaften und Gründerstipendien*. Die Meisterpflicht sei wieder vollständig einzuführen. Gegen die Abwanderung seien in den Landkreisen berufliche Bildungszentren zu schaffen, außerdem möge die Abschaffung der Biersteuer das Brauhandwerk fördern. Nicht zuletzt fordert die Sachsen-AfD *ein Ende der einseitigen Sanktionspolitik gegen Russland und anderen Staaten*, um dadurch *bezahlbare Rohstoffe* zu bekommen.
Es ist beängstigend und rational nicht nachvollziehbar, mit welcher Bewunderung AfD-Politiker*innen autokratische Systeme in Russland oder China sehen. Schon allein diese Haltung sollte sich öffentlich herumsprechen und verdeutlichen, wohin die politische AfD-Reise geht. Ein enger Mitarbeiter von Maximilian Krah, dem Spitzenkandidaten der AfD bei der Europawahl 2024 (Wahlkreis in Sachsen), hat offensichtlich für China spioniert. Das Bundesamt für Verfassungsschutz (BfV) stuft Äußerungen Krahs als völkisch-nationalistisch, islamfeindlich, fremdenfeindlich und verfassungsfeindlich ein. Peter Bystron aus Bayern, ehemaliger Bundes-

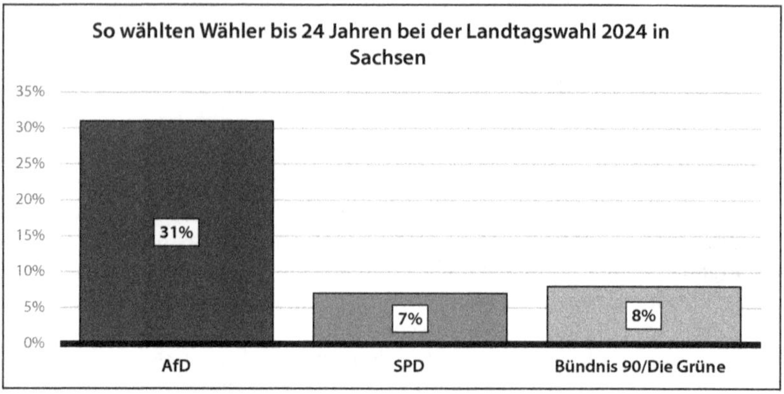

Quelle: infratest dimap.

tagsabgeordneter und Mitglied im Europäischen Parlament, steht im Verdacht, Zahlungen aus Russland angenommen zu haben. Er hatte bei der Europawahl nach Krah Platz zwei auf der AfD-Bundesliste.

Zwangsmitgliedschaften – gemeint sein können die bei den Handwerkskammern sowie den Industrie- und Handelskammern – sieht die Sachsen-AfD *kritisch.* Außerdem sollen *überflüssige Vorschriften* abgeschafft werden, welche das sind, wird aber nicht gesagt.

Den Fachkräftebedarf durch Zuwanderung aus Drittstaaten zu organisieren, lehnt die Sachsen-AfD ab und setzt auf *eigene Potenziale.* Sie will Stellen im *öffentlichen Dienst reduzieren,* außer bei der Polizei und den Lehrkräften. Auch die Sachsen-AfD reduziert nahezu jeden Konflikt auf die Migrationsfrage und stachelt so propagandistisch die für sie gewünschte Polarisierung an. Grundtenor: Den Deutschen wird etwas weggenommen oder es fehlt, was ihnen eigentlich zusteht.

Fast vernünftig klingt Kapitel 4.10 im Wahlprogramm: *Menschen mit Behinderungen nicht zu Bittstellern degradieren* – wenn die Verbalattacken nicht wären: Gefordert wird etwa die Erhöhung der Arbeitgeberabgabe, wenn die Beschäftigungsquote für schwerbehinderte Menschen nicht eingehalten wird. Real ergibt sich jedoch ein ganz anderes Bild im Umgang mit behinderten Menschen: Scharfmacher Hans-Thomas Tillschneider, stellvertretender Landesvorsitzender der AfD Sachsen-Anhalt und Vizefraktionschef im Landtag, wetterte im Sommer 2024 im Plenum gegen die Inklusionspolitik: »Inklusion ist nichts, was gefördert und vorangetrieben gehört.«

»Freie Markwirtschaft in einem sicheren Land – Wirtschaft und Mittelstand« in Brandenburg

Durch die *Folgen der Energiewende* und die *Massenmigration* ist der Mittelstand bedroht und insgesamt das *lebenswerte Bundesland zerstört. Masseneinwanderung, Autofeindlichkeit und schlechter öffentlicher Personennahverkehr* sind laut Brandenburg-AfD *Kennzeichen für den Niedergang. Mittelstand und Handwerk* rückt die Partei in den Mittelpunkt ihrer Wirtschaftspolitik, nicht zuletzt mit der Forderung, Steuergelder nicht *länger zur Finanzierung obskurer Projekte* zu missbrauchen. Welche das konkret sind, darüber behält sich die AfD die Entscheidung vor.

Die *ökosozialistische Umsteuerung* habe zu einer *Deindustrialisierungswelle* geführt. Stoppen soll das ein *Sonderfonds*, der die Kosten für die Meister-Ausbildung und gleichwertige Fortbildungsprüfungen übernimmt. *Hemmnisse zur Gründung und Führung von kleinen und mittelständischen Unternehmen* sollen beseitigt werden. Es folgen die bekannten, neoliberalen Töne, die keinen Raum für Arbeitnehmer- und Gewerkschaftsrechte lassen: Nur wenn Gewinne sprudeln, sind industrielle Kerne zu sichern; die Stahlindustrie darf nicht den *ökosozialistischen Wasserstoff-Experimenten* zum Opfer fallen. Anstatt einer *ideologiegetriebenen Subventionswirtschaft* setzt die AfD auf die starke *Partnerschaft mit der Wirtschaft*, um *sichere und gute bezahlte Arbeitsplätze* zu gewährleisten.

Landestypische Themen sind enthalten: So soll die Filmindustrie in Babelsberg von *politisch-korrekten Vorgaben* befreit werden, damit sie international mithalten könne. Fragt sich, wobei? Eingriffe der Bundes- und der EU-Politik soll die Landesregierung kritisieren und bekämpfen. Zu den pauschalen Forderungen zählen auch die *Abschaffung der CO_2-Bepreisung* und die *Absenkung der Stromsteuer auf das europäische Mindestmaß*. Die *planwirtschaftlichen Energieexperimente wie die kommunale Wärmeplanung und der Zwang zum Ankauf von Elektrobussen* seien zu beenden.

EU-Projekte wie der *Green-Deal* oder *Fit for 55 sind zu stoppen und das Verbrennungsmotorverbot aufzuheben.* Insgesamt nimmt die AfD eine fundamental kritische Haltung gegenüber jeglicher Transformations- und Europapolitik ein. Die Parteivorsitzende Alice Weidel propagiert eine Volksabstimmung zum Austritt aus der Europäischen Union, analog dem Brexit. Damit gefährdet die Partei Millionen Arbeitsplätze. Mehr als 50 Prozent der deutschen Exporte gehen in die Europäische Union, jeder vierte Arbeitsplatz hängt davon ab. Mit ihrer Orientierung auf den Austritt aus der Europäischen Union, der sich übrigens auch im Bundes-

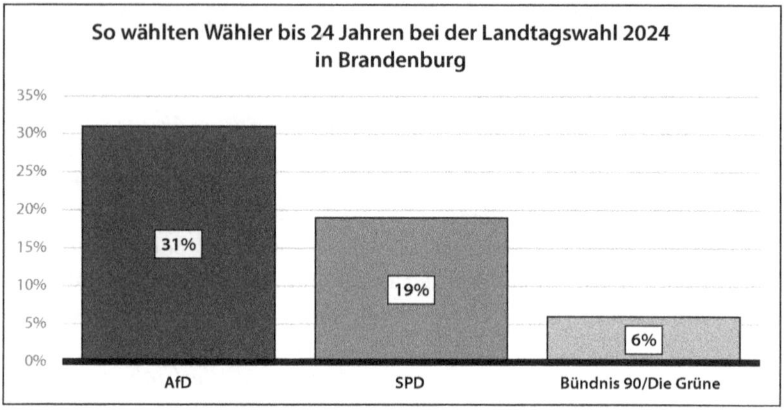

»Je jünger die Wähler, desto extremer wählen sie« – das ist ein Befund der repräsentativen Jugendwahlstudie 2024, die der Generationenforscher Rüdiger Maas in der Talksendung »Markus Lanz« erläuterte. Bei den Landtagswahlen in Brandenburg erreichte die AfD einen Spitzenwert unter den Wählern bis 24 Jahre mit 31 Prozent, also mehr Stimmen als die Partei insgesamt erreicht hat. Quelle: infratest dimap, Jugendwahlstudie 2024.

tagswahlprogramm 2025 findet, gefährdet die Partei den Wohlstand in Deutschland.

Die Brexit-Bilanz nach vier Jahren Austritt sollte Warnung genug sein: Der durchschnittliche Brite war 2023 infolge des Brexits um fast 2000 Pfund ärmer. Der durchschnittliche Londoner hatte infolge des Brexits sogar fast 3400 Pfund weniger, wie aus dem Bericht der Unternehmensberatung von »Cambridge Econometrics« im Auftrag der Stadtverwaltung von London (City Hall) hervorgeht. Der Bericht analysiert, dass es in Großbritannien aufgrund des Brexits insgesamt fast zwei Millionen Arbeitsplätze weniger gibt – davon allein in der Hauptstadt rund 300 000.

AfD im Bundestag – und ihr Abstimmungsverhalten

Viele Themen der Sozial- und Wirtschaftspolitik, die die Gewerkschaften unmittelbar betreffen, spielen in den Wahlprogrammen der Länder nur am Rande eine Rolle. Der DGB hat deshalb bei einer Reihe von inhaltlichen Punkten das Abstimmungsverhalten der AfD-Bundestagsfraktion bewertet und kommt zu der folgenden Bestandsaufnahme:

Abstimmungsverhalten der AfD im Bundestag

Wofür die AfD angeblich steht:	Wie die AfD-Fraktion im Bundestag abgestimmt hat:
Wir als AfD sind die Partei des kleinen Mannes	Ablehnung des Antrags höherer Steuern für Besserverdienende
Arbeitslosengeld I gerecht gestalten	Ablehnung der Entlastung von Geringverdienern und kein höheres Arbeitslosengeld I
Altersarmut verhindern	Ablehnung der Grundrente
Familien stärken, fördern und unterstützen	Ablehnung des einmaligen Kinderbonusses von 300 Euro je Kind und mehr Geld für Kitas
Bezahlbaren Wohnraum schaffen	Ablehnung der Mietpreisbremse, Ablehnung von fünf Milliarden Euro für den sozialen Wohnungsbau
Tarifliche Bezahlung	Ablehnung von Tariftreue-Gesetzen auf Bundes- und Landesebene (Baden-Württemberg, Thüringen). Mindestlohn ja, aber ohne Nennung eines Betrags (Bundestagswahlprogramm 2021). Im Bundestag hat die AfD eine Erhöhung des Mindestlohns abgelehnt.

Quellen: Info-Grafiken zur Auseinandersetzung mit Rechts. DGB-Recherche im Wahlprogramm zur Bundestagswahl, Protokolle des Bundestags und Eigenaussagen von AfD-Abgeordneten.

Anja Piel vom DGB-Bundesvorstand schlussfolgert aus diesem politischen Verhalten im Interview mit der Zeitschrift *Gute Arbeit (Ausgabe 3/2024, S. 6)*, dass die Politik »*der selbsternannten Alternative*« die Interessen der Beschäftigten torpediert: »Ob bei Lohnsteigerungen, Tarifbindung, sozialer Sicherheit oder Arbeitnehmerrechten. Sie vertritt in arbeitsmarkt- und sozialpolitischen Fragen neoliberale Positionen: weniger Fairness auf dem Arbeitsmarkt, weniger soziale Absicherung für Beschäftigte.« Nach Einschätzung von Piel gehören die Gewerkschaften »zu den AfD-Feindbildern«. Zu ihrem Markenkern zähle es, »Angst und Hass zu schüren«, so Piel. Die Gewerkschaften stritten seit 75 Jahren für soziale Rechte und für eine starke Arbeitnehmerschaft: »Das passt mit der AfD nicht zusammen.«

Fazit: AfD-Wahlprogramme und Verhalten in Parlamenten

Die AfD verfolgt übergreifend vor allem folgende Ziele:
- viel russisches Öl und Gas kaufen, die Sanktionspolitik gegen den autokratischen Aggressor Putin beenden,
- die Zuwanderung von Migrant*innen stoppen, »Remigration« organisieren,
- Maßnahmen zur Energiewende einstellen, den Klimawandel bestreiten,
- EU-Programme aufkündigen und die Mitgliedschaft in der Europäischen Union beenden,
- Lohnsteigerungen den Arbeitgebern überlassen,
- die Tarifbindung, die soziale Sicherheit und Arbeitnehmerrechte schleifen.

Mit solchen Maßnahmen sei die Wirtschafts- und Sozialpolitik in Deutschland auf Erfolgskurs zu bringen. Daniel Mullis sagt hierzu (nochmals zitiert nach Interview *news t-online)*: »Vor dem Hintergrund politischer Konflikte kann die AfD viel besser polarisieren: Je mehr es kracht, desto besser für sie.« Die Wirklichkeit sehe anders aus. Würden die AfD-Vorschläge umgesetzt, schade das nicht nur Deutschland, sondern insbesondere den AfD-Wähler*innen selbst. Insoweit bestätigt sich das AfD-Paradox von DIW-Präsident Marcel Fratzscher.

Bei den drei Landtagswahlen 2024 in Thüringen, Sachsen und Brandenburg gab es starke AfD-Wahlergebnisse. Junge Menschen waren eine wichtige Wählergruppe, auch Gewerkschaftsmitglieder stimmten für populistische und rechtsradikale Positionen. In Thüringen haben sie sogar häufiger als alle anderen Wähler*innen AfD gewählt. In Sachsen liegen die Stimmenanteile gleichauf und in Brandenburg gibt es nur eine leichte Abweichung vom Gesamtergebnis für die AfD. Dabei sind die AfD-Wahlprogramme wirtschaftspolitisch von neoliberalen Aussagen durchzogen, die Sozialpolitik wird angeprangert. Moderate Aussagen werden oft durch das reale Handeln der Protagonist*innen ad absurdum geführt.

Öffentlich versteht sich die Partei darauf, mit Lügen, Unterstellungen, Behauptungen, Hetze, Verschwörungstheorien sowie gewalttätiger Sprache die Wut der Menschen vor allem in den sozialen Medien anzufachen (vgl. hierzu den Beitrag von Sabine Reimann in diesem Band). Dabei hilft ein Propaganda-Netzwerk mit vielen Aktiven. »Die AfD ist ohne die rechten Influencer und Multiplikatoren nicht vorstellbar. Der große Erfolg speziell bei jungen Leuten hat auch sehr stark damit zu tun, dass

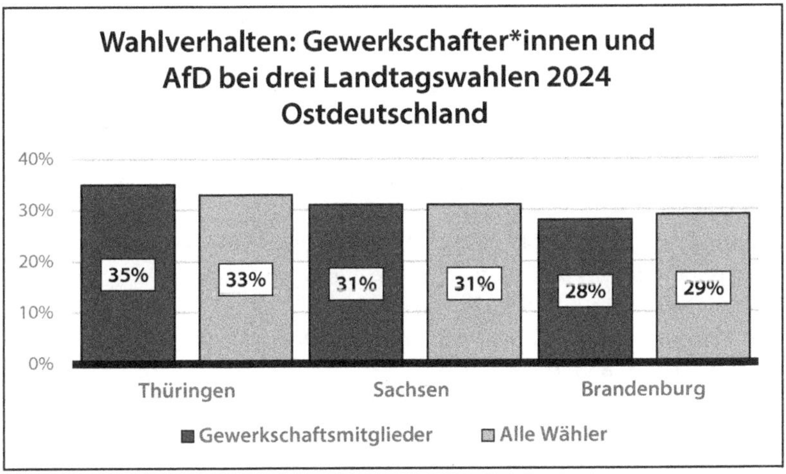

Quelle: Wahltagbefragung der Forschungsgruppe Wahlen (2024). Bei der Gewerkschaftsmitgliedschaft handelt es sich in der Wahlbefragung um eine Selbstauskunft, die alle Arbeitnehmerorganisationen einschließt (neben DGB-Gewerkschaften auch Beamtenbund).

es einen ganzen Ring von Multiplikatoren gibt, die die Verlautbarungen, die Posts, die Videos et cetera von Kandidaten, Kandidatinnen oder der Partei multiplizieren. Das unterscheidet die AfD nach unseren Daten sehr klar von allen anderen Parteien«, erklärt der Sozialwissenschaftler Prof. Roland Verwiebe von der Universität Potsdam.
Verwiebe untersucht AfD-Aktionen und deren Verbreitung im Netzwerk TikTok und erklärte in einem Interview mit dem *Spiegel:* »Außerdem nutzen sie einfache Botschaften, emotionale Texte und erzeugen Spannungsbögen durch Musik – meist aggressive Musik à la Rammstein, Ballermann-Musik oder Après-Ski-Rhythmen. Es ist schnell, es ist provokativ, es ist einfach zu verstehen.« – So wie bei der AfD-Wahlparty im Landgasthof »Zum Alten Krug« in Potsdam.

Literatur und Quellen

Jeanette Carstensen, Holger Seibert, Doris Wiethölter (2024): »Internationalisierung der Pflege – Pflegekräfte mit ausländischer Staatsangehörigkeit und ihr Beitrag zur Fachkräftesicherung« (IAB-Forschungsbericht 22/2024), Nürnberg.
https://doku.iab.de/forschungsbericht/2024/fb2224.pdf.

Cambridge Econometrics Report (2024): »London's economy after Brexit: Impact and implications«, London.
https://www.camecon.com/wp-content/uploads/2024/01/GLA_Impacts-of-Brexit-report_Final.pdf.

DGB (2024): »AfD – Der Feind der Beschäftigten«, Berlin.
https://www.dgb.de/gerechtigkeit/demokratie/afd-der-feind-der-beschaeftigten/.

Marcel Fratzscher (2024): »Das AfD-Paradox (2024): Die Hauptleidtragenden der AfD-Politik wären ihre eigenen Wähler*innen«, DIW aktuell Nr. 88 vom 21. 8. 2024, Berlin.
https://www.diw.de/documents/publikationen/73/diw_01.c.879721.de/diw_aktuell_88.pdf.

Institut für Generationenforschung (2024): »Die neue Generation von Erstwählern«, Augsburg.
https://www.generation-thinking.de/post/jugendwahlstudie-2024.

Daniel Mullis (2024): Der Aufstieg der Rechten in Krisenzeiten. Die Regression der Mitte. Ditzingen.

Spiegel-Politik (2024): Rechtsextreme in sozialen Medien: »Die AfD ist ohne rechte Influencer und Multiplikatoren nicht vorstellbar«, Hamburg.
https://www.spiegel.de/politik/deutschland/afd-erfolg-auf-social-media-warum-die-partei-ohne-rechte-influencer-nicht-vorstellbar-ist-a-dfe5d6b5-bd4b-46c4-9413-67de6ed9b706.

Roland Verwiebe et al. (2024): »AfD dominiert TikTok im Vorfeld der ostdeutschen Landtagswahlen«, Potsdam.
https://psmm.info/press-release-de.

Tim Ackermann
Bildungsreferent (Soziologe M.A.) eines gewerkschaftlichen Bildungsträgers. Als ehrenamtlicher wissenschaftlicher Mitarbeiter ist er am Duisburger Institut für Sprach- und Sozialforschung (DISS) aktiv. Er setzt sich unter anderem mit der Wirtschafts- und Sozialpolitik extrem rechter Parteien, mit Antisemitismus, rechtem Populismus und völkischer Kapitalismuskritik auseinander.

Offensive Demokratiepolitik: Interessenvertretung, Beteiligung, Bildung

Darum geht es in diesem Beitrag
In der aktuellen politischen Lage haben Gewerkschaften und Interessenvertretungen die nicht ersetzbare Aufgabe, am Arbeitsplatz und in der Arbeitswelt für die Demokratie und die Gleichbehandlung der Menschen einzutreten. Sie sind dabei (noch) im Vorteil, da sie beim Gros der Beschäftigten als glaubwürdige Instanzen gelten, die nah an den Bedürfnissen der Menschen agieren: relevante Probleme aufgreifen und lösen, spürbare Verbesserung durchsetzen und so fort. Dieser Vorteil darf nicht verspielt werden; die Beteiligung der Beschäftigten und intensive Betriebsarbeit sind Voraussetzungen dafür. Gewerkschaften und Interessenvertretungen müssen sich gegen völkische, antidemokratische und menschenfeindliche Einstellungen sowie Aktivitäten zur Wehr setzen. Abstiegsängste, Ohnmachtsgefühle sowie das Gefühl des Kontrollverlusts in Teilen der Belegschaften sind nur mit glaubwürdigem und konsequentem Handeln und mit politischen Angeboten zu bekämpfen. Eine offensive Demokratiepolitik am Arbeitsplatz basiert auf einer engagierten gewerkschaftlichen Bildungsarbeit.

Die Welt befindet sich im Umbruch, die Zahl der Krisen ist in den letzten Jahren gestiegen: etwa die Klimakrise, die Pandemie, deren Auswirkungen und ihre Bewältigung, der russische Angriffskrieg in der Ukraine, in der Folge explodierende Energiepreise und die zeitweise hohe Inflation. Was gesellschaftlich für Unruhe sorgt, schlägt sich auch auf betrieblicher Ebene nieder, zumal die klimagerechte Modernisierung der Industrie, die Transformation der Automobilindustrie und der digitale Wandel zu bewältigen sind.

Natürlich sind die Menschen persönlich betroffen: Beschäftigte und ihre Familien kämpfen mit gestiegenen (Energie-)Preisen, sie fürchten um ihre Existenzen und Arbeitsplätze. Umfangreiche betriebliche Umstrukturierungen, Insolvenzen und Personalabbau sind reale Erfahrungen. Das alles belastet und stresst die Beschäftigten und ihre Angehörigen ähnlich stark wie zuvor schon die Pandemie (zur Krise als Dauerzustand vgl. Sauer et al. 2018).

Wirtschaftliche Risiken schüren Unsicherheit

Die mit diesen Entwicklungen einhergehenden Erfahrungen von Abstiegsängsten und Ohnmacht fördern in Teilen der Bevölkerung die Bereitschaft, einfachen und unreflektierten Schuldzuweisungen, Verschwörungstheorien und extrem rechter Propaganda zu folgen oder auf den Leim zu gehen. Die Gesellschaft und die Belegschaften werden gespalten, Gruppen gegeneinander ausgespielt und aufgehetzt, teils rücken Beschäftigte politisch stärker nach rechts.

Unsere gewerkschaftliche Chance, etwas dagegen auszurichten, steht gar nicht mal so schlecht: Während die Zustimmung zur AfD auch vonseiten der Normalverdiener*innen, den Beschäftigten, hoch ist, sind die bisherigen betriebspolitischen Erfolge extrem rechter Betriebsratslisten wie dem Zentrum Automobil (und Ablegern) noch überschaubar oder ausgeblieben. Eine Ursache dafür kann sein: Die Betriebs- und Gesellschaftspolitik der DGB-Gewerkschaften und der lokalen Betriebsräte treffen auf Zustimmung und Vertrauen der Beschäftigten. Sie werden (noch) als legitime und wirkungsvolle Interessenvertretungen anerkannt, die nah an den Lebensbereichen der Menschen agieren und an ihren Anliegen anknüpfen.

Dies zu verteidigen und zu stärken, sind unsere Aufgaben und enorme Herausforderungen; die Risiken durch das aggressive Agieren extrem rechter Betriebsratslisten sind nicht zu unterschätzen. Weiterhin gilt, was Hans-Jürgen Urban, geschäftsführendes Vorstandsmitglied der IG Metall, gesagt hat: »Die Gefährlichkeit des rechtspopulistischen Konkurrenten zu unterschätzen hieße, die Existenz der Gewerkschaften als wirkungsmächtige Solidaritätsverbände zu riskieren« (Urban 2018, S 112).

Gesellschaft und Diskurse rücken nach rechts

Ohne Frage rücken die gesellschaftlichen Debatten, Themen, Probleme und angeblichen »Lösungen« mit den AfD-Erfolgen weit nach rechts, und zwar radikaler und extremer als zuvor. Alles, was die öffentlichen Diskussionen bestimmt, wird auch in den Betrieben und Dienststellen am Arbeitsplatz diskutiert und thematisiert. Wir sehen politisch und gesellschaftlich ähnliche oder vergleichbare Trends europaweit. Allgemein besteht die Gefahr, dass sich durch die Verschiebung der Diskursräume nach rechts, durch den Einzug extrem rechter Narrative, ein Übergangsbereich von demokratischen Überzeugungen und Haltungen vollzieht – hin zur Verachtung der Demokratie, der Grundrechte und bestimmter Menschengruppen.
Ein Arbeiterbewusstsein, also die Wahrnehmung der Gesellschaft als ein gespaltenes System in Reich und Arm, Oben und Unten, ist noch vorhanden (vgl. Kiess et al. 2022, S. 294f.). Allerdings ist es mit dem Gefühl verbunden, politisch und gesellschaftlich machtlos und den modernen Entwicklungen ausgeliefert zu sein. Ohne Einfluss etwa auf die Entwicklungen der Transformation nehmen viele Menschen einen sozialen Bedeutungsverlust wahr, das Gefühl der Abwertung (vgl. ebd. 295).
Die Wahrnehmung gesellschaftlicher Ungerechtigkeit und Konflikte geht nicht automatisch mit einer Hinwendung zu autoritären, antidemokratischen und extrem rechten Einstellungen einher, aber die Risiken dafür steigen (vgl. ebd. S. 297). Klaus Dörre hat dies als »demobilisierte Klassengesellschaft« beschrieben (vgl. Dörre 2020, S. 24) und damit einhergehend die Sorge, dass Gewerkschaften ihre Organisation- und Gestaltungsmacht verlieren können: Gesellschaftliche Ungerechtigkeiten werden zwar wahrgenommen, doch gefühlt mangelt es an Möglichkeiten, dagegen wirksam anzugehen. Was ist zu tun?

Beteiligungsorientierte Betriebspolitik

Oskar Negt hat schon vor Jahrzehnten gesagt, dass der »Faschismus und Sozialismus nicht mit ganz verschiedenen, sondern mit ein und denselben Menschen zu tun haben, deren Bedürfnisse so oder so, nach der rechten oder nach der linken Seite hin organisierbar sind« (Negt 1978: 74f.).

Die Aufgabe der Gewerkschaften liegt nun einerseits darin, entschieden klarzumachen: Extrem rechte, ja faschistische Ansätze und Antworten gefährden die Demokratie, den Einfluss, die Mitbestimmungsmöglichkeiten sowie die Freiheit aller.

Gewerkschaften und Interessenvertretungen müssen die relevanten gesellschaftlichen, sozialen und wirtschaftlichen Probleme der Arbeitswelt und des Sozialstaats aufgreifen und die Interessen der Beschäftigten (glaubwürdig) vertreten. Sie müssen für solidarische Lösungen eintreten und der Politik klare Ansagen machen, aber auch die Ursachen von Fehlentwicklungen offen ansprechen: Ross und Reiter nennen.

Zudem sind positive Perspektiven zu entwickeln – im Sinne einer demokratischen wie solidarischen Gesellschaft, in der die Achtung der Grundrechte ein hohes Gut ist, das alle Menschen schützt und allen zugutekommt. Extrem rechte Tendenzen und Orientierungen dürfen nicht verharmlost oder toleriert werden. Nötig ist eine Politik der »klaren Kante«, aber auch der »offenen Tür«: »Klare Kante steht für eine durchaus aggressive Konfrontationsstrategie gegenüber denjenigen, die rechtspopulistische Erzählungen in den Betrieb tragen; offene Tür für ein ebenso offensives Angebot zur Teilnahme an betrieblichen Gegenbewegungen an diejenigen, deren Verunsicherung und Wut in solidarische Interessenpolitiken eingebunden und damit progressiv kanalisiert werden muss« (Urban 2018: 112, vgl. auch Urban 2024).

Empirisch ist belegt, dass praxisnahe gewerkschaftliche Arbeit im Betrieb bei den Beschäftigten positiv ankommt. Insbesondere die Erfahrung von Anerkennung, Solidarität und Beteiligung kann die Risiken für extrem rechte und menschenfeindliche Einstellungen eindämmen und eine demokratische Grundhaltung stabilisieren (vgl. Kiess, Schmidt 2020). Wichtig sind gewerkschaftliche Beteiligungsangebote, die das Erleben von (Selbst-)Wirksamkeit, Kooperation und erfolgreicher Konfliktaustragung ermöglichen. Selbstwirksamkeit und die konkret erfahrbare Verbesserung der Lebens- und Arbeitsverhältnisse sind Erfolgsfaktoren. Das Wissen um die grundsätzliche Gestaltbarkeit der Lebens- und Arbeitswelt ist Grundlage für eine demokratische Orientierung – und wichtig für das Bewusstsein, der besseren politischen Ordnung anzugehören und für sie einzutreten. Dazu müssen die Errungenschaften der Gewerkschaften herausgestellt und aktuelle Ziele und Programme kommuniziert werden.

Bedeutsam ist die Rolle aller betrieblichen Interessenvertretungen, auch von Vertrauensleuten und Gewerkschaftsmitgliedern (vgl. Kiess et al. 2022, S. 31): Sie können die Stärken der Betriebsverfassung vertreten und in der Praxis leben, da »die Schutzwirkung der Mitbestimmung gegen antidemokratische Einstellungen erst dann richtig greift, wenn sich institutionelle Arrangements auch in konkretes Handlungsfähigkeitserleben im Betrieb übersetzen« (ebd. S. 46).

Demokratie und Betriebsverfassung mit Leben füllen

Ein demokratiefeindliches Beispiel sind die Umtriebe des Zentrums Automobil, gestartet bei Mercedes in Untertürkheim, und die gewerkschaftlichen Reaktionen (vgl. hierzu das Interview mit Lukas Hezel und Danial Bamdadi in diesem Band). Die Untertürkheimer Kollegen Roland Schäfer, Andreas Jahn und Antonio Potenza haben aus der Perspektive von Betriebsrat, Vertrauenskörper und gewerkschaftlicher Betriebsbetreuung über die Strategien der extrem rechten Scheingewerkschafter berichtet. Ihre Schlussfolgerungen bekräftigen die Bedeutung betrieblicher und gewerkschaftlicher Beteiligungsangebote (vgl. Schäfer et al. 2020). Neben einer klaren Position und guten Argumenten gegen rechte Agitation, ist es auch zentral, gewerkschaftliches Handeln zu forcieren.
Das bedeutet für Interessenvertretungen: Abkehr von einer Art »Stellvertreterpolitik« für die Belegschaft. Sie müssen das Ohr möglichst nah an den Beschäftigten und ihren Problemen haben. Betriebspolitische Prozesse dürfen nicht »top down« (von oben nach unten) gemanagt werden, da Interessenvertretungen nicht von vornherein wissen können, was für alle Beteiligten und Beschäftigten das Beste ist. Wenn bestimmte unternehmerische Entscheidungen anstehen und unumgänglich sind, sind frühzeitige Information, Diskussion und Kommunikation unerlässlich. Die Beteiligung der Belegschaft und das gemeinsame Gestalten ist die Devise.
Dieses Vorgehen ist aufwändig, aber demokratisch im Sinne des Betriebsverfassungsrechts. Es entspricht der Forderung Theodor W. Adornos, »[…] daß man nicht moralisieren, sondern an die realen Interessen appellieren soll« (Adorno 2019, S. 51). Dabei ist die steigende Arbeitsbelastung der Interessenvertretungen – in permanenten Restrukturierungsprozessen und in der Transformation – nicht zu verkennen.
Doch der Verweis darauf hilft nicht: Die Verankerung der gewerkschaftlichen Interessenvertretung in der Belegschaft ist zugleich ihre Durchsetzungskraft und stärkt ihre Position gegenüber der Unternehmensleitung. Entlastung bringen kann zum Beispiel – wo vorhanden – das Einbeziehen sowie die enge Zusammenarbeit mit dem Vertrauenskörper oder eben

nach Möglichkeit der Aufbau einer Struktur von Vertrauensleuten; auch aktive Mitgliedergruppen der Gewerkschaft im Unternehmen sind ein Hebel zur Verankerung in der Belegschaft. Die Interessenvertretung kann so besser erfahren, wo die Beschäftigten der Schuh drückt und wie die Stimmung im Unternehmen ist.[1]

Gewerkschaftliche Bildungsarbeit

Gut ausgebildete Interessenvertretungen können eine zielorientierte, wirkungsvolle und demokratische Betriebspolitik gestalten: Im Mittelpunkt stehen spürbare Verbesserungen für die Beschäftigten und deren Beteiligung. Die Qualifizierung der Vertrauensleute ist dabei nicht zu vernachlässigen, denn Kompetenz erleichtert ihre Mitwirkung sowie die Kommunikation und eine möglichst praxisorientierte Betriebspolitik.

Die Vermittlung gewerkschaftlicher Werte wie Solidarität, Gleichbehandlung, Grund- und Freiheitsrechte, soziale Teilhabe sowie rechtliche Hebel der Mitbestimmung und Grundlagen des Betriebsverfassungsrechts sind wesentliche Eckpfeiler der gewerkschaftlichen Bildungsarbeit. Die umfassende Qualifizierung in diesem Sinne verhilft den demokratischen Grundwerten und der Betriebsverfassung erst zur Geltung (vgl. hierzu Dr. Thomas Klebe in diesem Band).

Gewerkschaftliche Bildungsarbeit ist ein unverzichtbarer Part der demokratischen Praxis (vgl. Bürgin 2013, S. 14f.) und in der aktuellen politischen Lage von höchster Bedeutung. Grundlage der demokratischen Betriebspolitik ist die Anerkennung, dass es stets politische und praktische Alternativen für Handlungen und Maßnahmen gibt – gegenüber der angeblichen »Alternativlosigkeit« bestimmter Argumente (vgl. Ahlheim/Mathes 2011).[2]

---

1 Vgl. zu den (betriebsverfassungsrechtlichen) Möglichkeiten beteiligungsorientierter Politik im Betrieb: IG Metall 2017.

2 Vergleiche die sechs Kernkompetenzen zum Aufbau gesellschaftlichen Orientierungswissens nach Oskar Negt: Identitätskompetenz, technologische Kompetenz, Gerechtigkeitskompetenz, ökologische Kompetenz, ökonomische Kompetenz und historische Kompetenz. Dazu ist exemplarisches Lernen in der Praxis unverzichtbar. Zur historischen Kompetenz gehören ein soziales Gedächtnis und die Utopiefähigkeit – als zwei Seiten einer Medaille, die »den Blick nach vorn frei [setzt] für Konstruktionen in der Zukunft und für eine politische Gegenwartsbewältigung« (Negt 2010, S. 243; zu den Kernkompetenzen vgl. Negt 2010, S. 232–244).

Wachsam und aktiv gegen Diskriminierung[3]

Die gesellschaftliche Verrohung ist längst am Arbeitsplatz angekommen. So hat jede*r dritte Beschäftigte bereits extrem rechte/rechtsextreme Einstellungen am Arbeitsplatz wahrgenommen und jede*r zehnte Beschäftigte war bereits selbst davon oder von Diskriminierung betroffen (vgl. Fresen/Klatt 2024, S. 13 ff), fast 60 Prozent der Beschäftigten, die bereits extrem rechte Einstellungen am Arbeitsplatz wahrgenommen haben, gaben an, dass betrieblich keine Reaktionen oder Konsequenzen folgten (vgl. ebd., S. 38).

Wurden aber Maßnahmen ergriffen, sind die Ergebnisse durchaus positiv: Drei von vier Beschäftigten, die nach dem Erfolg der betrieblichen Maßnahmen gefragt wurden, gaben an, dass sich extrem rechte Vorfälle durch das Eingreifen nicht wiederholt haben (vgl. ebd., S. 41). Diese Zahlen sind mit Sicherheit nur die Spitze des Eisbergs. Rechte Meinungsäußerungen werden nicht immer (eher selten) angezeigt oder nicht korrekt eingeordnet; adäquate Reaktion ist nur bei hinreichender Sensibilisierung möglich.

Der Bedarf an Wissen über präventive Maßnahmen wie Aufklärung und Aktivitäten in Richtung Antidiskriminierung, aber auch Kompetenz für eine effektive Reaktion auf Vorfälle sowie betriebliche Konsequenzen (in Form von Gesprächen, Ermahnungen, Sanktionen) ist groß. Betriebsräte haben über das Betriebsverfassungsgesetz (BetrVG) und das Allgemeine Antidiskriminierungsgesetz (AGG) sowohl den Auftrag, Diskriminierung im Betrieb zu verhindern und dagegen vorzugehen, als auch Handlungsinstrumente. Ihre Rechte (und Pflichten) müssen sie kennen, präventiv einsetzen und aktiv nutzen (vgl. hierzu den Beitrag von Dr. Fessum Ghirmazion und Pia Bräuning). Das erfordert konkret: Demokratische Werte im Betrieb vertreten, erläutern und dafür einstehen. Dazu muss ein betriebliches Klima gefördert werden, in dem Diskriminierung nicht geduldet wird; Kolleg*innen mit Diskriminierungserfahrungen sind zu stärken und zu verteidigen.

3 Aus Platzgründen geht es im Folgenden im Wesentlichen um Rechte von Betriebsräten nach dem BetrVG. Regelungen für Personalräte, MAVen etc. weichen teils ab. Ausführlichere Informationen zu den rechtlichen Handlungsmöglichkeiten von Interessenvertretungen: ver.di 2022 (s. Literaturliste).

Bildungsangebote gegen Rechtsextremismus

Die Wissensvermittlung über die Rechtslage bei (verbalen) Übergriffen und Diskriminierungen sowie über Reaktions- und Handlungsmöglichkeiten ist Aufgabe der gewerkschaftlichen Bildungsarbeit. Es gibt eine Reihe geeigneter Seminare und Angebote für alle Interessenvertretungen: für Betriebsrät*innen, Personalrät*innen, Mitglieder der Mitarbeitervertretungen (MAVen) und Vertrauensleute (mit entsprechenden Freistellungsmöglichkeiten). Betriebsrät*innen und Personalrät*innen haben auf erforderliche Qualifizierungen einen Rechtsanspruch; in den meisten Bundesländern existiert zudem für alle Beschäftigten ein Rechtsanspruch auf Bildungsurlaub, der auch für die politische Bildung genutzt werden kann. Entsprechende Kompetenzen sind insbesondere dann unabdingbar, wenn es bereits zu rechten Verunglimpfungen oder Handlungen im Betrieb gekommen ist oder Organisierungsversuche rechter Betriebsratslisten bekannt werden. Prävention ist auch hier der bessere Weg – man sollte gerüstet sein.

Im Fall der Organisation extrem rechter Listen oder der Kandidatur von (verdächtigen) Einzelpersonen sollte in jedem Fall die Zusammenarbeit mit der zuständigen Einzelgewerkschaft gesucht oder ein gewerkschaftliches Projekt gegen Rechtsextremismus/Diskriminierung kontaktiert werden (vgl. hierzu auch die Link-Liste in diesem Band). Die Vertrauensleutestruktur und gewerkschaftlich Aktive im Betrieb können hinzugezogen und geschult werden – nach Möglichkeit über die jeweiligen Bildungsurlaubsfreistellungen der Bundesländer (vgl. hierzu auch das Interview mit Danial Bamdadi und Lukas Hezel in diesem Band).

Grundsätzlich macht es Sinn, möglichst viele Beschäftigte über Seminare aufzuklären und für das Thema zu sensibilisieren. Es ist vor allem anzustreben, die Ausbildungsjahrgänge einzubinden und junge Menschen zu erreichen. Neben Angeboten zur Zusammenarbeit mit den Jugendsekretär*innen der DGB-Gewerkschaften können Projekte gegen Rechts oder gegen Diskriminierung sowie Seminare abgehalten werden (etwa mit dem Verein »Gelbe Hand«). Bildungsreisen/-urlaube zu Gedenkstätten (Erinnerungsorte für Opfer des Nationalsozialismus) können speziell für Auszubildende eines Betriebs angeboten werden. Allerdings besteht darauf kein Rechtsanspruch, der Betriebsrat hat aber ein Beratungsrecht und kann versuchen, eine Verständigung mit der Unternehmensleitung zu erreichen.

Handeln der Betriebsparteien ist gefragt

Arbeitgeber sind über das AGG verpflichtet, gegen Diskriminierungen in den Betrieben und Dienststellen vorzugehen. Des Weiteren haben sie die Pflicht (§ 12 Absatz 2 AGG), alle Beschäftigten für das Thema zu sensibilisieren und aufzuklären. Wichtig sind etwa Maßnahmen zur Förderung der Gleichstellung und Gleichbehandlung in Unternehmen, Berichte und Analysen über Vorkommnisse, das Einrichten einer betrieblichen Beschwerdestelle nach dem AGG sowie Unterstützung und Begleitung betroffener Personen (vgl. den Beitrag von Dr. Fessum Ghirmazion/Pia Bräuning).

Allerdings sieht das AGG keine Sanktionen gegenüber Arbeitgebern vor, die trotz Vorschrift keine Beschwerdestelle einrichten; deshalb unterbleibt das in vielen Betrieben. Der Betriebsrat hat aber ein Initiativrecht zur Einführung und Ausgestaltung eines Beschwerdeverfahrens nach § 87 Absatz 1 Nummer 1 BetrVG.

Um die Themen Vielfalt und Demokratie im Betrieb, Antidiskriminierung sowie klare Kante gegen Rechts in die Belegschaft zu tragen, darüber aufzuklären und in Diskussion mit den Kollegen und Kolleginnen zu treten, kann der Betriebs- oder Personalrat diese Themen bei Betriebsversammlungen auf die Agenda setzen. Laut § 45 BetrVG können dort auch »Fragen der Gleichstellung von Frauen und Männern (...) sowie der Integration der im Betrieb beschäftigten ausländischen Arbeitnehmer« Gegenstand sein. Zur Unterstützung können Vertreter*innen der zuständigen Gewerkschaft oder Sachkundige eingeladen werden. Gibt es bezüglich der Relevanz des Themas mit der Unternehmensleitung Meinungsverschiedenheiten, können Betriebsversammlungen auch dazu genutzt werden, deren Verantwortung zu betonen und konkrete Schritte einzufordern: Nach § 43 Absatz 2 BetrVG ist der Arbeitgeber verpflichtet, auf Betriebsversammlungen unter anderem über die Integration der im Betrieb beschäftigten Arbeitnehmer*innen mit Migrationshintergrund zu berichten.

Die Mitbestimmung nutzen – Standards regeln

Der Abschluss einer Betriebs- oder Dienstvereinbarung gegen Rassismus und Diskriminierung (mit Regelungen zum Beschwerdeverfahren) kann hilfreich sein, um ein klares Signal an die Belegschaft und insbesondere an die Betroffenen zu senden: Diskriminierung wird nicht toleriert und konsequent geahndet, das Thema wird an höchster Stelle ernst genommen. In der Vereinbarung lassen sich gemeinsame Werte definieren, Standards eines guten Betriebsklimas festlegen und Abläufe im Falle eines Verstoßes sowie Sanktionen regeln.

Wichtig ist dabei, in den konkreten Regelungen nicht hinter den AGG-Standards zurückzubleiben, sondern möglichst mehr herauszuholen, zum Beispiel auch (regelmäßige) betriebliche Aktivitäten: Jährliche Demokratietage, Sprechstunden der Beschwerdestelle, Vorträge und Workshops etc. Dies trägt auch dazu bei, Beschäftigte zu ermutigen, ihr Beschwerderecht nach dem AGG wahrzunehmen. Auch der Betriebsrat kann Beschwerden (Diskriminierungsfälle, verbale Übergriffe etc.) nach § 85 BetrVG entgegennehmen und bei berechtigten Anliegen beim Arbeitgeber auf Abhilfe dringen.

Der Arbeitgeber muss Gespräche mit Personen führen, die diskriminiert haben oder »aus der Rolle fallen« (mit Beleidigungen, Beschimpfungen oder Verunglimpfung etc.). Zunächst ist auf deren Einsicht hinzuwirken. Führt das nicht zum gewünschten Ergebnis, muss der Arbeitgeber nach anderen Lösungen suchen, unter Umständen muss er auch Sanktionen androhen – je nach Schwere und Tragweite des Sachverhalts. Bleibt ein Arbeitgeber untätig, gefährdet er damit den Betriebsfrieden und lässt Gesetzesverstöße ungeahndet; dann kann der Betriebsrat die Einigungsstelle anrufen.

Die Mitbestimmung des Betriebsrats bei personellen Einzelmaßnahmen bietet weitere Möglichkeiten, gegen Diskriminierung vorzugehen oder sie zu verhindern: So kann der Betriebsrat die Zustimmung zu einer personellen Einzelmaßnahme verweigern, wenn der Arbeitgeber beim Bewerbungsverfahren gegen das Diskriminierungsverbot verstößt oder eine Person eingestellt werden soll, die als rassistisch bekannt ist: Er kann seine Zustimmung nach § 99 Absatz 2 Nummer 6 BetrVG verweigern, wenn die begründete Besorgnis besteht, dass ein Bewerber durch rassistische oder fremdenfeindliche Betätigung den Betriebsfrieden nachhaltig stören wird.

Stört ein*e Beschäftigte*r den Betriebsfrieden wiederholt vor allem durch rassistische und fremdenfeindliche Betätigung, kann der Betriebsrat vom Arbeitgeber nach § 104 BetrVG verlangen, dass die entsprechende Person gekündigt oder versetzt wird. Bei Weigerung des Arbeitgebers kann der Betriebsrat einen Antrag am Arbeitsgericht stellen. Gibt das Arbeitsgericht dem Antrag statt und weigert sich der Arbeitgeber weiterhin, droht ein Zwangsgeld.

Grundsätzlich hat der Betriebsrat die gesetzlichen Vorschriften des Diskriminierungsschutzes nach dem AGG auch arbeitsgerichtlich durchzusetzen, wenn sich der Arbeitgeber dauerhaft weigert, notwendige Konsequenzen bei Fehlverhalten zu ziehen. Bei groben Verstößen kann er und/oder die zuständige Gewerkschaft nach § 17 Absatz 2 AGG in Verbindung mit § 23 Absatz 3 BetrVG auf Unterlassung des Arbeitgebers klagen, der gegen AGG-widriges Verhalten nicht vorgeht.
Ziel muss es aber sein, mit der Unternehmensleitung möglichst ein Einvernehmen über die Haltung zu Diskriminierungen und über die Relevanz entsprechender Regelungen und Konsequenzen zu erreichen. Grundsätzlich ist ein wertschätzender, respektvoller Umgang miteinander im Betrieb sicherzustellen.

Demokratie in der Arbeitswelt

In der aktuellen Lage »kommen Gewerkschaften herausgehobene, nicht ersetzbare Aufgaben im Kampf gegen völkische, antidemokratische und menschenfeindliche Einstellungen und Aktivitäten zu« (Sauer et al. 2018, S. 26). Sie sind in betriebs- und tarifpolitischen Auseinandersetzungen in der Lage, reale Verbesserungen für die Beschäftigten durchzusetzen und darüber Abstiegsängste, Ohnmachtsgefühle sowie das Gefühl des Kontrollverlusts zu mindern. Diese legitime und wirksame Interessenvertretung bestätigt, dass »Gewerkschaften und Betriebsräte (…) diejenigen zivilgesellschaftlichen Organisationen [sind], die eine in Abwertungskämpfen verstrickte Arbeiterschaft überhaupt noch erreichen« (Dörre et al 2024, S. 41).
Dementsprechend liegt es an Ihnen, die Themen der »multiplen Krisen«, die Überforderung und das gesellschaftlich verbreitete Unwohlsein aufzugreifen und die »demokratieunverträgliche Wut in demokratieerweiternden Mut zu transformieren« (Urban 2024: 32) und »glaubwürdig und konsequent für ein politisches Angebot zu streiten, das sozialen Fortschritt für die Vielen erlebbar macht und die Privilegien der Wenigen nicht schont« (ebd.).
Das sind hohe Ansprüche. Dafür bedarf es zum einen der umfassenden Nutzung der Mitbestimmung und der gewerkschaftlichen Einflusschancen, um gegen rechte, diskriminierende Diskursräume und extrem agierende Personen in den Betrieben vorzugehen, zum anderen bedarf es einer offensiven Demokratiepolitik – auch am Arbeitsplatz – und einer engagierten gewerkschaftlichen Bildungsarbeit.

Literatur

Adorno, Theodor W. (2019): Aspekte des neuen Rechtsradikalismus, Berlin (Neuauflage von 1967).

Ahlheim, Klaus; Mathes, Horst (*Hrsg.*, 2011): Utopie denken – Realität verändern. Bildungsarbeit in den Gewerkschaften. Hannover.

Bürgin, Julika (2013): Gewerkschaftliche Bildung unter Bedingungen indirekter Arbeitssteuerung. Zweckbildung ohne Gewähr. Münster.

Dörre, Klaus (2020): In der Warteschlange. Arbeiter*innen und die radikale Rechte. Münster.

Dörre, Klaus; Liebig, Steffen; Lucht, Kim; Sittel, Johanna (2024): Klasse gegen Klima? Transformationskonflikte in der Autoindustrie, Berliner Journal für Soziologie (2024) 34, S 9–46. *https://doi.org/10.1007/s11609-023-00514-z.*

Fresen, Sophia; Klatt, Vivien (2024): Unternehmen in Verantwortung! Umfrageergebnisse zu Rechtsextremismus in der Arbeitswelt – Herausforderungen und Handlungsbedarf. Berlin.

Hans-Böckler-Stiftung (2021): Repräsentative Befragung. Sichere, gut bezahlte Arbeit, Anerkennung und Gestaltungsmöglichkeiten schützen vor anti-demokratischen Orientierungen.*https://www.boeckler.de/de/pressemitteilungen-2675-sichere-arbeit-anerkennung-schutz-vor-anti-demokratischen-orientierungen-35270.htm.*

IG Metall (2017): Wir machen Beteiligung. Eine Handlungshilfe für Betriebsräte und Vertrauensleute. Frankfurt am Main.

Kiess, Johannes; Schmidt, Andre (2020): Beteiligung, Solidarität und Anerkennung in der Arbeitswelt: industrial citizenship zur Stärkung der Demokratie. In: Decker, Oliver; Brähler, Elmar (Hrsg.): Autoritäre Dynamiken. Alte Ressentiments – Neue Radikalität. Leipziger Autoritarismus Studie 2020. Gießen, S 119–148.

Kiess, Johannes; Schmidt, Andre; Bose, Sophie (2022): Konfliktwahrnehmungsmuster der abhängig Beschäftigten in Deutschland. In: Decker, Oliver; Kiess, Johannes; Heller, Ayline; Brähler, Elmar (Hrsg.): Autoritäre Dynamiken in unsicheren Zeiten. Neue Herausforderungen – alte Reaktionen? Leipziger Autoritarismus Studie 2022. Gießen, S. 271–301.

Negt, Oskar (1978): Marxismus und Arbeiterbildung – Kritische Anmerkungen zu meinen Kritikern. In: Brock, Adolf; Müller, Hans Dieter; Negt, Oskar (Hrsg.): Arbeiterbildung. Soziologische Phantasie und exemplarisches Lernen in Theorie, Kritik und Praxis. Hamburg, S. 43–86.

Negt, Oskar (2010): Der politische Mensch. Demokratie als Lebensform. Göttingen.

Sauer, Dieter; Stöger, Ursula; Bischoff, Joachim; Detje, Richard; Müller, Bernhard (2018): Rechtspopulismus und Gewerkschaften – Eine arbeitsweltliche Spurensuche. Hamburg.

Schäfer, Roland; Jahn, Andreas; Potenza, Antonio (2020): Strategien rechter Betriebsräte – das Beispiel »Zentrum Automobil«. In: Allmendinger, Björn; Howind, Sascha (Hrsg.) 2020: Rechtspopulismus in der Arbeitswelt. Hintergründe – Erscheinungsformen – Handlungsoptionen. Hannover, S 79–87.

Urban, Hans-Jürgen (2018): Kampf um die Hegemonie: Gewerkschaften und die Neue Rechte. In: Blätter für deutsche und internationale Politik. Heft. 3/2018, S. 103–112.

Urban, Hans-Jürgen (2024): Gewerkschaft gegen rechts: Klare Kante und offene Tür. Online: *https://zeitschrift-luxemburg.de/artikel/klare-kante-und-offene-tuer/.*

Urban, Hans-Jürgen (2024): Demokratiepolitik im Betrieb. Perspektiven einer demokratischeren Arbeitswelt. In: Urban, Hans-Jürgen (Hrsg.): Gute Arbeit gegen Rechts. Arbeitspolitik: Theorie, Praxis Strategie. Hamburg 2024, S. 11–36.

ver.di Bundesverwaltung (2022): Für Solidarität und gute Arbeit. Was tun bei Mobbing und rassistischer Diskriminierung? Eine Handlungshilfe für Aktive im Betrieb. Berlin. *www.verdi.de.*

Romin Khan
Referatsleiter Migrationspolitik in der ver.di-Bundesverwaltung in Berlin und stellvertretender Vorsitzender des gewerkschaftlichen Vereins »Mach' meinen Kumpel nicht an! – für Gleichbehandlung, gegen Rassismus«.

Rassismus und Spaltung überwinden, Arbeitsbedingungen migrantischer Beschäftigter verbessern[1]

Darum geht es in diesem Beitrag

Deutschland ist ein Einwanderungsland. Mehr als zwölf Millionen Menschen mit Migrationshintergrund sind hierzulande erwerbstätig. Die polarisierte Migrationsdebatte zur Bundestagswahl 2025 hat dazu beigetragen, die berufliche Teilhabe von zugewanderten Menschen zu erschweren und ihre Potenziale weiterhin ungenutzt zu lassen. Währenddessen spitzt sich der Fach- und Arbeitskräftebedarf zu. ver.di und DGB weisen schon lange darauf hin, dass zum inländischen Erwerbstätigenpotenzial auch die vielen Menschen gehören, die im letzten Jahrzehnt nach Deutschland geflüchtet sind. Deren Zugang zum Arbeitsmarkt ist teils aufgrund restriktiver Aufenthaltsgesetze massiv eingeschränkt. Das ist inhuman und auch unter wirtschaftlichen Kriterien nicht nachvollziehbar.

Der Mangel an Fach- und Arbeitskräften hat nicht nur die Organisationsbereiche der Dienstleistungsgewerkschaft ver.di längst erfasst. Vielerorts – auch von den Unternehmen selbst verschuldet – besteht in diversen Berufsgruppen und Branchen ein signifikanter Mangel an qualifizierten Beschäftigten und Arbeitskräften, die einschlägigen Zukunftsszenarien sind besorgniserregend: Im Gesundheitswesen werden (falls nicht gegengesteuert wird) im Jahr 2035 fast 1,8 Millionen offene Stellen nicht mehr besetzt werden können, besagen Prognosen; im öffentlichen Sektor fehlen bis 2030 mindestens eine Million Fachkräfte. Die Fachkräftelücke in relevanten Berufen für den Einzelhandel ist auf einem Allzeithoch; es

1 Es handelt sich bei diesem Beitrag um einen Vorabdruck des ver.di-Readers Gute Arbeit 2026 zum Thema Fachkräftesicherung (mit wenigen Ergänzungen). Bestellung des ver.di-Readers unter: Jahrbuch Gute Arbeit, ver.di-Bereich Innovation und Gute Arbeit: *https://innovation-gute-arbeit.verdi.de/veroeffentlichungen/jahrbuch-gute-arbeit.*

fehlen 215 000 Fach- und Hilfskräfte in der Alten- und Krankenpflege und aktuell rund 137 000 IT-Fachkräfte. Im öffentlichen Verkehr müssen bis 2030 74 000 Beschäftigte ersetzt werden – die Auflistung ließe sich fortsetzen und unterstreicht den akuten Handlungsdruck.

ver.di und der DGB haben in der Vergangenheit kontinuierlich darauf hingewiesen, dass der Fach- und Arbeitskräftemangel teilweise infolge schlechter Arbeitsbedingungen, mangelhafter Ausbildungsqualität oder gänzlich fehlender Ausbildungskapazitäten in vielen Branchen hausgemacht ist (Arbeitnehmerkammer Bremen und des Saarlandes, Institut Arbeit und Technik (IAT) 2022). Hinzu kommen mangelnde Investitionen in die soziale Infrastruktur und die unzureichende Förderung großer gesellschaftlicher Gruppen zur Beteiligung am Erwerbsleben. Dazu zählen insbesondere Frauen, Erwerbslose, aber auch eingewanderte Menschen. Zum inländischen Erwerbstätigenpotenzial gehören auch die vielen Menschen, die im vergangenen Jahrzehnt in die Bundesrepublik Deutschland geflüchtet sind, deren Zugang zum Arbeitsmarkt aber aufgrund restriktiver Aufenthaltsgesetze zum Teil eingeschränkt ist.

Der zwischen der CDU/CSU und der SPD im April 2025 unterzeichnete Koalitionsvertrag (CDU, CSU, SPD 2025) enthält zwar die Aussage: »Hürden für Flüchtlinge bei der Beschäftigungsaufnahme werden wir abbauen und Arbeitsverbote auf maximal drei Monate reduzieren«, doch darauf folgt der Einschub: »Dies gilt nicht für Asylbewerber aus sicheren Herkunftsstaaten, Dublin-Fälle oder Personen, die das Asylrecht offenkundig missbrauchen.« (Ebd., Zeile 436)

Damit erfolgt ein inhumaner und auch unter wirtschaftlichen Kriterien nicht nachvollziehbarer Ausschluss vieler Menschen vom Arbeitsmarkt und die Ausweitung und Fortsetzung der Einschränkungen des Arbeitsmarktzugangs für Geflüchtete. Denn die Liste der sogenannten sicheren Herkunftsstaaten soll laut Koalitionsvertrag um die autoritär regierten Staaten Algerien, Indien, Marokko und Tunesien erweitertet werden. Es fehlt hingegen der erklärte Wille, Abschiebungen von Beschäftigten zu unterbinden.

Die polarisierte und in weiten Teilen rassistisch geführte Migrationsdebatte zur Bundestagswahl 2025 trägt dazu bei, dass die beruflichen Erfahrungen vieler Menschen und ihre Potenziale weiterhin ungenutzt bleiben (vgl. Friedrich-Ebert-Stiftung 2024). ver.di hat sich zum Internationalen Tag gegen Rassismus am 21. 3. 2025 mit klaren Erwartungen zur Ausgestaltung einer modernen Einwanderungsgesellschaft gegenüber den Koalitionsparteien CDU, CSU und SPD positioniert. Rebecca Liebig, bei ver.di für Migration zuständiges Bundesvorstandsmitglied, forderte in einer Erklärung dazu auf, »die politische Polarisierung auf dem Rücken von Migrantinnen und Migranten zu beenden und Integration, Teilhabe und Demokratiearbeit miteinander so zu verschränken, dass eingewanderte Menschen als selbstverständlicher Teil der Gesellschaft anerkannt werden«. (vgl. ver.di 2025)[2]

Anwerbung von Fachkräften aus dem Ausland

Laut dem Institut für Arbeitsmarkt- und Berufsforschung (IAB) und dem Deutschen Institut für Wirtschaftsforschung (DIW) werden 400 000 Arbeits- und Fachkräfte pro Jahr aus dem Ausland gebraucht, um dem demografischen Wandel und dem Arbeitskräftemangel entgegenwirken zu können (vgl. Fratzscher 2025). Die neue Bundesregierung setzt zur Bearbeitung dieser Herausforderungen auf die Fortsetzung und Verbesserung bereits ergriffener Maßnahmen, wie dem 2023 in Kraft getretenen Gesetz zur Weiterentwicklung der Fachkräfteeinwanderung, über das jährlich circa 60 000 Menschen nach Deutschland für Erwerbszwecke kommen sollen. Um dies zu erreichen, sollen weitere Migrationsabkommen abgeschlossen werden, die in der Vergangenheit bereits mit Brasilien (pausiert), Kolumbien, Indonesien, Jordanien, Kerala (Indien) und Mexiko unterzeichnet wurden. Das Ziel sei »legale Zuwanderung zu steuern, und die Rücknahmebereitschaft sicherzustellen.« (Vgl. CDU, CSU, SPD 2025, Zeile 2981)

Für die erfolgreiche Umsetzung der bisherigen Maßnahmen wird richtigerweise eine Entbürokratisierung und die Beschleunigung der Anerkennung von Berufsqualifikationen gefordert, die Menschen aus anderen Ländern mitbringen. Im Koalitionsvertrag heißt es: »Dafür schaffen wir, unter Mitwirkung der Bundesagentur für Arbeit, eine digitale Agentur für Fachkräfteeinwanderung – »Work-and-stay-Agentur« – mit einer zentralen IT-Plattform als einheitliche Ansprechpartnerin für ausländische Fachkräfte. Die Agentur bündelt und beschleunigt unter anderem alle Prozesse der Erwerbsmigration und der Anerkennung von Berufs- und Studienabschlüssen und verzahnt diese mit den Strukturen in den Ländern. Wir erleichtern die Prozesse durch eine bessere Arbeitgeberbetei-

2 Vgl. »ver.di kritisiert Koalitionsvorhaben bei der Migrationspolitik – Polarisierung in der Migrationspolitik schürt Rassismus – Integration, Teilhabe und Demokratiearbeit stärken das Miteinander«, online unter *www.verdi.de* (*https://arbeitsmarkt-und-sozialpolitik.verdi.de/ueber-uns/nachrichten/++co++2dd4dece-05a4-11f0-9aba-c915e67ed965*).

ligung. Wir setzen uns für einheitliche Anerkennungsverfahren innerhalb von acht Wochen ein.« (CDU, CSU, SPD 2025, Zeile 420ff.)

Gerade für den Bereich der reglementierten Gesundheitsberufe ist dieses Vorhaben notwendig, doch auch sehr ambitioniert: Bisher dauern Anerkennungsverfahren im Gesundheitswesen im Durchschnitt 15 Monate,[3] in vielen Fällen auch deutlich länger. Eine Verkürzung auf acht Wochen hält ver.di daher für unrealistisch.

Gleichzeitig fehlt es politisch an einem Bekenntnis zu Guter Arbeit und den ethischen Prinzipien bei der Migration und Anwerbung Beschäftigter aus Drittstaaten. Im Themenfeld Migration internationaler Gesundheitsfachkräfte beobachtet ver.di immer wieder Verstöße gegen arbeits- und menschenrechtliche Standards.

Im Jahr 2023 berichtete »ver.di Publik«[4] (ver.di-Mitgliederzeitschrift) über den Fall mexikanischer Pflegekräfte, die beim großen privaten Pflegeheim-Betreiber Alloheim eine Anstellung gefunden hatten. Doch die Arbeitsbedingungen waren schockierend. Die versprochene 40-Stundenwoche galt nur auf dem Papier; in der Realität herrschte chronischer Personalmangel, Überstunden waren an der Tagesordnung, spontane Schichtänderungen die Regel, Sprachprobleme wurden nicht gelöst und es gab kaum persönliche Unterstützung für die gerade angekommenen Mexikanerinnen.

Auch die Wohnsituation war inakzeptabel: Eine Kollegin berichtete, wie sie mit zwei weiteren Frauen in einem kleinen Zimmer untergebracht wurde, das eigentlich für Senioren vorgesehen ist – ohne Privatsphäre und immer verfügbar für den Arbeitgeber. Fast 60 angeworbene Pflegekräfte entschieden sich, Deutschland wieder zu verlassen. Die Zurückgekehrten berichteten in Mexiko unter anderem darüber, dass sie nie frei bekommen hätten, um den Anpassungslehrgang zur Berufsanerkennung zu machen. Dahinter stecke ein System, denn ohne Berufsanerkennung bleiben die Pflegekräfte in der niedrigsten Gehaltsklasse – und in einer Abhängigkeitssituation bezüglich ihres Aufenthaltsstatus. Das Arbeitsvisum bleibt bis zur Berufsanerkennung an ihren Arbeitgeber gebunden. Kündigen und den Arbeitgeber wechseln war somit keine Option.

3 C. Böse, N. Schmitz: Wie lange dauert die Anerkennung ausländischer Berufsqualifikationen? Erste Analysen zur Verfahrensdauer anhand der amtlichen Statistik. Ergebnisse des BIBB-Anerkennungsmonitorings, Bundesinstitut für Berufsbildung, Bonn, 2022.

4 Reportage in »ver.di publik« (6/2023): Sie kommen, um zu bleiben. (*https://publik.verdi.de/ausgabe-202306/reportage*).

Forderungen von ver.di

ver.di wird nicht nachlassen, derartige Missstände anzuprangern und die Politik in Verantwortung nehmen, den Migrationsprozess für alle Beteiligten positiv zu gestalten. Dafür wurde beim Bundeskongress 2023 ein Beschluss gefasst (B 092): »Offen, gerecht und ohne Ausbeutung: ver.di Anforderungen an die Maßnahmen zur Steigerung der Einwanderung von Fachkräften und anderen Arbeitnehmenden.« ver.di kritisiert darin eine ausschließlich an ökonomischen Motiven orientierte Einwanderungspolitik und formuliert folgende Forderungen an die Bundesregierung, um Ausbeutung, Abhängigkeit und Desintegration eingewanderter Beschäftigter auszuschließen. Die Forderungen lauten im Einzelnen:

Hier lebende Migrant*innen fördern

Faire Fachkräfteeinwanderung kann einen ergänzenden Beitrag zu den nötigen Anstrengungen zur Hebung inländischen Fachkräftepotenzials leisten, ersetzt sie aber nicht. Zu diesem Potenzial zählen in gleicher Weise wie andere Gruppen bereits hier lebende Migrant*innen und Geflüchtete.
ver.di fordert daher besondere Anstrengungen, um diesen Menschen eine qualifizierte Beschäftigung zu ermöglichen. Eine Voraussetzung ist ein sicherer Aufenthaltstitel, eine Arbeitserlaubnis und der Wechsel vom Asyl- ins Aufenthaltsrecht (Spurwechsel). Das von der Bundesregierung Ende 2022 eingeführte Chancenaufenthaltsrecht für geduldete Geflüchtete reicht dafür nicht aus.[5] ver.di fordert die Verlängerung der Probeaufenthaltszeit und der Stichtagsregelung.

Gute Arbeit zur Norm machen

ver.di fordert, dass die Tarifbindung eines Unternehmens und das Vorhandensein von Betriebsräten wesentliche Faktoren dafür sein sollten, um die Zulassung von Beschäftigung aus dem Ausland zu erhalten.

5 Genauer zum Chancenaufenthaltsrecht *https://arbeitsmarkt-und-sozialpolitik.verdi.de/ueber-uns/nachrichten/++co++8ee82ce8-fd2d-11ec-99da-001a4a160100.*

Ausbeuterische Betriebe sanktionieren

ver.di fordert, dass wirkungsvolle Instrumente (Geldstrafen) entwickelt werden, um Arbeitgebende zu sanktionieren, die ihre Rechtspflichten bei der Beschäftigung eingewanderter Beschäftigter verletzen.

Einwanderungsinteressierte Beschäftigte informieren

ver.di fordert, dass das seit 2017 bewährte Angebot »Faire Integration« zur Beratung von Drittstaatsangehörigen in arbeits- und sozialrechtlichen Fragestellungen verstetigt und aus Bundesmitteln dauerhaft gefördert wird. Zudem sollte eine vollständige Finanzierung aus Bundesmitteln vorgesehen werden und die Koordinierungsstelle dauerhaft beim DGB verankert werden. (…)

Rechtsdurchsetzung bei Arbeitsverstößen verbessern

Die Rechtsdurchsetzung muss verbessert werden und darf nicht auf Kosten, sondern muss im Sinne migrantischer Beschäftigter organisiert werden.
ver.di fordert den Abbau von Zugangsbarrieren zu den Arbeitsgerichten (Verdolmetschung, interkulturelle Schulungen) und Unterstützungsfonds für mittellose Betroffene, die vor der Eröffnung eines Verfahrens oftmals gezwungen sind, in ihre Herkunftsländer zurückzukehren. Die Finanzkontrolle Schwarzarbeit und der Zoll sollten bei Kontrollen in erster Linie Arbeit- und Auftraggeber in den Fokus nehmen und nicht Minimalziele wie Aufenthaltsverstöße verfolgen.

Arbeitgeberbindung verhindern

Es darf für eingewanderte Beschäftigte keine Bindung des Aufenthaltes an die Beschäftigung bei nur einem Arbeitgebenden geben, weil dies erpresserisch auf die Beschäftigten wirkt. Arbeitsplatzverlust oder freiwilliger Wechsel darf sich nicht unmittelbar negativ auf den Verlust der Aufenthaltserlaubnis auswirken.
ver.di fordert, entsprechende Ermessensspielräume der zuständigen Behörden einzuschränken und die Erwerbstätigkeit zur Suche nach einer neuen Beschäftigung zu gestatten. Auch der Zugang zu Leistungen aus der Arbeitslosenversicherung muss für eingewanderte Beschäftigte gewährleistet sein. Aufgrund dieser Forderungen lehnt ver.di auch eine Entfristung der sogenannten Westbalkanregelung für gering qualifizier-

te Beschäftigte aus Albanien, Bosnien und Herzegowina, dem Kosovo, Montenegro, Nordmazedonien und Serbien ab. Die Bundesregierung will diese Regelung entfristen, bei der Beschäftigte an einen Arbeitgebenden gebunden sind und keine Möglichkeit haben, ihren Aufenthalt in der Bundesrepublik Deutschland dauerhaft zu sichern.

Private Arbeitsvermittlung kontrollieren

Die Vermittlung von Fachkräften aus dem Ausland an Arbeitgebende in der Bundesrepublik Deutschland muss in erster Linie über die Bundesagentur für Arbeit erfolgen.
ver.di fordert, dass die Aktivitäten profitorientierter privater Vermittler strikt über Zulassungs- und Zertifizierungsverfahren geregelt und öffentlich kontrolliert werden. Bei Verstößen gegen Arbeitsrechte oder die ILO-Konvention 181 ist diesen Vermittlungsagenturen die Zulassung zu entziehen. Ob Gütesiegel für faire Beschäftigung/Vermittlung wie zum Beispiel das staatliche Projekt »Faire Anwerbung Pflege Deutschland« unseren Ansprüchen nach Guter Arbeit, Integration und Vermittlung nachkommen, ist unter Einbeziehung der angeworbenen Beschäftigten zu evaluieren.

Internationale Abkommen unterzeichnen und einhalten

ver.di fordert von der Bundesregierung die Ratifizierung der ILO-Konvention 181 vorzunehmen, die unter anderem die Erhebung von Vermittlungsgebühren bei Arbeitnehmer*innen untersagt. Das Employer-pays-Prinzip muss auch bei der Vermittlung in die Bundesrepublik Deutschland gelten. Beschäftigten, wie zum Beispiel Pflegekräften, dürfen nicht die Kosten für den Migrationsprozess (Anreise, Sprachkurse …) auferlegt werden.

Spracherwerb sinnvoll organisieren

ver.di fordert, dass die Arbeitgebenden dazu verpflichtet werden, die Sprachbildung der Beschäftigten sicherzustellen. Beschäftigte brauchen Zeit und Freistellungen, um Angebote nutzen zu können. Betriebliche Integrations- und Sprachlotsen können einen wichtigen Beitrag bei der Erlernung der Sprache und der Ankunft in der Gesellschaft leisten, sie brauchen dafür Freistellung und Unterstützung.

Familiennachzug erleichtern

Integration ist kein Selbstläufer. ver.di fordert daher, dass ein Einwanderungsgesetz den Arbeitnehmer*innen nicht nur ermöglicht, ihre Familie ohne Sprachauflagen mitzubringen, sondern auch qualitativ hochwertige Integrationshilfen festschreibt, die das Ankommen in die Bundesrepublik Deutschland erleichtern.

DGB-Index Gute Arbeit: Migrantische Arbeitsbedingungen im Fokus

Damit sind wichtige Anknüpfungspunkte zusammengefasst, die der Abwertung und Dequalifikation migrantischer Arbeit entgegenwirken sollen. Wie notwendig eine Kehrtwende ist, zeigen auch die Daten zu den Arbeitsbedingungen von Beschäftigten mit Migrationshintergrund, die der DGB 2024 in seiner Reihe »Kompakt« erstmals veröffentlicht hat. Diese Daten basieren auf repräsentativen Beschäftigtenbefragungen mit dem DGB-Index für Gute Arbeit.[6] Seit 2022 wird bei dieser bundesweiten Befragung auch nach dem Migrationshintergrund der Beschäftigten gefragt.

Die Ergebnisse zeigen großen Handlungsbedarf: Menschen mit Migrationsgeschichte sind häufiger in Helfer*innen- und Anlerntätigkeiten (»Einfacharbeit«), in befristeten Arbeitsverhältnissen und (zu) geringeren Einkommen tätig. Die Zahlen ergeben, dass ein Drittel der migrantischen Beschäftigten in sogenannter »Einfacharbeit« beschäftigt ist. Diese Tätigkeiten sind besonders von starken körperlichen Anforderungen geprägt; die Einkommen liegen hauptsächlich im Niedriglohnbereich. Auch besonders belastende Arbeitsformen wie Schichtarbeit und Leiharbeit sind überproportional vertreten. Knapp jede*r vierte Beschäftigte mit Migrationshintergrund sorgt sich laut der DGB-Studie um die berufliche Zukunft, das ist ein fast doppelt so hoher Wert im Vergleich zu Beschäftigten ohne Migrationshintergrund.

Besonders alarmierend sind die Ergebnisse hinsichtlich der Frage, was Betriebe für diese Beschäftigten tun können, um ihre Situation zu verbessern: Knapp die Hälfte der Beschäftigten mit Migrationshintergrund

6 DGB-Index Gute Arbeit: Verbreitete Unsicherheit. In welchen Jobs arbeiten Migrant*innen und unter welchen Bedingungen? Berlin, 2024.

verfügt über keine oder nur geringfügige betriebliche Weiterbildungsmöglichkeiten. Die zentralen Ergebnisse im Überblick:

- Ein Drittel der migrantischen Beschäftigten arbeitet in Helfer*innen- und Anlerntätigkeiten (»Einfacharbeit«), ohne Migrationshintergrund sind es 18 Prozent.
- Beschäftigte mit Migrationshintergrund machen sich häufiger Sorgen um ihre berufliche Zukunft als die Vergleichsgruppe ohne Migrationshintergrund.
- Der Anteil von befristeten Beschäftigungsverhältnissen ist bei Beschäftigten mit Migrationshintergrund mit 17 Prozent mehr als dreimal so hoch wie bei den Befragten ohne Migrationshintergrund.
- Auch Leiharbeit ist bei migrantischen Beschäftigten weiter verbreitet als in der Vergleichsgruppe.
- Beschäftigte mit Migrationshintergrund arbeiten häufiger in Schichtarbeit.
- Die Teilzeitquote ist bei den Befragten mit Migrationshintergrund etwas geringer als bei den Beschäftigten ohne Migrationshintergrund.
- Mehr als 40 Prozent der migrantischen Beschäftigten geben an, dass ihr Einkommen gar nicht oder gerade so zum Leben reicht.
- Knapp die Hälfte der Beschäftigten mit Migrationshintergrund verfügt über keine oder nur geringfügige betriebliche Weiterbildungsmöglichkeiten.
- Die Betrachtung der vier Subgruppen[7] mit Migrationshintergrund zeigt bei einigen Merkmalen deutliche Differenzierungen auf. Am stärksten ausgeprägt sind atypische und prekäre Beschäftigungsmerkmale bei Menschen, die selbst zugewandert sind und aus Ländern außerhalb des Europäischen Wirtschaftsraums (EWR) kommen.

Fazit

Die Tatsache, dass Deutschland ein Einwanderungsland ist, prägt die Arbeitswelt. Mehr als zwölf Millionen Menschen mit Migrationshinter-

7 In der Auswertung wird von einem Migrationshintergrund gesprochen, wenn Befragte selbst oder ihre Eltern nach Deutschland zugewandert sind. Dabei handelt es sich um eine heterogene Gruppe. Um die Ergebnisse weiter zu differenzieren, werden anhand der Merkmale Zuwanderungserfahrung (eigene oder die der Eltern) sowie Herkunftsregion (Europäischer Wirtschaftsraum (EWR) oder außerhalb des EWR) vier Subgruppen separat betrachtet.

grund sind erwerbstätig. Im demografischen Wandel nimmt dieser Trend weiter zu; Institutionen wie das IAB und das DIW gehen jährlich von einem Bedarf von 400 000 Arbeits- und Fachkräften aus dem Ausland aus, um den demografischen Wandel abzufedern: Fast ein Viertel aller sozialversicherungspflichtig Beschäftigten wird in den kommenden zehn Jahren den Arbeitsmarkt altersbedingt verlassen. Gleichzeitig wächst der Anteil von eingewanderten Kolleginnen und Kollegen. Die Bedeutung der Einwanderung für den Arbeitsmarkt und die wirtschaftliche Entwicklung ist enorm. Ohne Migration funktioniert die Gesellschaft nicht – so viel ist sicher.

Arbeit kann Zugehörigkeit fördern: wenn Menschen in der Lage sind, selbst für sich zu sorgen und soziale Kontakte am Arbeitsplatz entstehen, wenn sie Respekt erfahren, wenn ein stabiler Arbeitsplatz ein ausreichendes Einkommen und wirtschaftliche Sicherheit bieten kann, wenn gesellschaftliche Teilhabe ermöglicht wird. Zugehörigkeit ist für den gesellschaftlichen Zusammenhalt wichtig.

Die im Beitrag dargestellten Aspekte verdeutlichen, dass Gute Arbeit zentral ist, dass die Arbeitsbedingungen migrantischer Kolleginnen und Kollegen gezielt zu verbessern sind. Sie verweisen darauf, dass nicht jede Tätigkeit zur gesellschaftlichen Teilhabe beiträgt. Ganz im Gegenteil: Prekäre Beschäftigung, Arbeit im Niedriglohnsektor und eine gesellschaftliche Geringschätzung der verrichteten Tätigkeiten fördern Ausgrenzung, Abhängigkeiten und Stigmatisierung.

Die pauschale Anwerbung von Arbeitskräften aus dem Ausland wird die politisch und unternehmerisch verursachten Probleme nicht lösen. Vielmehr braucht es auch mit Blick auf die Erwerbsmigration Rahmenbedingungen, die Menschen und nicht ökonomische Bedarfe und Interessen in den Mittelpunkt stellen. Dazu gehört der Kampf gegen Rassismus und Diskriminierung.[8]

---

8 Wie negativ die Erfahrungen vieler kürzlich eingewanderter Kolleginnen und Kollegen sind, zeigt auch die Befragung der Abteilung Internationale Migration der OECD aus dem Jahr 2023 von nach Deutschland eingewanderten Fachkräften aus dem nichteuropäischen Ausland. Circa 37 Prozent der – herbeigesehnten gut ausgebildeten – Befragten gab an, in der Öffentlichkeit und auf der Straße aufgrund der Herkunft Diskriminierungserfahrungen gemacht zu haben. Dass es im öffentlichen Raum zu Diskriminierungen oder Abwertungen kommen kann, haben vor der Migration nach Deutschland nur 15 Prozent der Befragten erwartet. Vgl.: Der Weg nach Deutschland. Ergebnisse der Schlussbefragung einer Längsschnittstudie von an Deutschland interessierten Fachkräften aus dem Ausland (Oktober–Dezember 2023), *www.oecd-berlin.de.*

Literatur

Arbeitskammer des Saarlandes, Arbeitnehmerkammer Bremen, Institut Arbeit und Technik (IAT 2022): Ich pflege wieder, wenn …, Potenzialanalyse zur Berufsrückkehr und Arbeitszeitaufstockung von Pflegefachkräften. Bremen.

CDU, CSU, SPD (2025): Verantwortung für Deutschland. Koalitionsvertrag zwischen CDU, CSU und SPD, 21. Legislaturperiode: *www.koalitionsvertrag2025.de/sites/www.koalitionsvertrag2025.de/files/koav_2025.pdf*

M. Fratzscher (2025): Deutschland braucht 400 000 Migranten – pro Jahr. Berlin, Deutsches Institut für Wirtschaftsforschung (DIW): *www.diw.de/de/diw_01.c.936260.de/nachrichten/deutschland_braucht_400.000_migranten______pro_jahr.html*

Friedrich-Ebert-Stiftung (FES, 2024): Verhinderte Fachkräfte. Soziale Ausschlussmechanismen und Arbeitsmarktintegration. Bonn.

R. Khan (2021): In der Grube sind alle Kumpel gleich? Der Bekämpfung rassistischer Erfahrungen im Arbeitsalltag ist mit colour blindness nicht geholfen. In: K. Bozay et al: Damit wir atmen können. Migrantische Stimmen zu Rassismus, rassistischer Gewalt und Gegenwehr. Köln.

ver.di (2024): Solidarität wirkt – ver.di setzt sich erfolgreich für von Abschiebung bedrohtes Mitglied ein. Berlin: *https://arbeitsmarkt-und-sozialpolitik.verdi.de/ueber-uns/nachrichten/++co++584d7062-1121-11ef-9436-9783f03b960f*

ver.di (*Hrsg.*, 2023): C. Zanker, M. Daum (2024): ver.di-Innovationsbarometer 2023. Fachkräftesicherung. Bereich Innovation und Gute Arbeit. Berlin: *https://innovation-gute-arbeit.verdi.de/veroeffentlichungen/innovationsbarometer*

ver.di (2025): ver.di kritisiert Koalitionsvorhaben bei der Migrationspolitik. Berlin: *https://arbeitsmarkt-und-sozialpolitik.verdi.de/ueber-uns/nachrichten/++co++2dd4dece-05a4-11f0-9aba-c915e67ed965*

Rechtslage: Mitbestimmungsrechte und betriebliche Handlungsfelder

Tim Hühnert
Referatsleiter Recht beim DGB Bundesvorstand in Berlin.

Betrieblich aktiv gegen Diskriminierung und Rassismus: Handlungsfelder für Betriebs- und Personalräte

Darum geht es in diesem Beitrag
Rassismus und Fremdenfeindlichkeit sind in unserer Gesellschaft zunehmend präsent und machen vor Betrieben und Dienststellen nicht Halt. Interessenvertretungen können aktiv gegen Diskriminierung vorgehen, indem sie ihre Rechte aus dem Betriebsverfassungsgesetz, dem Bundespersonalvertretungsgesetz und dem Allgemeinen Gleichbehandlungsgesetz nutzen. Ein Überblick.

Unter dem Eindruck der steigenden Anzahl von rechtsextremistischen, fremdenfeindlichen und antisemitischen Straftaten fügte der Gesetzgeber mit dem Betriebsverfassungsreformgesetz 2001 an mehreren Stellen die Integration ausländischer Arbeitnehmer*innen sowie den Kampf gegen Fremdenfeindlichkeit in das Betriebsverfassungsgesetz (BetrVG) ein. Der Gesetzgeber sah die Auseinandersetzung mit Rassismus und Fremdenfeindlichkeit als gesamtgesellschaftliche Aufgabe an, die in Familien wie auch in Betrieben geführt werden müsse.[1]
Schaut man auf die Zahl der fremdenfeindlichen Straftaten in den letzten Jahren, lässt sich konstatieren, dass sich die Situation seit 2001 nicht verbessert hat – das Gegenteil ist der Fall.[2] Vor dem Hintergrund des Fachkräftemangels auf der einen und der notwendigen Integration schutzsuchender Menschen auf der anderen Seite ist die Integration ausländischer Arbeitnehmer*innen wie auch der Kampf gegen fremdenfeindliche Bestrebungen im Betrieb eine hochaktuelle Aufgabe für Betriebsrat und Arbeitgeber, denn die Integration am Arbeitsplatz ist wesentlicher Bestandteil der Integration in der Gesellschaft als solche.

1 Bundestagsdrucksache (BT-Drs.) 14/5741, S. 25 Nr. 11.
2 25 660 rechtsextremistische Straftaten im Jahr 2023 (Rechte Gewalt 2023 | Statista) gegenüber den 13 753 in der Gesetzesbegründung (Fn. 1) genannten Straftaten im Zeitraum Januar–November 2000.

Welche Instrumente haben Betriebsräte und Personalräte für die Förderung von kultureller Vielfalt und Integration im Betrieb? Und welche Mittel haben sie, um gegen fremdenfeindliche Betätigungen im Betrieb vorzugehen?

Förderung interkultureller Zusammenarbeit

Der Gesetzgeber sah mit den Änderungen des Betriebsverfassungsreformgesetzes die Integration von ausländischen Arbeitnehmer*innen und den Kampf gegen Fremdenfeindlichkeit als gemeinsame Aufgabe von Arbeitgeber und Betriebsrat an. So ist in § 75 Absatz 1 BetrVG ausdrücklich geregelt, dass Arbeitgeber und Betriebsrat darüber zu wachen haben, dass alle im Betrieb tätigen Personen nach den Grundsätzen von Recht und Billigkeit behandelt werden, insbesondere, dass jede Benachteiligung von Personen aus Gründen ihrer Rasse oder wegen ihrer ethnischen Herkunft etc. unterbleibt. Fast wortgleich wurde dies für Personalräte in § 2 Absatz 4 Bundespersonalvertretungsgesetz (BPersVG) geregelt.
Gleichzeitig ist es nach § 80 Absatz 1 Nummer 7 BetrVG ausdrücklich Aufgabe von Betriebsräten, die Integration ausländischer Arbeitnehmer*innen im Betrieb und das Verständnis zwischen ihnen und den deutschen Arbeitnehmer*innen zu fördern sowie Maßnahmen zur Bekämpfung von Rassismus und Fremdenfeindlichkeit im Betrieb zu beantragen. Der Betriebsrat soll auf ein besseres Verständnis zwischen deutschen und ausländischen Arbeitnehmer*innen und den Abbau ungerechtfertigter Vorurteile hinwirken. Er hat sich darum zu bemühen, dass ausländische Arbeitnehmer*innen die Gelegenheit bekommen, die deutsche Sprache zu lernen.[3]
Eine fast wortgleiche Formulierung findet sich für Personalräte im BPersVG in § 62 Nummer 7, nur dass dort von »Bekämpfung gruppenbezogener Menschenfeindlichkeit« die Rede ist.

---

3 DKW/*Buschmann* § 80 Rn. 65 m. w. N.

Antragsrecht der Interessenvertretungen

Nach § 80 Absatz 1 Nummer 2 BetrVG kann der Betriebsrat Maßnahmen, die dem Betrieb und der Belegschaft dienen, beim Arbeitgeber beantragen. Das heißt, der Betriebsrat hat ein Initiativrecht bezüglich aller Maßnahmen auf sozialem, personellem oder wirtschaftlichem Gebiet, die dem Betrieb oder der Belegschaft dienen; dieses Recht ist nicht an Mitwirkungs- oder Mitbestimmungsrechte gebunden.[4] Das Antragsrecht gilt dabei auch für Maßnahmen gegen Fremdenfeindlichkeit und Rassismus; dies steht im Zusammenhang mit der ausdrücklichen Aufgabe für den Betriebsrat nach § 80 Absatz 1 Nummer 7 BetrVG. Nach § 62 Nummer 1 BPersVG steht dem Personalrat ein Antragsrecht für Maßnahmen zu, die der Dienststelle und ihren Angehörigen dienen.
Der Arbeitgeber muss sich dabei mit den Anregungen des Betriebsrats ernsthaft befassen, erzwingbar sind sie aber nicht, sodass der Betriebsrat hier nur Anregungen geben kann. Er kann sie aber nicht durchsetzen.

Praxistipp
In der Praxis dürfte das Antragsrecht mangels Durchsetzbarkeit nur bei wohlwollenden Arbeitgebern sinnvoll sein, denn der Betriebsrat ist dabei auf den guten Willen des Arbeitgebers angewiesen.

Betriebsversammlung

Die Betriebsversammlung bietet die Möglichkeit, das Thema »Integration ausländischer Arbeitnehmer*innen aufzugreifen. Dies ist ausdrücklich vom Gesetzgeber so vorgesehen, der Betriebsrat kann diese Frage auf die Tagesordnung setzen (§ 45 Satz 1 BetrVG). Dazu kann er etwa Sachkundige einladen, die zum Thema referieren, zum Beispiel Gewerkschaftsfunktionäre oder Mitarbeiter*innen von Antidiskriminierungsverbänden oder ähnlichen anerkannten Institutionen. Daneben kann der Betriebsrat unter Wahrung der Anonymität über Diskriminierungsfälle berichten und so die Belegschaft für die Auswirkungen auf die betroffenen Beschäftigten sensibilisieren und/oder zum Abbau von Alltagsrassismus beitragen.

---

4 DKW/*Buschmann* § 80 Rn. 34.

Der Arbeitgeber soll in einem Bericht auf der Betriebsversammlung unter anderem über den Stand der Integration der im Betrieb beschäftigten Arbeitnehmer*innen berichten (§ 43 Absatz 2 BetrVG). Generell hat er die Pflicht, fremdenfeindlichen Tendenzen im Betrieb entgegenzuwirken. Der Arbeitgeber soll dazu angehalten werden, mögliche Diskriminierungen zu erkennen und Gegenmaßnahmen zu ergreifen.

Kosten für Dolmetscher

Die Betriebsversammlung bietet an sich schon die Gelegenheit, die gesamte Belegschaft einzubinden, natürlich auch die ausländischen Arbeitnehmer*innen. Je nach dem Grad der Deutschkenntnisse kann dies den Betriebsrat jedoch vor das Problem stellen, dass die Kolleg*innen mit Migrationshintergrund den Inhalten der Betriebsversammlung nicht gut folgen können. Grundsätzlich ist es möglich, auch für Betriebsversammlungen Dolmetscher*innen auf Kosten des Arbeitgebers zu bestellen.[5]
Diese müssen sich als Kosten der Betriebsverfassung an den Vorgaben des § 40 Absatz 1 BetrVG messen lassen. Das heißt, es müssen erforderliche Kosten sein und sie müssen verhältnismäßig sein.[6] Wie schwierig sich die Erforderlichkeit mitunter begründen lässt, zeigt eine Entscheidung des Landesarbeitsgerichts (LAG) Sachsen:[7] Der Hinweis des Betriebsrats auf seine gesetzliche Aufgabe, die Integration ausländischer Arbeitnehmer*innen im Betrieb, verfing nicht. Vielmehr konstatierte das Gericht, dass die Hinzuziehung von Dolmetscher*innen gerade nicht der Integration diene, weil damit der Anreiz, die neue Sprache zu lernen, zumindest verringert werde.[8] Das Gericht hat daher die Erforderlichkeit abgelehnt. Es setzte hohe Anforderungen an den Vortrag des Betriebsrats zur Erforderlichkeit der Kosten. Ob die Ausführungen des LAG Sachsen Allgemeingültigkeit besitzen, darf sicherlich bezweifelt werden; gleichwohl zeigt die Entscheidung, dass es in der Praxis schwierig sein kann, die Erforderlichkeit nachzuweisen, zumal Dolmetscherkosten in der Regel erheblich sein können.
Alternativ kann der Betriebsrat betriebsintern nach Kolleg*innen suchen, die für die ausländischen Arbeitnehmer*innen übersetzen können, die der Betriebsversammlung sonst nicht folgen können.

---

5 LAG Düsseldorf 30.1.1981 – 16 TaBV 21/80; ArbG Stuttgart 27.2.1986 – 17 Ca 317/85; LAG Baden-Württemberg 16.1.1998 – 5 TaBV 14/96.

6 DKW/*Wedde* § 40 Rn. 5 m.w.N.

7 LAG Sachsen 10.10.2023 – 2 TaBVGa 2/23.

8 Wie vor.

Praxistipp:
Die Betriebsversammlung bietet einen guten Raum, um über die Integration ausländischer Arbeitnehmer*innen zu sprechen und dieses Thema sichtbar zu machen. Zwar kann der Betriebsrat durch die Betriebsversammlung den Arbeitgeber nicht zu einzelnen Maßnahmen bringen, gleichwohl muss der Arbeitgeber im Rahmen seiner Berichtspflicht ebenfalls dieses Thema ansprechen. Außerdem kann der Betriebsrat damit die Arbeitnehmer*innen für dieses Thema sensibilisieren und damit auch etwaige fremdenfeindliche Bestrebungen verhindern.

Freiwillige Betriebsvereinbarungen

§ 88 Nummer 4 BetrVG sieht ausdrücklich vor, dass Betriebsrat und Arbeitgeber Maßnahmen zur Integration ausländischer Arbeitnehmer sowie zur Bekämpfung von Rassismus und Fremdenfeindlichkeit im Betrieb in einer Betriebsvereinbarung regeln können. Auch hier sieht der Gesetzgeber die Pflicht bei beiden Betriebspartnern und gibt dem Betriebsrat gerade kein zwingendes Mitbestimmungsrecht, sondern lediglich die Möglichkeit der freiwilligen Betriebsvereinbarung.
Dass solche Maßnahmen explizit unter § 88 BetrVG als mögliche Regelungstatbestände genannt werden, unterstreicht die Bedeutung dieser Aufgabe als gemeinsame Aufgabe von Arbeitgeber und Betriebsrat. Die Betriebsparteien sind damit aufgefordert, einen eigenständigen Beitrag zur Bekämpfung von Fremdenfeindlichkeit und Rassismus zu leisten.[9]
Mögliche Regelungen könnten zum Beispiel konkret unerwünschtes Verhalten beschreiben und Maßnahmen bei Zuwiderhandlung regeln. Es können gemeinsame Ausschüsse gebildet werden, es können Aufklärungsaktionen, Veranstaltungen, Fortbildungen oder auch die Bestellung von Ansprechpartner*innen oder Beauftragten vereinbart werden.[10]

Praxistipp:
Wie schon bei den Antragsrechten ist der Betriebsrat mangels zwingender Mitbestimmung auf den guten Willen des Arbeitgebers angewiesen. Er kann Vorschläge für mögliche Regelungen ausarbeiten, gegebenenfalls auch unter Hinzuziehung von Sachverständigen. Aber er bleibt auf die Zustimmung des Arbeitgebers angewiesen.

---

9 BetrVG, DKW/Berg § 88 Rn. 28.
10 Vgl. zu den Beispielen: Fitting § 88 Rn. 27.

Weitere Möglichkeiten aus dem BetrVG[11]

Es gibt darüber hinausgehend punktuell noch Möglichkeiten, wie der Betriebsrat die Integration und interkulturelle Zusammenarbeit fördern kann.
Im Rahmen der Personalplanung kann er zum Beispiel sein Vorschlagsrecht nutzen, um die Erstellung einer betrieblichen Personalplanung zu verlangen, die den besonderen Problemen ausländischer Arbeitnehmer*innen Rechnung trägt. So könnte man etwa daran denken, Qualitätsanforderungen hinsichtlich der Sprache zu senken, soweit möglich. In diesem Sinne könnte der Betriebsrat auch für eine schnellere Einbindung ausländischer Arbeitnehmer*innen im Betrieb mit Sprachdefiziten systematisch Übersetzungstools zur Verfügung zu stellen, um möglichst schnell im Betrieb Anschluss zu finden.
Auch über die Mitbestimmung bei Auswahlrichtlinien nach § 95 BetrVG kann der Betriebsrat versuchen, den Betrieb attraktiver für ausländische Arbeitnehmer*innen zu machen.
Im Rahmen seiner Rechte nach § 97 BetrVG kann der Betriebsrat betriebliche Bildungsmaßahmen anregen, explizit auch Sprachkurse.
Auch zwingende Mitbestimmungsrechte nach § 87 Absatz 1 BetrVG können tangiert sein. So kann über die Frage der betrieblichen Ordnung (§ 87 Absatz 1 Nummer 1 BetrVG) das Vorgehen bei rassistischen Vorkommnissen geregelt werden. Bei der Verteilung der Arbeitszeit (Nummer 2) können religiöse Belange wie der Ramadan mit einbezogen werden. Bei der Urlaubsplanung (Nummer 5) kann von einzelnen Arbeitnehmer*innen der Heimaturlaub berücksichtigt werden.

Möglichkeiten aus dem AGG

Neben dem BetrVG (oder BPersVG) gibt auch das Allgemeine Gleichbehandlungsgesetz (AGG) Betriebs- und Personalräten einzelne Handlungsmöglichkeiten.
So normiert § 12 AGG Pflichten für Arbeitgeber, namentlich Maßnahmen zum Schutz vor Diskriminierungen zu schaffen. Hierbei soll er – besonders im Rahmen betrieblicher Bildungsmaßnahmen – auf die Unzulässigkeit von Benachteiligungen hinweisen und darauf hinwirken, dass

11 Vgl. zu den Beispielen: Blank, AuR 1994, 286.

diese unterbleiben. Er kann seine Beschäftigten entsprechend schulen; dann gilt die Pflicht, Maßnahmen gegen Diskriminierungen zu schaffen, als erfüllt. Eben solche Schulungen kann der Betriebs-/Personalrat beim Arbeitgeber anregen.
Der Arbeitgeber ist daneben nach § 13 AGG verpflichtet, eine betriebliche Beschwerdestelle einzurichten. Der Betriebsrat hat nach der Rechtsprechung des Bundesarbeitsgerichts (BAG) auf Grundlage des § 87 Absatz 1 Nummer 1 BetrVG ein zwingendes Mitbestimmungsrecht bei der Einführung und Ausgestaltung des Beschwerdeverfahrens, hier sogar ein Initiativrecht. Er hat jedoch kein Mitbestimmungsrecht bei der Frage, wo der Arbeitgeber die Beschwerdestelle errichtet und wie er sie personell besetzt.[12]

Praxistipp:
Die Integration ausländischer Arbeitnehmer*innen ist im Gesetz als gemeinsame Aufgabe von Arbeitgeber und Betriebs-/Personalrat angelegt. Diesem Duktus folgend gibt es in den meisten Fällen keine echten Mitbestimmungsrechte, sondern nur Vorschlags- und Informationsrechte. Der Betriebs-/Personalrat ist in den meisten Fällen auf den guten Willen des Arbeitgebers angewiesen. Angesichts seiner eigenen Verpflichtungen aus dem BetrVG/BPersVG ist es jedoch auch im Sinne des Arbeitgebers, hierfür sinnvolle Lösungen zu finden.

Maßnahmen gegen rechte Hetze

Der Betriebs-/Personalrat hat auf der einen Seite die Aufgabe, die Integration ausländischer Arbeitnehmer*innen zu fördern, auf der anderen Seite muss er sich gegen Rassismus und Fremdenfeindlichkeit stark machen. Hierfür stehen ihm fünf konkrete Werkzeuge zur Verfügung, um gegen einzelne fremdenfeindliche Betätigungen vorzugehen.

Praxistipp:
Aufklärung ist unerlässlich. Hierfür kann der Betriebs-/Personalrat wie oben ausgeführt die Betriebsversammlung nutzen und die Beschäftigten für das Thema Fremdenfeindlichkeit sensibilisieren. Das BetrVG sieht in § 45 BetrVG ausdrücklich die Integration der im Betrieb beschäftigten ausländischen Arbeitnehmer*innen als mögliches Thema für die Betriebsversammlung vor.

---

12 BAG 21.7.2009 – 1 ABR 42/08.

> Schulungen nach dem AGG sind hierbei ebenso sinnvoll wie Schulungen darüber, wie mit derartiger Hetze umzugehen ist.

Widerspruch bei personeller Maßnahme

Der Betriebsrat hat nach § 99 BetrVG in Unternehmen mit in der Regel mehr als 20 Beschäftigten bei personellen Maßnahmen mitzubestimmen. Der Arbeitgeber ist verpflichtet, vor der personellen Maßnahme den Betriebsrat zu unterrichten, erforderliche Unterlagen vorzulegen und Auskunft über die Person der Beteiligten zu geben.

Der Personalrat bestimmt ebenfalls nach § 78 BPersVG bei personellen Maßnahmen mit und ist rechtzeitig vom Arbeitgeber über die Maßnahme zu informieren.

Die betriebliche Interessenvertretung kann der personellen Maßnahme (etwa Einstellung, Versetzung etc.) unter anderem widersprechen, wenn sie gegen Rechtsvorschriften verstößt (§ 99 Absatz 2 Nummer 1 BetrVG, § 78 Absatz 5 Nummer 1 BPersVG). Dies kann etwa ein Verstoß gegen das AGG sein, wenn also die personelle Maßnahme direkt gegen das Diskriminierungsverbot aus dem AGG verstößt. Hier kommt etwa eine Versetzung aus diskriminierenden Gründen in Betracht oder eine Einstellung, die gegen das Diskriminierungsverbot aus § 7 AGG verstößt.[13] Die Maßnahme selbst muss gegen das Diskriminierungsverbot verstoßen, dann besteht ein Zustimmungsverweigerungsrecht.

Die betriebliche Interessenvertretung kann außerdem die Zustimmung zu einer personellen Maßnahme verweigern, wenn die Besorgnis der Störung des Betriebsfriedens besteht (vgl. § 99 Absatz 2 Nummer 6 BetrVG, § 78 Absatz 5 Nummer 3 BPersVG). Das BetrVG nennt hier als Beispiel ausdrücklich rassistische oder fremdenfeindliche Betätigung, das BPersVG spricht von einer Störung durch »unsoziales oder gesetzwidriges Verhalten«.

Die Zustimmung kann demnach verweigert werden, wenn die durch Tatsachen begründete Befürchtung besteht, dass sich die Person fremdenfeindlich oder rassistisch betätigt und dadurch den Betriebsfrieden stört. Da es sich um eine Prognose für künftiges Verhalten handelt, können Verhaltensweisen in der Vergangenheit nur als Indizien dienen.[14] Die Begründung kann daher im Einzelfall schwierig sein, wenn sich eine Person

---

13 DKW/*Wenckebach* § 99 Rn. 190 m. w. Beispielen.

14 DKW/Wenckebach § 99 Rn. 236.

von ihrem früheren Verhalten distanziert (hat); maßgeblich ist stets die Betrachtung und Bewertung des Einzelfalls.[15]
Die bloße Mitgliedschaft in einer rechtsgerichteten Partei dürfte dafür wohl nicht ausreichen. Bei einem bekennenden Neo-Nazi, der wegen fremdenfeindlicher Vergehen vorbestraft ist und der in einem Betrieb eingestellt werden soll, in dem viele ausländische Arbeitnehmer*innen tätig sind, sähe dies womöglich anders aus.[16]

Entfernung betriebsstörender Arbeitnehmer*innen

§ 104 BetrVG sieht vor, dass der Betriebsrat die Entfernung eines*einer Arbeitnehmer*in beim Arbeitgeber beantragen kann, wenn diese*r durch gesetzeswidriges Verhalten oder durch grobe Verletzung der Grundsätze aus § 75 BetrVG den Betriebsfrieden wiederholt ernsthaft gestört hat, insbesondere durch rassistische oder fremdenfeindliche Betätigungen.
Das ist etwa der Fall bei Hetze gegen ausländische Arbeitnehmer*innen oder auch generell gegen Migrant*innen, Asylbewerber*innen etc. Diese Betätigungen müssen Bezug zum Betrieb haben, wobei es ausreicht, dass in dem jeweiligen Betrieb ausländische Arbeitnehmer*innen beschäftigt sind.[17]
Anders als bei der Zustimmungsverweigerung nach § 99 BetrVG ist hier ausdrücklich ein »wiederholtes« Fehlverhalten nötig; es müssen also mindestens zwei solche Handlungen passiert sein. Ein einmaliger schwerwiegender Verstoß reicht in der Regel nicht aus.[18]
Maßgeblich ist hierbei die Zukunftsprognose, wie auch beim Zustimmungsverweigerungsrecht nach § 99 BetrVG. Das Fehlverhalten in der Vergangenheit hat in diesem Zusammenhang lediglich Indizienwirkung. Grundlage des § 104 BetrVG ist nicht in der Vergangenheit erwiesenes, sondern in der Zukunft unterstelltes Verhalten.[19]
Liegt also ein solches Fehlverhalten vor, kann der Betriebsrat die Entlassung oder Versetzung eines*einer Beschäftigten verlangen. Weigert sich der Arbeitgeber, dem nachzukommen, kann der Betriebsrat das Arbeitsgericht anrufen und die Entlassung beziehungsweise Versetzung der*des störenden Beschäftigten beantragen. Weigert sich der Arbeitgeber, die Entscheidung des Arbeitsgerichts umzusetzen, kann der Betriebsrat vor

15 Fitting § 99 Rn. 253a.
16 Vgl. Fitting § 99 Rn. 257.
17 Fitting § 104 Rn. 6.
18 Fitting § 104 Rn. 7.
19 LAG Bremen 28.5.2003 – 2 TaBV 9/02.

dem Arbeitsgericht beantragen, dass der Arbeitgeber ein Zwangsgeld für jeden Tag der Zuwiderhandlung zu zahlen hat.
Für Personalräte ist nach dem BPersVG eine solche Möglichkeit nicht explizit vorgesehen. Sie haben nur die Möglichkeit, von ihrem Initiativrecht nach § 77 BPersVG Gebrauch zu machen und eine Versetzung des*der störenden Beschäftigten nach § 78 Absatz 1 Nummer 5 BPersVG beim Arbeitgeber zu beantragen.

Ausschluss eines Mitglieds aus dem Gremium

Mitunter gehen Rassismus, Sexismus oder fremdenfeindliche Hetze auch von einem Mitglied des Gremiums aus. Hier regeln das BetrVG wie auch das BPersVG die Möglichkeit, vor dem jeweiligen Gericht (Arbeits- beziehungsweise Verwaltungsgericht) den Ausschluss des Mitglieds wegen grober Verletzung seiner gesetzlichen Pflichten zu beantragen (vgl. § 23 Absatz 1 BetrVG, § 30 BPersVG). § 30 BPersVG nennt daneben auch die grobe Vernachlässigung der gesetzlichen Pflichten als Ausschlussgrund.
Ein Viertel der wahlberechtigten Arbeitnehmer*innen, der Arbeitgeber oder eine im Betrieb vertretene Gewerkschaft kann diesen Antrag stellen. Auch der Betriebsrat/Personalrat selbst kann den Ausschluss eines einzelnen Mitglieds beantragen (vgl. § 23 Absatz 1 Satz 2 BetrVG, § 30 Satz 2 BPersVG).
Bei rechter Hetze kommen etwa Verstöße gegen das Verbot parteipolitischer Betätigung in Betracht (vgl. § 74 Absatz 2 Satz 3 BetrVG, § 2 Absatz 5 BPersVG). Dieses Verbot betrifft nur Handlungen durch das Gremium selbst, etwa durch das Versenden von Wahlempfehlungen über das Betriebsrats-Postfach.[20]
Daneben kommt ein Verstoß gegen die Grundsätze für die Behandlung von Betriebsangehörigen in Betracht (nach § 75 Absatz 1 BetrVG, § 2 Absatz 4 BPersVG). Dies wäre der Fall bei rassistischen oder fremdenfeindlichen Betätigungen des einzelnen Mitglieds.
Die Hürden für solch ein Ausschlussverfahren sind – zu Recht – sehr hoch. Es muss sich um eine grobe Pflichtverletzung handeln; sie muss objektiv erheblich und offensichtlich schwerwiegend und damit von einem solchen Gewicht sein, dass sie das Vertrauen in eine künftig ordnungsgemäße Amtsführung zerstört oder zumindest schwer erschüttert.[21]

20 BAG 17.3.2010 – 7 ABR 95/08.
21 *Fitting*, § 23 Rn. 14 m. w. N.

Vorgehen gegen Arbeitgeber

Spiegelbildlich zu der Möglichkeit des Ausschlusses eines Betriebsratsmitglieds wegen grober Pflichtverletzung kann auch gegen den Arbeitgeber vorgegangen werden, wenn er in grober Weise seine Pflichten aus dem BetrVG verletzt.
Nach § 23 Absatz 3 BetrVG können der Betriebsrat oder die im Betrieb vertretene Gewerkschaft bei einer solchen Pflichtverletzung beim Arbeitsgericht beantragen, dem Arbeitgeber aufzugeben, eine Handlung zu unterlassen, die Vornahme einer Handlung zu dulden oder eine Handlung vorzunehmen. Die Grundsätze zur Behandlung von Betriebsangehörigen nach § 75 BetrVG gilt ebenso für den Arbeitgeber, daher kann – wenn er hiergegen verstößt – gegen ihn vorgegangen werden. Eine solche Möglichkeit besteht für Personalräte nach dem BPersVG nicht.

Maßnahmen aus dem AGG gegen Arbeitgeber

§ 17 Absatz 2 AGG gibt dem Betriebsrat ebenso wie der im Betrieb vertretenen Gewerkschaft bei einem groben Verstoß des Arbeitgebers gegen die Vorschriften des AGG die Möglichkeit, gegen den Arbeitgeber nach Maßgabe des § 23 Absatz 3 BetrVG vorzugehen.
§ 7 AGG verbietet die Benachteiligung von Beschäftigten wegen eines in § 1 AGG genannten Grundes (zum Beispiel »Rasse«, ethnische Herkunft, Alter, Geschlecht etc.). Ein solcher Verstoß kann darin liegen, dass der Arbeitgeber selbst auf grobe Weise gegen das Benachteiligungsverbot verstoßen hat.
Gleichzeitig muss der Arbeitgeber gemäß § 12 Absatz 3 AGG auch gegen Verstöße seiner Beschäftigten gegen das Benachteiligungsverbot vorgehen. Hier muss er die im Einzelfall geeigneten, erforderlichen und angemessenen Maßnahmen zur Unterbindung der Benachteiligung wie Abmahnung, Umsetzung, Versetzung oder Kündigung ergreifen. Macht er dies nicht, stellt dies eine Verletzung seiner Pflichten aus dem AGG dar und kann unter Umständen entsprechend nach § 17 Absatz 2 AGG angegriffen werden.
Ebenso wie ein Vorgehen nach § 23 Absatz 3 BetrVG steht auch das nach § 17 Absatz 2 AGG nur Betriebsräten, nicht aber Personalräten zu. In § 17 Absatz 2 AGG sind ausdrücklich nur die Betriebsräte genannt.

Grenze: Meinungsfreiheit oder rechte Hetze?

Artikel 5 Absatz 1 Grundgesetz (GG) schützt die Meinungsfreiheit; diese Meinungsfreiheit gilt nach der Rechtsprechung des BAG auch im Arbeitsverhältnis. Das betont das BAG in seiner Entscheidung vom 24.11.2005, sagt aber auch, dass die Meinungsfreiheit nicht schrankenlos gilt; es gibt Einschränkungen.[22] Nicht jede Äußerung ist von der Meinungsfreiheit gedeckt. Sie muss stets auch an den Grundrechten der betroffenen Personen gemessen werden, etwa am Persönlichkeitsrecht des Einzelnen oder auch an der wirtschaftliche Betätigungsfreiheit des Arbeitgebers aus Art. 12 GG, welcher durch Störung des Arbeitsablaufs und des Betriebsfriedens berührt wird. Daneben wird das Recht der Meinungsfreiheit allgemein durch die wechselseitigen Loyalitäts- und Rücksichtnahmepflichten im Arbeitsverhältnis beschränkt (§ 241 Absatz 2 Bürgerliches Gesetzbuch – BGB).[23]

Nach Artikel 5 Absatz 2 GG findet die Meinungsfreiheit ihre Grenzen in den Vorschriften der allgemeinen Gesetze, in den gesetzlichen Bestimmungen zum Schutze der Jugend und in dem Recht der persönlichen Ehre. Unwahre Tatsachenbehauptungen sind nicht von der Meinungsfreiheit gedeckt.

Ebenso wenig zulässig im Sinne der Meinungsfreiheit sind Verstöße gegen das Benachteiligungsverbot aus § 7 AGG oder auch strafbare Handlungen. Als strafbare Handlungen kommen in Betracht: Beleidigung (vgl. § 185 Strafgesetzbuch – StGB), Volksverhetzung (§ 130 StGB, wozu auch die Leugnung des Holocausts zählt) oder auch die Billigung von Straftaten (§ 140 StGB etwa bezüglich des Überfalls der Hamas am 7.10.2023). Besteht kein konkreter Gesetzesverstoß, müssen die jeweiligen Grundrechte gegeneinander abgewogen werden. Hier kommt es auf die konkreten Umstände im Einzelfall an.

---

22 BAG 24.11.2005 – 2 AZR 584/04.

23 Wie vor.

Dr. Ernesto Klengel
leitet das Hugo Sinzheimer Institut für Arbeits- und Sozialrecht der Hans-Böckler-Stiftung in Frankfurt am Main.

Dr. Laurens Brandt
ist wissenschaftlicher Referent für Arbeitsrecht am Hugo Sinzheimer Institut.

Die demokratische Dimension der Betriebsratsarbeit – und Wege zu ihrer Stärkung

Darum geht es in diesem Beitrag
Es wird viel über den Schutz der Demokratie diskutiert, aber selten über die Demokratie-Erfahrungen am Arbeitsplatz. Fest steht: Wer sich dort fremdbestimmt fühlt, ist oft auch mit der gesellschaftlichen Demokratie unzufrieden. Wie kann das verändert werden? Welche rechtlichen Möglichkeiten gibt es? Und wie können Betriebsräte ihre Arbeit gestalten, um die betriebliche Demokratie zu stärken? Jedenfalls sichert die betriebliche Mitbestimmung Beschäftigtenrechte und ermöglicht es, Mitarbeitende aktiv in die Gestaltung ihrer Arbeitswelt einzubeziehen. Betriebsräte haben verschiedene Instrumente, um direkte Beteiligung und interkulturelle Zusammenarbeit zu fördern. Studien zeigen, dass die Mitbestimmung nicht nur wirtschaftlich sinnvoll ist, sondern auch zur Demokratisierung der Gesellschaft beiträgt.

Angesichts des aktuellen Rechtsrucks in Politik und Gesellschaft wird viel darüber nachgedacht und diskutiert, wie die Demokratie verteidigt werden kann. Um ein Thema geht es in den öffentlichen Debatten jedoch selten: Welche Demokratie-Erfahrungen machen Erwerbstätige am Arbeitsplatz – und wie wirken sich diese aus?[1] Dabei liegt es eigentlich nahe, sich diese Fragen zu stellen, denn: Wer am Arbeitsplatz fremdbestimmt

1 Kiess, Schmidt (2020): Beteiligung, Solidarität und Anerkennung in der Arbeitswelt: industrial citizenship zur Stärkung der Demokratie. In: Decker, Brähler (Hrsg.): Autoritäre Dynamiken, Leipziger Autoritarismus Studie 2020 (S. 119, 120, 126); Kohlrausch (2024): Demokratie in Arbeit. WSI Kommentar Nr. 1, 2024, S. 4.

wird und den Eindruck hat, keinen Einfluss auf seine tägliche Arbeit zu haben, wird kaum mit der Demokratie im Land zufrieden sein.
Wer bei seiner täglichen Arbeit die Erfahrung macht, dass er mitbestimmen und Einfluss nehmen kann, wird hingegen positiver auf die Demokratie als Gesellschaftsform und ihre Errungenschaften blicken. Hinzu kommt: Die Wirtschaft ist ein zentraler Bereich der Gesellschaft, in dem jedoch ein »Demokratiedefizit« herrscht.
Dass es eine gute Idee sein könnte, die betriebliche Demokratie zu stärken, um die gesellschaftliche Demokratie zu retten, liegt auf der Hand, wenn man die Sache aus einer historischen Perspektive betrachtet: Kämpfe um die gesellschaftliche Demokratisierung waren schon immer eng mit dem Ringen um bessere Rechte und Mitsprache am Arbeitsplatz verknüpft.[2] So wurden mit der Gründung der Weimarer Republik sowohl eine parlamentarisch-demokratische Verfassung als auch individuelle und kollektive Rechte am Arbeitsplatz erreicht. Auch wenn die Pfade verschlungen waren, haben diese Kämpfe letztlich unter anderem die Anerkennung von Gewerkschaften und das Betriebsrätegesetz hervorgebracht, später deren Stellung definiert und gestärkt.[3]

Mitbestimmung leben

Aber gilt dieser Zusammenhang heute noch? Hierzu liegen interessante neue Studien vor, deren nähere Betrachtung sich lohnt – auch, weil sich zeigt, dass es weniger um die bloße Existenz von Mitbestimmungsstrukturen geht, als darum, wie Mitbestimmung gelebt wird.
Natürlich handelt es sich dabei nicht vorrangig um eine juristische Frage. Die Kenntnis der Rechtslage ist aber Voraussetzung dafür, um den Instrumentenkoffer des Betriebsverfassungsgesetzes (BetrVG) gebrauchen zu können. Anknüpfend an die empirischen Befunde wird daher im zweiten Teil des Beitrags der Frage nachgegangen, welche Möglichkeiten der Betriebsrat hat, um interkulturelle Zusammenarbeit und echte Beteiligung im Betrieb zu fördern.

---

2 Kiess, Schmidt, in Decker, Brähler (Hrsg.), a. a. O. (S. 119, 120 f.).

3 Ausführlich zur Geschichte der betrieblichen Mitbestimmung: Däubler, Kittner, Geschichte und Zukunft der Betriebsverfassung (2022), zur Entwicklung bei Gründung der Weimarer Republik sowie der Bundesrepublik insbesondere (S. 151 ff., 362 ff.

1. Zentrale Ergebnisse aktueller Forschung

In Studien zeigt sich ein positiver Effekt für das demokratische Bewusstsein der Beschäftigten bei der bloßen Existenz eines Betriebsrats, aber insbesondere bei konkreten positiven Mitbestimmungserfahrungen.

Das Bestehen eines Betriebsrats

Die Frage des Zusammenhangs von Mitbestimmungserfahrungen am Arbeitsplatz und der Einstellung zur Demokratie ist erst seit Kurzem untersucht worden. Dabei wurden große, durch Befragungen erhobene Datensätze ausgewertet. Hierbei sind verschiedene Forscher*innen zu dem Ergebnis gekommen, dass Mitsprachemöglichkeiten im Arbeitsumfeld demokratische Einstellungen stärken:
Uwe Jirjahn und Thi Xuan Thu Le (Universität Trier) haben das Sozioökonomische Panel (SOEP) ausgewertet. Es handelt sich um eine Haushaltsbefragung, die das Deutsche Institut für Wirtschaftsforschung (DIW) jährlich mit standardisierten Fragen in Auftrag gibt und für Forschende zur Verfügung stellt. Die Wissenschaftler*innen haben Jahrgänge der Befragungen statistisch ausgewertet, in denen sowohl Fragen zur Mitbestimmung am Arbeitsplatz als auch zum Interesse an allgemeinpolitischen Fragen als Gradmesser für die Einstellung zur Demokratie gestellt wurden.
Es hat sich ein klarer Zusammenhang zwischen dem Vorhandensein eines Betriebsrats und dem politischen Interesse gezeigt, der sich noch verstärkt, wenn man das Antwortverhalten von Betriebsratsmitgliedern betrachtet.[4] In einer weiteren aktuellen Studie haben die Autor*innen gezeigt, dass Beschäftigte in Betrieben ohne Betriebsrat in höherem Maße Sympathien für rechtsextreme Parteien hegen.[5]
Für eine groß angelegte Studie des Wirtschafts- und Sozialwissenschaftlichen Instituts (WSI) der Hans-Böckler-Stiftung wurden im Vorfeld der Europawahlen 2024 rund 15 000 Erwerbstätige und Arbeitssuchende in zehn Ländern online befragt, sodass methodisch belastbare Zusammenhänge zwischen Teilhabemöglichkeiten am Arbeitsplatz und der demokratischen Haltung der Beschäftigten aufgezeigt werden konnten, und zwar in einer vergleichenden Untersuchung.

---

4 Jirjahn, Le: Political Spillovers of Workplace Democracy in Germany. IZA DP No. 15444, 2022, S. 19f., 23.

5 Jirjahn, Le: Works Councils and Workers' Party Preferences in Germany, IZA Discussion Paper Nr. 15879, 2023, S. 17.

Dieser Zusammenhang besteht in allen zehn Ländern, so die WSI-Studie.[6] Das Bestehen eines Betriebsrats erhöht in allen Ländern – außer Dänemark – die Zufriedenheit mit der Demokratie der von einem Gremien vertretenen Beschäftigten.[7] Wie bei der Studie von Jirjahn/Le wurden auch hier sonstige soziodemografische Faktoren statistisch kontrolliert. Die beobachteten Unterschiede erklären sich also nicht (ausschließlich) durch andere Faktoren, wie zum Beispiel einer höheren Bildung von Befragten mit mehr Demokratievertrauen.[8]
Bemerkenswert sind auch die Ergebnisse des Else-Frenkel-Brunswik-Instituts (Universität Leipzig). Im Jahr 2020 wurden die Befragungen für die Leipziger Autoritarismus Studie erstmals um Fragen nach autoritärem oder partizipativem Erleben am Arbeitsplatz erweitert. Die Zahl der erwerbstätigen Befragten lag bei knapp 1500 Personen. Auch hier zeigte sich, dass Erfahrungen von Beteiligung, Solidarität und Anerkennung am Arbeitsplatz die Zufriedenheit mit der Demokratie erhöhen und die Zustimmung zu rechtsextremen Aussagen verringern.[9]
2023 wurden diese Ergebnisse mit einer Befragung von 3000 Personen (davon ca. 1700 erwerbstätig) in Ostdeutschland bestätigt.[10] Für die Leipziger Autoritarismus Studie 2024 wurden 2500 Personen im Alter von 16 bis 92 Jahren befragt, erneut nach Fremdbestimmung beziehungsweise Beteiligungsmöglichkeiten am Arbeitsplatz. Besorgniserregend ist, dass der Zeitverlauf zeigt, dass sich die Beteiligungserfahrungen im Betrieb in Ostdeutschland in den letzten Jahren massiv verschlechtert haben. Weniger als 30 Prozent der Befragten glauben noch, in ihrem Betrieb durch eigenes Engagement etwas zum Positiven verändern oder gefahrlos über Gewerkschaft und Betriebsrat sprechen zu können.[11]
Darin liegt auch eine gesellschaftliche Gefahr, weil negative Erfahrungen der Ohnmacht am Arbeitsplatz zu antidemokratischen Einstellungen und

---

6 Hövermann/Kohlrausch/Langer/Meuleman, How Work Shapes Democracy, WSI Study Nr. 40, 2025, 61 f., für Deutschland bereits Hövermann/Kohlrausch/Voss, Wie Arbeit, Transformation und soziale Lebenslagen mit anti-demokratischen Einstellungen zusammenhängen, Forschungsförderung Working Paper Nr. 241, 2022, 37 f.

7 Hövermann/Kohlrausch/Langer/Meuleman, How Work Shapes Democracy, 70.

8 Hövermann/Kohlrausch/Langer/Meuleman, How Work Shapes Democracy, 70.

9 Kiess/Schmidt, in: Decker/Brähler, Autoritäre Dynamiken, 119, 141 f.

10 Kiess et al., Arbeitswelt und Demokratie in Ostdeutschland, OBS-Arbeitspapier Nr. 64, 2023, 38 f., 48.

11 Decker/Kiess/Heller/Brähler in: dies. (Hrsg.), Vereint im Ressentiment, Leipziger Autoritarismus Studie 2024, 29, 75 f.

Politikverdrossenheit beitragen können.[12] Das zeigt sich im Wahlverhalten: Die Wähler*innen der AfD werden seltener (zu ihrer Zufriedenheit) von einem Betriebs- oder Personalrat vertreten.[13]
Zusammenfassend kann man von einer »demokratischen Dividende«[14] der Mitbestimmung sprechen, weil sich die betriebliche Mitbestimmung nicht nur aus wirtschaftlichen Gründen, sondern auch für die Demokratie auszahlt. Betriebliche Mitbestimmung ermöglicht die Mitsprache der Arbeitnehmer*innen in der ansonsten undemokratisch organisierten Wirtschaft, schützt und ermächtigt sie gegenüber der Ausübung von Macht. Diese Erfahrungen von Selbstwirksamkeit und Solidarität beeinflussen auch das Verhalten außerhalb der Arbeit.[15] Vor diesem Hintergrund gibt die große Zahl betriebsratsloser Betriebe Anlass zur Sorge; auch die Zahl der Beschäftigten sinkt, die von positiven Mitbestimmungserfahrungen sprechen.

Beteiligungsorientierung in der Betriebsratsarbeit

Bereits das Bestehen von betrieblicher Mitbestimmung stärkt also die gesellschaftliche Demokratie. Es gibt aber auch Hinweise darauf, dass es nicht allein darum geht, ob ein repräsentatives Gremium am Arbeitsplatz besteht, sondern auch, ob die Beschäftigten über die Wahl des Gremiums hinaus tatsächlich mitbestimmen können. Dieser Zusammenhang kann in Studien allerdings nicht so leicht abgefragt werden, da die Frage nach der Kultur oder der Qualität der Mitbestimmung im Betrieb komplexer ist. Dennoch liegt es nahe, dass Beschäftigte, die Mitbestimmungsstrukturen an ihrem Arbeitsplatz als machtlos oder unzugänglich wahrnehmen, weniger vom Wert demokratischer Beteiligungsregeln überzeugt sind als Beschäftigte in Betrieben, in denen Mitsprache tatsächlich möglich ist.[16]
Dabei liegt die Verantwortung für gelingende oder misslingende Mitbestimmung häufig in erster Linie beim Arbeitgeber. Die Arbeitgeber sind gesetzlich verpflichtet, Behinderungen der Betriebsratsarbeit zu unterlas-

---

12 Kiess et al.: Arbeitswelt und Demokratie in Ostdeutschland. S. 49; Kohlrausch: Demokratie in Arbeit, S. 2, 4.

13 Hövermann (2023): Das Umfragehoch der AfD. WSI Report Nr. 92, 2023, S. 15.

14 Jirjahn (2024): Gibt es eine demokratische Dividende betrieblicher Mitbestimmung? NZA 2024, S. 1119.

15 Jirjahn, NZA 2024, S. 1119, 1119; Kiess, Schmidt. In: Decker, Brähler (Hrsg.), Autoritäre Dynamiken, S. 119, 124f.

16 Jirjahn, NZA 2024, S. 1119, 1123; Kiess et al.: Arbeitswelt und Demokratie in Ostdeutschland. S. 15, S. 48.

sen.[17] Weit darüber hinaus haben sie – auch im eigenen Interesse – vielfältige Möglichkeiten, Mitsprache der Beschäftigten zu ermöglichen und zu fördern. Allerdings wird insbesondere in inhabergeführten Betrieben und in Betrieben, die sich in der Hand ausländischer multinationaler Unternehmen befinden, von Problemen berichtet.[18]

Aber auch Betriebsräte selbst können ihren Anteil dazu leisten, dass die Beteiligung der Beschäftigten gelingt, die über das Wählen alle vier Jahre hinausgeht. Die Aufgaben der Gremien sind zwar in einem hohen Maße rechtlich festgelegt; doch darin, wie Betriebsräte diesen vorgegebenen Rahmen ausfüllen, ob und wie sie bestimmte Rechte aktivieren und ihre Arbeit organisieren, unterscheiden sich die Gremien und definieren ihre Rolle durchaus unterschiedlich – je nach betrieblicher Kultur, nach dem Selbstverständnis und persönlicher Zusammensetzung.[19]

Wie sie dies tun, hat Auswirkungen darauf, wie Beschäftigte Mitbestimmung wahrnehmen. Treffen Betriebsräte – ob in Konfrontation gegen oder gemeinsam mit dem Management – Entscheidungen über die Köpfe der Beschäftigten hinweg, ist es aus Sicht der Beschäftigten nur logisch, inaktiv zu bleiben und Mitbestimmung »geschehen zu lassen«. Die positiven demokratischen Effekte dürften dann eher gering sein.[20]

Um das zu vermeiden, können sich Betriebsräte als Vermittler demokratischer Prozesse verstehen, klar die Interessen der Beschäftigten vertreten und diese einbeziehen.[21] Der Betriebsrat kann sich also um einen integrativen Blick bemühen und Gruppen die Beteiligung erleichtern, die darin gehemmt sind, wie etwa »Randbelegschaften«.[22] Um die rechtlichen Möglichkeiten hierfür wird es im Folgenden gehen.

17 §§ 20, 78, 119 BetrVG.

18 Jirjahn, NZA 2024, 1119, 1123; siehe auch Behrens, Dribbusch: Ergebnisse der vierten Befragung zur Be- und Verhinderung von Betriebsratswahlen. WSI-Mitteilungen 2024, S. 467.

19 Grundlegend hierzu Kotthoff (1981): Betriebsräte und betriebliche Herrschaft. Eine Typologie von Partizipationsmustern im Industriebetrieb; Kotthoff (1994): Betriebsräte und Bürgerstatus. Wandel und Kontinuität betrieblicher Mitbestimmung.

20 Jirjahn, NZA 2024, 1119, 1120.

21 Jirjahn, NZA 2024, 1119, 1123; Sauer, Detje: WSI-Mitteilungen 2019, Rechtspopulismus im Betrieb. Erscheinungsformen, Hintergründe, politischer Umgang, S. 159, 166.

22 Vgl. Kiess, Schmidt. In: Decker, Brähler (Hrsg.): Autoritäre Dynamiken, S. 119, 142.

2. Mitbestimmungsrechte als unteilbare Rechte aller Angehörigen der Belegschaften

Für die politische Rechte sind Betriebsräte an sich »schwieriges Terrain«, weil die Betriebsverfassung auf die Vertretung der gesamten Belegschaft angelegt ist, was spalterische Ansätze erschwert.[23] Beispielsweise lassen sich Konflikte zwischen Belegschaft und Arbeitgeber weniger leicht in Konflikte zwischen In- und Ausländer*innen umdeuten. Dies entspricht dem Erleben der Kolleg*innen, bei dem die Herkunft für die Arbeit meist keine große Rolle spielt und ausländische Kolleg*innen seit über 50 Jahren in den Betriebsrat gewählt werden können.[24] Der Betriebsrat ist uneingeschränkt für alle Belegschaftsangehörigen zuständig, seit 2001 betrifft das auch Leiharbeitnehmer*innen im Betrieb.[25]

Außerdem haben Betriebsräte die gesetzliche Aufgabe und rechtliche Mittel, um die Integration zu unterstützen und Maßnahmen gegen Rassismus zu beantragen.

Darüber hinaus gibt das Betriebsverfassungsgesetz den Gremien verschiedene Instrumente an die Hand, die Kolleg*innen in die Arbeit der Interessenvertretung einzubeziehen. Demokratische Ziele kann der Betriebsrat somit auch verfolgen, indem er seine eigene Arbeit beteiligungsorientiert gestaltet und möglichst viele Arbeitnehmer*innen an den betrieblichen Diskussionen und Aushandlungen teilhaben lässt. Sie ist damit kein Zusatz zu seiner »normalen« Arbeit, sondern ein Querschnittsthema und betrifft die Gestaltung der gesamten Betriebsratsarbeit.[26]

Interkulturelle Zusammenarbeit gestalten

Im Folgenden geht es anhand von ausgewählten Themen der Betriebsratsarbeit um beides: Um die Möglichkeiten, wie der Betriebsrat für die Integration und gegen Diskriminierung wirken kann, in einem allgemeineren Sinne aber auch darum, wie die Instrumente der Betriebsratsarbeit

23 Klengel (2024): Rechte Hetze, interkulturelle Zusammenarbeit und Aufgaben betriebsrätlicher Zusammenarbeit. In: Urban, Gute Arbeit gegen rechts, S. 94, 97.

24 Zur historischen Entwicklung Brandt (2021): Der Weg zur Wählbarkeit ausländischer Beschäftigter in den Betriebsrat. Arbeit und Recht – AuR, G21.

25 Problematisch ist allerdings, dass der Betriebsrat nicht für die Beschäftigten von Werkvertragsunternehmen zuständig ist, auch wenn diese dauerhaft im Betrieb tätig werden und eng in dessen Abläufe eingegliedert sind. Vgl. Däubler (2029): Der Betriebsrat – Sprecher auch der Randbelegschaften? NZA, S. 1601, 1604.

26 Siehe auch den Beitrag von Klebe in diesem Band.

dazu beitragen können, dass Beschäftigte – bei aller Beschränktheit der Beteiligungsrechte – tatsächlich einbezogen werden.

Gestaltung der Betriebsversammlung

Die Betriebsversammlung ist ein wichtiger Termin. Sie hat als Forum der Aussprache und Meinungsbildung besondere Bedeutung für die Kommunikation über betriebliche und betriebsverfassungsrechtliche Themen der Belegschaft.[27] Diskutiert werden können auch tarif-, sozial- oder umweltpolitische sowie wirtschaftliche Fragen, solange diese einen unmittelbaren Bezug zum Betrieb haben (vgl. § 45 Satz 1 BetrVG).

Arbeit in Kleingruppen

Viele Beschäftigte nehmen die Versammlungen als wenig lebhaft wahr. Die Tagesordnung beschränkt sich häufig auf die vorgeschriebenen Berichte (vgl. § 43 Absatz 1 Satz 1, Absatz 2 Satz 3 BetrVG). Diskussionen oder neue Ideen kommen selten auf, manchen Arbeitnehmer*innen fällt es auch schwer, vor der versammelten Belegschaft das Wort zu ergreifen.
Die Betriebsversammlung muss – aus betriebsverfassungsrechtlicher Perspektive – nicht frontal gestaltet werden. Über die inhaltliche Gestaltung der Betriebsversammlung entscheidet der Betriebsrat, der unterschiedliche Konzepte und Methoden wählen kann. Beispielsweise kann er durch Gruppenarbeit die teilnehmenden Arbeitnehmer*innen veranlassen, die betrieblichen Probleme selbst anzusprechen und Lösungen zu diskutieren.[28]
Mithilfe der Ergebnisse aus der Kleingruppenarbeit kann der Betriebsrat anschließend sein weiteres Vorgehen entwickeln. Er kann aber auch einschätzen, welche Kolleg*innen für ein Thema brennen, um diese künftig einzubeziehen. Aus betriebsverfassungsrechtlicher Perspektive steht es dem Betriebsrat frei, beteiligungsorientierte Elemente zu nutzen, auch wenn dafür etwas mehr Zeit und Mittel nötig sind. Die Dauer der Betriebsversammlung richtet sich nach der Tagesordnung.[29] Werden etwa Stehtische benötigt, muss der Arbeitgeber diese zur Verfügung stellen. Sind sie im Betrieb nicht verfügbar, stellt deren Miete erforderliche Kosten der Betriebsratsarbeit dar, die nach § 40 BetrVG der Arbeitgeber trägt.[30]

---

27 Däubler, Klebe, Wedde (DKW) (2024): Berg, BetrVG, 19. Aufl. 2024, § 42 Rn. 5.
28 LAG Rheinland-Pfalz 23.3.2010 – 3 TaBV 48/09, juris Rn. 19.
29 LAG Mecklenburg-Vorpommern 15.10.2008 – 2 TaBV 2/08, BeckRS 2008, 57712 Rn. 13.
30 LAG Rheinland-Pfalz 23.3.2010 – 3 TaBV 48/09, juris Rn. 19; L. Brandt (2020): Betriebsversammlung zum Klimastreik, Arbeitsrecht im Betrieb – AiB 5/2020, S. 18, 20).

Sprachbarrieren und Übersetzungen

Fehlen Arbeitnehmer*innen ausreichende Sprachkenntnisse, um der Betriebsversammlung zu folgen und sich selbst beteiligen zu können, kann der Betriebsrat die Versammlung dolmetschen lassen. Dies ist in der Rechtsprechung und Literatur fast allgemein anerkannt.[31] In jüngster Vergangenheit haben Entscheidungen sächsischer Arbeitsgerichte dies im Grundsatz bestätigt, aber in der Praxis nicht erreichbare Anforderungen gestellt.[32]

In einem Fall arbeiteten bei einem großen Versandhändler in Leipzig über 50 Prozent ausländische Kolleg*innen. Zum großen Teil waren diese erst in den letzten Jahren aus unterschiedlichen Ländern geflüchtet, konnten daher noch nicht gut deutsch sprechen, auch weil die Arbeit in dem außerhalb gelegenen Betrieb den Besuch eines Sprachkurses erschwert.

Der Betriebsrat wollte daher eine Simultandolmetschung in die wichtigsten Sprachen anbieten. Die Gerichte lehnten dies mit einer Argumentation ab, die schon fast zum Lachen wäre, wäre das Thema nicht ernst: Das Dolmetschen in alle wichtigen Sprachen wäre zu teuer, und diskriminiere jene, deren Sprache nicht übersetzt werde[33] – oder gar die deutschen Kolleg*innen, die keine Übersetzung benötigten, aber dadurch Zeit verlören![34]

Warum es weniger diskriminierend sein soll, deshalb gar keine Dolmetschung anzubieten, wurde leider nicht beantwortet. Diese Entscheidungen wurden in der Fachwelt einhellig kritisiert.[35] Betriebsräte sollten sich daher nicht entmutigen lassen. Sich für die Übersetzung der Betriebsversammlung einzusetzen, entspricht dem Auftrag des § 80 Absatz 1

---

31 LAG Düsseldorf 30.1.1981 – 16 TaBV 21/80, DB 1981, 1093, 1094; ArbG Stuttgart 27.2.1986 – 17 Ca 317/85, AiB 1986, 168; DKW/Wedde, BetrVG § 40 Rn. 16; Gemeinschaftskommentar(GK)/Weber, BetrVG, 12. Aufl. 2022, § 42 Rn. 33, 55; Münchener Handbuch Arbeitsrecht/Lunk, 6. Aufl. 2025, § 299 Rn. 23; Richardi/Annuß, BetrVG, 17. Aufl. 2022, BetrVG § 42 Rn. 37; a. A. Vogt, Oltmanns, Sprachanforderungen und Einführung einer einheitlichen Sprache im Konzern. NZA 2014, S. 181, 184.

32 ArbG Leipzig 19.1.2023 – 8 BV 56/22; LAG Sachsen 10.10.2023 – 2 TaBVGa 2/23.

33 LAG Sachsen 10.10.2023 – 2 TaBVGa 2/23, juris Rn. 71.

34 ArbG Leipzig 19.1.2023 – 8 BV 56/22, juris Rn. 46.

35 Brandt, Stoll: Keine Übersetzung der Betriebsversammlung für ausländische Arbeitnehmer? jurisPR-ArbR 35/2023, Anm. 5; Kohte, Integration ausländischer Arbeitnehmer (§ 80 Abs. 1 Nr. 7 BetrVG), jurisPR-ArbR 17/2024, Anm. 4; Schubert: Pflicht des Arbeitgebers zur Übernahme der Kosten für Simultanübersetzungen während einer Betriebsversammlung, BRuR 2024, S. 28; Wenckebach: Arbeitsrecht gegen Rassismus. In: Gallner (Hrsg.): Jahrbuch Arbeitsrecht 2023, S. 155, 161.

Nummer 7 BetrVG, wonach der Betriebsrat das Verständnis zwischen ausländischen und deutschen Arbeitnehmer*innen fördern muss. Es ist anzunehmen, dass andere Arbeitsgerichte daher im oben dargestellten Fall positiv entschieden hätten.

Auch wenn es oft ratsam ist, von seinen Rechten aktiv Gebrauch zu machen, bieten sich in manchen Situationen niedrigschwelligere Lösungen an. In einigen Betrieben machen sprachkundige Beschäftigte »Flüsterübersetzungen«. Auch die technische Entwicklung kann bereits heute einiges erleichtern: So werden in einigen Betrieben die Versammlungen hybrid durchgeführt, auch wenn das Gesetz diese Möglichkeit bisher nicht vorsieht. Ausländische Kolleg*innen können sich dann automatisch generierte Untertitel in ihren Sprachen einblenden lassen. Allerdings ist dies nur eine Notlösung, zudem sind hybride Betriebsversammlungen ambivalent zu betrachten, weil keine Stimmung im Saal entsteht und die Diskussion leidet.[36]

Integration heißt auch Barrierefreiheit. Bei hörgeschädigten Mitarbeitenden ist an Gebärdensprache zu denken; hier ist eine Förderung des über das örtliche Integrationsamt nach § 185 Absatz 3 Sozialgesetzbuch (SGB) IX möglich.[37]

Einbeziehung »sachkundiger Arbeitnehmer*innen« in die Betriebsratsarbeit

Der Betriebsrat kann sachkundige Arbeitnehmer*innen in seine Arbeit einbeziehen. Diese Möglichkeit wurde mit der Reform des Betriebsverfassungsgesetzes 2001 eingeführt und ist seitdem in § 80 Absatz 2 Satz 4 BetrVG geregelt. Nach dem Wortlaut des Gesetzes kann der Betriebsrat die Arbeitnehmer*innen als Auskunftspersonen heranziehen. Sie lediglich als Informationsquelle anzusehen, entspricht aber nicht dem Willen des Gesetzgebers, denn mit der Vorschrift soll die gegenseitige Kommunikation zwischen Betriebsrat und Arbeitnehmer*innen gefördert werden.[38]

Die Vorschrift verfolgt damit auch das Ziel, dass einzelne Arbeitnehmer*innen ihre Vorstellungen stärker in die Arbeit des Betriebsrats ein-

36 Klapp, Klebe (2022): Die Zukunft der Betriebsverfassung – ein Gesetzentwurf für das 21. Jahrhundert. NZA 2022, S. 689, 691.

37 Ettlinger, Dolmetscher:innen für Betriebsversammlungen – möglich, aber in Grenzen!, AiB 5/2024, 39.

38 BT-Drs. 14/5741, S. 30.

bringen können.[39] Gemeinsam sollen eigene, fundierte Vorschläge zu komplexen Themen erarbeitet werden.[40]

Nach der Gesetzesbegründung ist es auch möglich, Arbeitskreise zu bilden, in denen mehrere sachkundige Arbeitnehmer*innen mit Betriebsratsmitgliedern an Lösungen für betriebliche Probleme arbeiten.[41] Als Beispiele nennt der Gesetzgeber Qualifizierung, Beschäftigungssicherung oder Gesundheitsschutz im Rahmen des technischen und wirtschaftlichen Wandels,[42] die möglichen Themen sind aber weiter zu fassen.

Denkbar ist es auch, verschiedene Beteiligungsformate zu kombinieren. Möchte der Betriebsrat etwa die Integration fördern und sind ausländische Arbeitnehmer*innen nicht ohnehin bereits im Betriebsrat vertreten, kann er themenbezogene Workshops organisieren und hierzu Betroffene als sachkundige Arbeitnehmer*innen hinzuziehen, weil sie besondere Kenntnis davon haben, was für eine erfolgreiche Integration benötigt wird. Das Vorgehen lässt sich auf andere Beschäftigtengruppen übertragen.

Allerdings sind einige mehr oder weniger bürokratische Formalia zu beachten. Der Betriebsrat kann Arbeitnehmer*innen nicht selbst von ihren sonstigen Aufgaben entbinden.[43] Verweigert der Arbeitgeber unberechtigt die Freistellung, muss der Betriebsrat den Anspruch beim Arbeitsgericht einklagen.[44]

Die Auswahl der sachkundigen Arbeitnehmer*innen nimmt der Betriebsrat vor. Der Arbeitgeber kann nur ablehnen, wenn betriebliche Gründe vorliegen, etwa wenn die Person zwingend an ihrem Arbeitsplatz bleiben muss oder unverhältnismäßige Kosten entstünden.[45] Inhaltlich und methodisch kann der Betriebsrat die Sitzungen gestalten. Bei den Beratungen des Betriebsrats mit den sachverständigen Arbeitnehmer*innen darf der Arbeitgeber nicht anwesend sein.[46] Ansonsten könnten sich die Betriebsratsmitglieder nicht unabhängig eine Meinung bilden und unbefangen ihre Meinungen austauschen.[47]

---

39 BT-Drs. 14/5741, S. 30.
40 BT-Drs. 14/5741, S. 47.
41 BT-Drs. 14/5741, S. 47.
42 BT-Drs. 14/5741, S. 46f.
43 Richardi, Thüsing: BetrVG, § 80 Rn. 103.
44 LAG Hamm 2.10.2001 – 13 TaBV 106/01, BeckRS 2001, 30459577.
45 Beck'scher Online-Großkommentar Arbeitsrecht (BeckOGK)/Willemsen, Stand 1.1.2025, BetrVG, § 80 Rn. 160; DKW/Buschmann, BetrVG, § 80 Rn. 147.
46 BAG 20.1.2015 – 1 ABR 25/13, NZA 2015, 696 Rn. 20.
47 BAG 20.1.2015 – 1 ABR 25/13, NZA 2015, 696 Rn. 20.

Der Arbeitgeber darf nach der Rechtsprechung jedoch den Gegenstand und Umfang der zu erteilenden Auskünfte festlegen, daran müssen sich die sachkundigen Arbeitnehmer*innen halten.[48] Dies steht in einem gewissen Widerspruch zu Sinn und Zweck der Vorschrift, denn die sachkundigen Arbeitnehmer*innen sind zugleich verpflichtet, den Betriebsrat nach bestem Wissen und Gewissen zu beraten, um diesen bei der Suche nach Problemlösungen zu unterstützen, und sie dürfen dabei durch den Arbeitgeber nicht behindert werden.[49] Die Beratung findet grundsätzlich während der Arbeitszeit statt, sie ist sowohl für die Mitglieder des Betriebsrats als auch für die sachkundigen Arbeitnehmer*innen als Arbeitszeit zu vergüten.[50]

Innovative Nutzung der Instrumente des Betriebsverfassungsrechts

Auch im Übrigen können bewährte Instrumente der Betriebsratsarbeit in einer aktivierenden und beteiligungsorientierten Weise genutzt werden. Hierzu zählt es, die technischen Medien zu nutzen, die im Betrieb üblich sind. Die Intranet-Seite des Betriebsrats hat das Schwarze Brett vielerorts bereits ergänzt oder abgelöst. Wenn das Gremium den Eindruck hat, dass es in der Kommunikation mit der Belegschaft oder mit Belegschaftsteilen hakt, können entweder Betriebsratsmitglieder die Verantwortung übernehmen oder – nach Absprache oder Vereinbarung mit dem Arbeitgeber – Hilfspersonen gemäß § 40 Absatz 2 BetrVG als »Kommunikationsbeauftragte« herangezogen werden,[51] die unter Umständen wichtige Sprachkenntnisse mitbringen.

Betriebsratsarbeit findet nicht nur im Betriebsratsbüro statt. Sprechstunden nach § 39 BetrVG per Videokonferenz können Beschäftigte im Homeoffice oder in weiter entfernten Betriebsteilen erreichen, wobei dafür ein Tool benutzt werden sollte, das Informationen und Daten schützt, und zwar auch gegenüber dem Arbeitgeber.[52]

Die Betriebsratsmitglieder haben ein Zugangsrecht zu den Arbeitsplätzen. Dieses ist nicht von der Zustimmung des Arbeitgebers abhängig.[53] Nur so kann der Betriebsrat seine Überwachungsaufgabe gemäß § 80

48 BAG 20.1.2015 – 1 ABR 25/13, NZA 2015, 696 Rn. 21.
49 DKW/Buschmann, BetrVG, § 80 Rn. 144.
50 DKW/Buschmann, BetrVG, § 80 Rn. 150.
51 BAG 29.4.2015 – 7 ABR 102/12, NZA 2015, 1397 Rn. 34f.
52 DKW/Wedde, BetrVG, § 39 Rn. 7; GK-BetrVG/Weber, BetrVG, § 39 Rn. 17.
53 BAG 13.6.1989 – 1 ABR 4/88, NZA 1989, 934, 935.

Absatz 1 Nummer 1 BetrVG erfüllen.[54] Es lohnt sich, dem direkten Austausch mit den Beschäftigten im häufig eng getakteten Betriebsratsalltag genügend Raum einzuräumen und aktiv Fragen zu stellen, denn die Gespräche, die der Betriebsrat am Arbeitsplatz führt, sind unersetzlich, um von Problemen und guten Vorschlägen zu erfahren.
Auch Befragungen der Belegschaft sind anerkannte Betriebsratsrechte.[55] Im Fall von diskriminierendem Verhalten von Vorgesetzten und/oder im Kollegenkreis bietet es sich an, mit einer Befragung für das Thema zu sensibilisieren.[56] Aber auch bei der Gefährdungsbeurteilung gemäß § 5 Arbeitsschutzgesetz (ArbSchG) bieten sich Befragungen besonders an. Darüber hinaus kann der Betriebsrat sogar unverbindliche Abstimmungen in der Belegschaft vornehmen, etwa über eine Betriebsvereinbarung.

Fazit

Die betriebliche Mitbestimmung sichert Beschäftigtenrechte am Arbeitsplatz ab und ermöglicht es im Rahmen des Betriebsverfassungsgesetzes, Beschäftigte bei der Gestaltung ihrer Arbeitswelt einzubeziehen. Betriebsräte sind zwar repräsentativ-demokratische Gremien, sie haben aber verschiedene Instrumente, um die Beschäftigten direkt zu beteiligen. Hinzu kommen die Aufgabe und verschiedene Möglichkeiten, die interkulturelle Zusammenarbeit in der Belegschaft zu fördern.
So überrascht es nicht, wenn empirische Studien zu dem Ergebnis kommen, dass die Mitbestimmung nicht nur wegen des Arbeitnehmerschutzes und aus wirtschaftlichen Gesichtspunkten sinnvoll ist. Darüber hinaus leistet sie einen Beitrag für die Demokratisierung der Gesellschaft, der auch auf andere Bereiche ausstrahlt.
Es ist daher angezeigt, weitere Schritte zu gehen und die demokratischen Rechte am Arbeitsplatz auszubauen, denn natürlich führt es zu Frustration, wenn Beschäftigte erleben, dass ausgerechnet bei für sie zentralen Fragen wie Standorterhalt und Beschäftigungssicherung (beispielsweise

54 BAG 15.10.2014 – 7 ABR 74/12, NZA 2015, 560 Ls. 1, Rn. 25.

55 BAG 8.2.1977 – 1 ABR 82/74, AP BetrVG 1972 § 80 Nr. 10; LAG Sachsen 15.7.2022 – 4 TaBVGa 1/22, NZA-RR 2023, 250.

56 Ein Erfahrungsbericht bei einem Versandhändler findet sich zum Beispiel in einer Veröffentlichung des DGB Bildungswerks Thüringen e.V., abrufbar unter *https://www.dgb-bwt.de/publikation/connect-erfahrungen-aus-der-diskriminierungssensiblen-betriebspraxis/* (abgerufen am 5.1.2025). Dort kann auch der verwendete Fragebogen gefunden werden.

durch Qualifizierung) oder der Festlegung des Workloads und der Personalbesetzung echte Mitbestimmungsrechte fehlen.
Ein wichtiges Element, um einen Raum für die sich zuspitzenden gesellschaftlichen und unternehmenspolitischen Debatten zu eröffnen, die auch in den Betrieben geführt werden, wäre zudem die Einführung einer Demokratiezeit, wie sie im DGB-Gesetzentwurf für ein modernes Betriebsverfassungsgesetz vorgeschlagen wird.[57]

57 DGB (2022): Betriebliche Mitbestimmung für das 21. Jahrhundert. Arbeit und Recht – AuR, Sonderausgabe, siehe auch den Beitrag von Dr. T. Klebe in diesem Band.

Michael Kröll
Fachanwalt für Arbeitsrecht in der Kanzlei Kröll und Weber in Frankfurt am Main. Ein Schwerpunkt seiner Arbeit ist die Beratung und Vertretung von Personalräten.

Personalräte im Fokus: Mit Recht gegen Menschenfeindlichkeit

Darum geht es in diesem Beitrag
Personalräte können sich entschieden gegen Diskriminierung und rechtsextremen Hass einsetzen. Gerechtigkeit ist eines ihrer Hauptziele, unterstützt durch umfassende rechtliche Instrumente der Personalvertretungsgesetze. Und der Personalrat steht nicht allein da, wenn es darum geht, sich gegen jedwede Diskriminierungen stark zu machen. Auch die Dienststelle und deren Leitung sind gefordert.

Personalräte haben in der Regel einen klaren inneren Kompass gegen Diskriminierungen jeder Art, auch gegen rechtsextremen Hass und Hetze vorzugehen – ist doch »Gerechtigkeit« eines der wichtigsten Ziele, das sie als Personalratsmitglieder anstreben. Die Personalvertretungsgesetze[1] des Bundes und der Länder geben den Personalräten ein vielfältiges rechtliches Instrumentarium an die Hand, um sich gegen menschenfeindliche Diskriminierungen, aber auch für ein diskriminierungsfreies Umfeld stark zu machen. Zudem steht der Personalrat nicht allein da, wenn es darum geht, sich gegen jedwede Diskriminierungen stark zu machen; auch die Dienststelle und deren Leitung sind gefordert.

Gemeinsam statt einsam

Der Personalrat hat die Interessen der Beschäftigten zu vertreten; sich für deren Wohl einzusetzen. Dabei arbeitet er mit der Dienststellenleitung vertrauensvoll zusammen. Gemeinsam haben nach § 2 Absatz 4 Bundespersonalvertretungsgesetz (BPersVG) Dienststelle und Personalrat darü-

---

1 In diesem Beitrag wird ausschließlich auf das Bundespersonalvertretungsgesetz (BPersVG) abgestellt.

ber zu wachen, dass alle Angehörigen der Dienststelle nach Recht und Billigkeit behandelt werden.
Dazu zählt insbesondere, dass jede Benachteiligung von Personen unterbleibt: etwa wegen ihrer ethnischen Herkunft, ihrer Abstammung oder sonstigen Herkunft, ihrer Nationalität, ihrer Religion oder Weltanschauung, ihrer Behinderung, ihres Alters, ihrer politischen oder gewerkschaftlichen Betätigung oder Einstellung, wegen ihres Geschlechts oder ihrer sexuellen Identität.
Danach sind rassistische oder ausländerfeindliche Handlungen in der Dienststelle tabu – im Grunde gilt das für jede diskriminierende Handlung. Dienststellenleitungen und Personalräte haben gemeinsam die Pflicht, aber auch das Recht, darauf zu achten, dass solche Diskriminierungen, auch rechter Hass und rechtsextreme Hetze, unterbleiben. Sollten Dienststellenleitungen sich dem entziehen, liegt es an den Personalräten, diese an ihre Pflichten zu erinnern.
Dienststelle und Personalrat haben nach § 2 Absatz 2 BPersVG zudem alles zu unterlassen, was geeignet ist, die Arbeit und den Frieden in der Dienststelle zu beeinträchtigen. Die Diskriminierung von Beschäftigten, beispielsweise ausländerfeindliche und rassistische Attacken, beeinträchtigen den Frieden in der Dienststelle. Selbstverständlich sind die Dienststellen, insbesondere die Dienststellenleitung, und der Personalrat selbst gefordert, solche Attacken zu unterlassen. Entgegen dem Wortlaut der normierten Friedenspflicht, ergibt sich aus dem Gesamtzusammenhang mit dem Gebot der vertrauensvollen Zusammenarbeit und dem Gleichbehandlungsgebot im Interesse des Friedens in der Dienststelle auch, – aktiv – gegen die Beeinträchtigung des Friedens, etwa durch Hass und Hetze von Beschäftigten, anzugehen.

Klarheit in den eigenen Reihen

Personalräte bestehen – abgesehen von wenigen Ein-Personen-Personalräten – überwiegend aus mehreren Personen, die demokratisch gewählt sind. Regelmäßig haben die einzelnen Personalratsmitglieder sehr unterschiedliche Erfahrungen, Erkenntnisse, Einsichten und Hintergründe. Diese bunte Vielfalt hilft bei der Personalratsarbeit, um unterschiedlichste Facetten einzubringen.
Diskriminierungen, vor allem Rassismus und Ausländerfeindlichkeit, gehören allerdings nicht dazu. Auch die einzelnen Personalratsmitglieder

sind an das Gebot der Gleichbehandlung und an die Pflicht zum Frieden in der Dienststelle gebunden. Das Personalratsgremium sollte das, etwa in einer Sitzung, – präventiv – thematisieren. Dabei ist klar aufzuzeigen, welche Verhaltensweisen diskriminieren und damit tabu sind. Sollten einzelne Personalratsmitglieder in ihrer Personalratstätigkeit durch Diskriminierungen, im schlimmsten Fall durch verbale Übergriffe und rechtsextreme Hetze auffallen, riskieren sie den Ausschluss aus dem Gremium nach § 30 BPersVG wegen grober Verletzung gesetzlicher Pflichten.
Der Personalrat tritt als Gremium auf. Gerade beim Einsatz gegen Diskriminierungen ist dabei ein »diskriminierungsfreies« Auftreten und ein klares Bekenntnis gegen rechten Hass und rechtsextreme Hetze für dessen Glaubwürdigkeit unerlässlich.

Allgemeines Aufgabenfeld

Nach § 62 Nummer 3 BPersVG hat der Personalrat Anregungen und Beschwerden von Beschäftigten entgegenzunehmen und, falls diese berechtigt erscheinen, durch Verhandlung mit der Leiterin oder dem Leiter der Dienststelle auf ihre Erledigung hinzuwirken. Dabei hat der Personalrat die betreffenden Beschäftigten über den Stand und das Ergebnis der Verhandlungen zu unterrichten.
Treten nun Beschäftigte an den Personalrat – oder einzelne Personalratsmitglieder – heran, um diskriminierendes Verhalten, auch rechten Hass und Hetze, von anderen Beschäftigten oder auch von Führungskräften, zu kritisieren, hat der Personalrat das sehr ernst zu nehmen. In einer Personalratssitzung muss der Personalrat eine solche Beschwerde beraten. Sieht er diese, gegebenenfalls nach weiterer Aufklärung, für berechtigt an, hat er mit der Dienststellenleitung darüber zu verhandeln, dass insbesondere das kritisierte diskriminierende Verhalten eingestellt und Sorge dafür getragen wird, dass es künftig unterbleibt. Dabei bietet sich das Monatsgespräch nach § 65 BPersVG an, um ins Gespräch zu kommen.
Daneben hat der Personalrat nicht nur Beschwerden, sondern auch Anregungen aufzunehmen. Denkbar sind hier beispielsweise Vorschläge von Beschäftigten, wie diskriminierendes Verhalten erkannt oder was dagegen zu unternehmen ist. Solche Anregungen hat der Personalrat, wenn er sie für berechtigt hält, ebenfalls mit der Dienststellenleitung mit dem Ziel der Umsetzung zu besprechen.

Überwachungspflicht: Rechtsvorschriften zugunsten der Beschäftigten

Weiterhin hat der Personalrat nach § 62 Nummer 2 BPersVG darüber zu wachen, dass die zugunsten der Beschäftigten geltenden Rechtsvorschriften umgesetzt werden. Das gilt beispielsweise auch für die sich aus dem Allgemeinen Gleichbehandlungsgesetz (AGG) ergebenden Diskriminierungsverbote. So dürfen nach § 7 Absatz 1 AGG Beschäftigte nicht wegen der ethnischen Herkunft, des Geschlechts, der Religion oder Weltanschauung, einer Behinderung, des Alters oder der sexuellen Identität benachteiligt werden. Damit sind auch rassistische und ausländerfeindliche Diskriminierungen verpönt.

Der Arbeitgeber ist nach § 12 Absatz 1 AGG verpflichtet, die erforderlichen Maßnahmen zum Schutz vor Benachteiligungen zu treffen; auch vorbeugende Maßnahmen sind damit gemeint. Unterlässt der Arbeitgeber die erforderlichen Maßnahmen zum Schutz vor Benachteiligungen, ist es Aufgabe des Personalrats, den Arbeitgeber an seine gesetzlichen Pflichten zu erinnern – das gilt auch für rassistische und fremdenfeindliche Diskriminierungen durch Beschäftigte in der Dienststelle.

Sollten Beschäftigte gegen das Benachteiligungsverbot des § 7 Absatz 1 AGG verstoßen, hat der Arbeitgeber die im Einzelfall geeigneten, erforderlichen und angemessenen Maßnahmen zur Unterbindung der Benachteiligung wie Abmahnung, Umsetzung, Versetzung oder Kündigung zu ergreifen. Falls der Arbeitgeber untätig bleibt, ist der Personalrat gefordert, gegebenenfalls die erforderlichen Maßnahmen anzumahnen. Dazu kann er einen entsprechenden (allgemeinen) Antrag nach § 62 Nummer 1 BPersVG stellen.

Dem Personalrat obliegt es auch im Rahmen seiner allgemeinen Aufgaben, die Integration ausländischer Beschäftigter in die Dienststelle und das Verständnis zwischen ihnen und den deutschen Beschäftigten zu fördern sowie Maßnahmen zur Bekämpfung gruppenbezogener Menschenfeindlichkeit in der Dienststelle zu beantragen (vgl. § 62 Nummer 7 BPersVG).

Damit sind die Personalräte aufgefordert, integrierend mitzuwirken, um die faktische Gleichberechtigung der ausländischen mit den deutschen Beschäftigten zu fördern und etwa sprachliche Verständigungsprobleme abzubauen.[2] Solche präventiven Maßnahmen können zu einem besseren Verständnis führen und damit rassistischen und ausländerfeindlichen Attacken den Boden entziehen.

2 Altvater u. a., BPersVG, 11. Aufl., § 62 Rn. 28.

Konkrete Maßnahmen gegen gruppenbezogene Menschenfeindlichkeit

Neben dem Förderauftrag hat der Personalrat seit der Novellierung des BPersVG im Jahr 2021 zusätzlich die Aufgabe, konkrete Maßnahmen zu beantragen, um gruppenbezogene Menschenfeindlichkeit in der Dienststelle zu bekämpfen. Der Begriff der gruppenbezogenen Menschenfeindlichkeit umfasst neben Rassismus und Fremdenfeindlichkeit jegliche Form der Abwertung von Beschäftigten aufgrund ihres »Andersseins«, etwa aufgrund ihrer sozialen Herkunft, religiösen Einstellung oder sexuellen Orientierung.[3]

Erfasst sind alle Gruppen von Beschäftigten, die aufgrund bestimmter Kriterien von den übrigen Beschäftigten abgrenzbar sind und so Opfer von Hass und Hetze werden können. Das Bekämpfen solcher Umtriebe durch den Personalrat erfordert deren Kenntnis, etwa durch eigene Erkenntnisse oder aufgrund von Hinweisen der Beschäftigten oder Beschwerden der Betroffenen. Hier obliegt es dem Personalrat, auch gemeinsam mit der Dienststellenleitung, die Beschäftigten in der Dienststelle dafür zu sensibilisieren, dass Hass und Hetze nicht hingenommen, sondern von Beschäftigten gegenüber der Dienststelle oder dem Personalrat öffentlich gemacht werden.

Erfährt der Personalrat von Diskriminierung, Hass und Hetze, hat er entsprechende Maßnahmen dagegen bei der Dienststellenleitung zu beantragen; diese Maßnahmen müssen sich am jeweiligen Einzelfall orientieren. In Betracht kommen etwa Sensibilisierung und Aufklärung, Umsetzung der hetzenden Beschäftigten, aber auch arbeits- und dienstrechtliche Schritte.

Prävention durch Sensibilisierung und Aufklärung

Gemeinsam mit der Dienststellenleitung sollte der Personalrat die Beschäftigten in der Dienststelle sensibilisieren und darüber aufklären, dass Diskriminierungen, insbesondere menschenfeindlicher Hass und rechtsextreme Hetze, absolut unerwünscht sind und zu unterbleiben haben. Das gemeinsame Vorgehen ist nicht bloß erstrebenswert, sondern ein klares und deutliches Zeichen für alle Beschäftigten.

3 Bundestags-Drucksache (BT-Drucks.) 19/26820, S. 110.

So obliegt es dem Arbeitgeber nach § 12 Absatz 2 AGG sogar, in geeigneter Art und Weise, insbesondere im Rahmen der beruflichen Aus- und Fortbildung, auf die Unzulässigkeit von Benachteiligungen hinzuweisen und darauf hinzuwirken, dass diese unterbleiben. Hat der Arbeitgeber seine Beschäftigten in geeigneter Weise zum Zwecke der Verhinderung von Benachteiligung geschult, gilt dies als Erfüllung seiner Pflichten nach § 12 Absatz 1 AGG. Dienststellenleitungen sind deshalb gut beraten, präventive Maßnahmen zu ergreifen, um Diskriminierungen bis hin zu Hass und Hetze vorzubeugen.
Sollten Dienststellenleitungen es unterlassen, die Beschäftigten auf die Unzulässigkeit von Benachteiligungen in der gebotenen Art und Weise hinzuweisen, hat der Personalrat die Möglichkeit, hier entsprechend initiativ zu werden. Nach § 80 Absatz 1 Nummer 10 BPersVG bestimmt der Personalrat mit über allgemeine Fragen der Fortbildung der Beschäftigten. Neben der beruflichen Fortbildung erstreckt sich diese Mitbestimmung auch auf die politische und allgemeine Weiterbildung.[4]
Zur politischen Weiterbildung zählt – anknüpfend an § 12 Absatz 2 AGG – inhaltlich die Unzulässigkeit von Benachteiligungen. Insofern kann der Personalrat nach § 77 Absatz 1 BPersVG bei der Dienststelle die Aufnahme eines Fortbildungspunkts »Aufklärung und Sensibilisierung im Zusammenhang mit Benachteiligungen, etwa fremdenfeindlicher Hass und diskriminierende, rechtsextreme Hetze, insbesondere deren Unzulässigkeit« initiieren. Im Streitfall entscheidet nach dem Stufenverfahren die oberste Dienstbehörde (vgl. § 77 Absatz 2 Nummer 1 BPersVG).

Dienstvereinbarungen abschließen

Zu allgemeinen Fragen der Fortbildung der Beschäftigten können – soweit Dienststellenleitung und Personalrat einverstanden sind – Dienstvereinbarungen abgeschlossen werden. Beispielsweise können die Inhalte solcher Aufklärungs- und Sensibilisierungsschulungen oder der Kreis der teilnehmenden Beschäftigten geregelt werden.
Weiterhin sind Dienstvereinbarungen im Hinblick auf die Regelungen der Ordnung in der Dienststelle und des Verhaltens der Beschäftigten zulässig (vgl. § 63 Absatz 1 BPersVG in Verbindung mit § 80 Absatz 1 Nummer 18 BPersVG). Hierunter fallen auch Ethikrichtlinien zum Ver-

4 Altvater u. a., a. a. O., § 80 Rn. 86.

halten in der Dienststelle.[5] Dienststelle und Personalrat können in einer Dienstvereinbarung entsprechende Leitlinien zum diskriminierungsfreien Verhalten in der Dienststelle vorgeben, beispielsweise welche Verhaltensweisen, insbesondere Hass und Hetze, verboten sind.

Eckpunkte: Dienstvereinbarung verhandeln
Wesentliche Regelungen für eine Dienstvereinbarung zur Prävention und Bekämpfung von Diskriminierung, Hass und Hetze in der Dienststelle:

- **Definition von Hass und Hetze**
  - beispielhafte Aufzählung, was unter Benachteiligung/Diskriminierung, Hass und Hetze zu verstehen ist
- **Präventionsmaßnahmen**
  - Schulungen und Sensibilisierung; Kodex zu respektvollem Verhalten; Beschwerdestelle nach AGG; Schutz vor digitaler Hetze
- **Intervention und Schutz der Betroffenen**
  - Unterstützung; Vertraulichkeit; Mediation; psychosoziale Beratung
- **Konsequenzen und Sanktionen**
  - Untersuchung von Vorfällen durch die Dienststelle; arbeits- und dienstrechtliche Maßnahmen; strafrechtliche Konsequenzen.

Neben solchen gemeinsamen Möglichkeiten, die Beschäftigten aufzuklären und zu sensibilisieren, hat es der Personalrat auch selbst in der Hand, tätig zu werden.

Schulungen für Personalratsmitglieder

Einzelne Personalratsmitglieder haben die Möglichkeit, sich über spezielle Schulungs- und Bildungsveranstaltungen entsprechende Kenntnisse gegen Rassismus und Ausländerfeindlichkeit anzueignen: etwa Diskriminierung, unzulässigen Hass und Hetze erkennen sowie die rechtlichen Möglichkeiten des Personalrats, dagegen anzugehen.
Dabei handelt es sich um Kenntnisse, die derzeit aktuell für das Wahrnehmen der Personalratstätigkeiten erforderlich sind. Deshalb sind einzelne Personalratsmitglieder nach § 54 Absatz 1 BPersVG unter Fortzahlung der Dienstbezüge oder des Arbeitsentgelts für die Teilnahme vom Dienst freizustellen. Voraussetzung dafür ist ein ordnungsgemäßer Entsendungsbeschluss des Personalrats. Die Kosten hierfür hat nach § 46

5 Altvater u. a., a. a. O., § 80 Rn. 168.

Absatz 1 BPersVG der Bund zu tragen.[6] Die bei solchen Schulungs- und Schulungsveranstaltungen gewonnenen Erkenntnisse kann der Personalrat dann sofort in sein Handeln gegen Benachteiligungen, insbesondere gegen Diskriminierung, Hass und Hetze aufnehmen.

Öffentlichkeitsarbeit für Demokratie und Vielfalt

Der Personalrat kann Beschäftigte mit Aushängen am »schwarzen Brett« über Diskriminierung, Hass und Hetze und deren Unzulässigkeit informieren. Dafür sind dem Personalrat in der Dienststelle geeignete Plätze zur Verfügung zu stellen (nach § 48 Satz 1 BPersVG). Der Personalrat kann auch entsprechende Mitteilungen an die Beschäftigten herausgeben (vgl. § 48 Satz 2 BPersVG). Für solche Informationen kann der Personalrat sogar die in der Dienststelle üblicherweise genutzten Information-Kommunikationssysteme nutzen. Denkbar sind beispielsweise E-Mail-Aktionen, um die Beschäftigten zu sensibilisieren und aufzuklären.
Die Personalversammlung ist der Ort des offenen Meinungs- und Erfahrungsaustauschs zwischen dem Personalrat und den Beschäftigten der Dienststelle und dient der Information und Aussprache.[7] Nach § 59 Absatz 1 BPersVG hat der Personalrat in jedem Kalenderhalbjahr in einer Personalversammlung einen Tätigkeitsbericht zu erstatten.[8] Hier hat der Personalrat auch über seine besonderen Anstrengungen für Menschlichkeit, gegen Diskriminierung, Hass und Hetze in der Dienststelle zu berichten und hierüber mit den Beschäftigten ins Gespräch zu kommen.
Die Personalversammlung kann dem Personalrat Anträge unterbreiten (nach § 61 Absatz 2 BPersVG). Denkbar ist beispielsweise die Aufforderung an den Personalrat, sich (noch) stärker gegen jegliche Art von Diskriminierung, Hass und Hetze in der Dienststelle einzusetzen. Der Personalrat darf solche Anträge nicht ignorieren.[9] Er muss sich – in einer Personalratssitzung – mit ihnen befassen und entscheiden, ob und wie er solche Aufforderungen umsetzt. Die Beschäftigten sind darüber zu informieren, etwa durch Mitteilungen oder spätestens auf der nächsten Personalversammlung.

---

6 In den Bundesländern trägt die jeweilige Dienststelle die Kosten.
7 Altvater u. a., a. a. O., vor § 57 Rn. 1.
8 In einigen Bundesländern besteht diese Verpflichtung einmal in jedem Kalenderjahr.
9 Altvater u. a., a. a. O., § 61 Rn. 13.

Die Personalversammlung darf nach § 61 Absatz 1 BPersVG Angelegenheiten behandeln, die die Dienststelle oder ihre Beschäftigten unmittelbar betreffen, vor allem Tarif-, Besoldungs- und Sozialangelegenheiten sowie Fragen der tatsächlichen Gleichstellung von Frauen und Männern, die Vermeidung von Benachteiligungen von Menschen, die sich keinem dieser Geschlechter zuordnen, die Teilhabe von Menschen mit Behinderungen und die Vereinbarkeit von Familie, Pflege und Beruf.
Fragen der Gleichbehandlung, der Diskriminierungs- und Benachteiligungsverbote sowie der Menschenfeindlichkeit betreffen unmittelbar die Beschäftigten. Diese Angelegenheiten dürfen in der Personalversammlung behandelt und angesprochen werden. Es ist ausdrücklich möglich, dass der Personalrat kundige Referentinnen oder Referenten einlädt, die in der Personalversammlung zu diesem Themenfeld berichten. Auch die mit beratender Stimme teilnehmenden Beauftragten der Gewerkschaften sind aufgerufen, in der Personalversammlung gegen Diskriminierung, Hass und Hetze zu unterstützen.

Neben Prävention auch Repression

Fallen einzelne Beschäftigte durch verbale Übergriffe, mit Diskriminierung, Hass und Hetze gegen andere Beschäftigte auf, riskieren sie arbeitsrechtliche Maßnahmen. Das kann – je nach den Umständen des Einzelfalls – von Ermahnungen, Abmahnungen, über die ordentliche Kündigung bis hin zur außerordentlichen Kündigung gehen.[10] Bei Beamtinnen und Beamten drohen Disziplinarmaßnahmen wie Verweis, Geldbuße, Kürzung der Dienstbezüge, Zurückstufung und Entfernung aus dem Beamtenverhältnis (vgl. die §§ 5 ff. Bundesdisziplinargesetz – BDG).[11]
Bei solchen individuellen Maßnahmen ist gegebenenfalls der Personalrat zu beteiligen. Das gilt etwa bei der ordentlichen Kündigung (Mitwirkung nach § 85 Absatz 1 BPersVG), vor fristlosen Entlassungen und außerordentlicher Kündigung (Anhörung nach § 86 BPersVG). Hier obliegt es dem Personalrat, genau zu prüfen, ob die dem oder der betroffenen

10 Vgl. BAG 24.8.2023 – 2 AZR 18/23 – Grenze der Vertraulichkeit bei ehrverletzenden Äußerungen über den Arbeitgeber in einem Gruppen-Chat.

11 Vgl. Verwaltungsgericht (VG) Bremen 13.11.2024 – 8 K 1457/23 – zur Entfernung eines Beamten wegen ausländerfeindlichen, menschenverachtenden, rassistischen und den Nationalsozialismus verharmlosenden Bild- und Textnachrichten in einem Gruppenchat.

Beschäftigten vorgeworfenen Rechtsverstöße (Benachteiligung, Hass und Hetze) tatsächlich zutreffen. Wenn dem so ist und keine milderen Mittel wie Abmahnung, Umsetzung oder Versetzung Erfolg versprechen, sollte der Personalrat – im Interesse der übrigen Beschäftigten und zu deren Schutz – keine Scheu haben, den von der Dienststelle beabsichtigten Maßnahmen auch zuzustimmen.

Der Personalrat hat zudem bei Einstellungen mitzubestimmen (§ 78 Absatz 1 Nummer 1 BPersVG). Hierbei kann er seine Zustimmung nach § 78 Absatz 5 Nummer 3 BPersVG verweigern, wenn die durch Tatsachen begründete Besorgnis besteht, dass die oder der Beschäftigte (die Bewerberin oder der Bewerber) den Frieden in der Dienststelle durch unsoziales oder gesetzwidriges Verhalten stören wird.

Ein gesetzwidriges Verhalten kann möglicherweise vorliegen, wenn Betroffene in der Vergangenheit Straftaten begangen haben, die einen Bezug zur künftigen dienstlichen Tätigkeit aufweisen und dass außerdem weitere Verstöße zu befürchten sind.[12] Im Zusammenhang mit Diskriminierung, rechtem Hass und Hetze kommen als Taten beispielsweise Beleidigungen, Volksverhetzung oder Leugnung des Holocausts in Betracht. Ein unsoziales Verhalten meint das Missachten sozialer Verhaltensnormen, die für ein störungsfreies Zusammenleben der Beschäftigten in der Dienststelle unerlässlich sind.[13]

In Betracht kommen dabei auch verbale Übergriffe, rechter Hass und rechtsextreme Hetze, die (noch) nicht strafbar sind. Daraus muss sich aber die Besorgnis ergeben, dass die betroffene Person dadurch den Frieden in der Dienststelle stören wird. Insofern ist – ausgehend von einem früheren strafbaren oder unsozialen Verhalten – auf Störung des Friedens in der Zukunft zu schließen.

Hier ist zu hoffen, dass die Dienststellenleitung bereits selbst von der Einstellung absieht. Hinzuweisen ist auf eins: Die Zugehörigkeit eines Bewerbers zur AfD rechtfertigt grundsätzlich nicht die Verweigerung der Zustimmung zur beabsichtigten Maßnahme. Allein die Zugehörigkeit zur AfD begründet (noch) nicht die Besorgnis, dass Beschäftigte oder Bewerber*innen den Frieden in der Dienststelle durch unsoziales oder gesetzwidriges Verhalten stören werden.[14]

---

12 Altvater u. a., a. a. O., § 78 Rn. 337.

13 Ebd.

14 Vgl. VG Berlin 24. 8. 2018 – 72 K 3.18.PVB.

Mit Anstand und Recht

Mit ihrem Anstand und dem Recht haben Personalräte ein wirksames Instrumentarium, um gegen Diskriminierungen, insbesondere ausländerfeindlichem und rassistischem Hass und Hetze in der Dienststelle, nicht nur repressiv, sondern vor allem auch präventiv vorzugehen. Wehret den Anfängen – und das mit Recht.

Pia Bräuning
Gewerkschaftssekretärin im IG Metall-Vorstand, aktuell im ESF-Projekt »Gleichstellung im Betrieb vorantreiben« tätig, das die Umsetzung gleichstellungspolitischer betrieblicher Maßnahmen für Frauen und Menschen mit Migrationsgeschichte verfolgt.

Dr. Fessum Ghirmazion
Ressort Migration beim IG Metall-Vorstand in Frankfurt am Main. Er leitet das Projekt »Gleichstellung im Betrieb vorantreiben«, gefördert vom Europäischen Sozialfonds (ESF).

Gleichstellung im Betrieb vorantreiben, den Rechtsrahmen nutzen: Betriebsverfassungsgesetz und Allgemeines Gleichbehandlungsgesetz

Darum geht es in diesem Beitrag
Studien belegen: Die häufigsten Fälle von Diskriminierung finden in der Arbeitswelt statt. Mit dem Allgemeinen Gleichbehandlungsgesetz (AGG) kann dagegen vorgegangen werden: Niemand darf wegen seiner Herkunft, wegen des Geschlechts, Alters, der Religion und Weltanschauung, der sexuellen Identität und Orientierung oder einer Behinderung diskriminiert werden (§ 1 AGG). Auch das Betriebsverfassungsgesetz ermöglicht es, gegen Diskriminierung vorzugehen – sei es auf individueller als auch auf struktureller, betrieblicher Ebene. Wenn die Gesetze und die damit verbundenen Errungenschaften umgesetzt und gelebt werden, schützt das die von Diskriminierung betroffenen Menschen und stärkt zugleich die Demokratie im Betrieb.

Auch wenn in den letzten Monaten die Themen um Gleichstellung, Diversity und Antidiskriminierungsarbeit unter Druck geraten sind, haben sie in den letzten beiden Dekaden eine immer stärkere Bedeutung gewonnen – gesellschaftlich wie betrieblich. Sexistische und rassistische Sprüche sowie Übergriffe scheinen aus der Zeit gefallen zu sein, doch sie gehören noch immer zum Alltag in den Betrieben – wie in der Gesellschaft: Die Hand am Po, tiernachahmende Geräusche, abqualifizierende Kommentare zur angenommenen Herkunft, die Frage nach Sexspielzeug, Androhungen von Gewalt und Vergewaltigung, das angeblich »nette«, aber unerwünschte Kompliment zum Aussehen – all das passiert ständig. Diese Vorkommnisse sind keine Einzelfälle oder Anekdoten, sie lassen sich als alltägliches Geschehen belegen: durch Berichte der Betroffenen und wissenschaftlich durch Untersuchungen und Erhebungen.

Amtlich: Diskriminierung vor allem in der Arbeitswelt

So verweist die Antidiskriminierungsstelle des Bundes (ADS) darauf, dass die meisten Diskriminierungsfälle im Arbeitsleben vorkommen. Das traf bei 27 Prozent der Ratsuchenden zu, die sich an die Antidiskriminierungsstelle gewandt haben. Oft geht es um die Schlechterbehandlung beziehungsweise Herabsetzung sowie Ungerechtigkeiten bei Beförderungen und Gehaltszulagen.[1]

- 37 Prozent aller Diskriminierungsfälle im Arbeitsleben erfolgten aufgrund des Geschlechts, bei 21 Prozent anhand der (ethnischen) Herkunft beziehungsweise aus rassistischen Gründen.
- Bei Diskriminierungen im Arbeitsleben, bei denen die betroffene Person schlechter bewertet oder herabgesetzt wurde, erfolgte diese Diskriminierung in 43 Prozent der Fälle aufgrund des Geschlechts und in 20 Prozent der Fälle aufgrund der (ethnischen) Herkunft oder aus rassistischen Gründen.
- Bei der Beförderung oder bei Gehaltszulagen erfolgte die Anzeige einer Diskriminierung in 48 Prozent der Fälle aufgrund des Geschlechts und in 19 Prozent der Fälle aufgrund der (ethnischen) Herkunft beziehungsweise aus rassistischen Gründen.
- Bei Diskriminierungen im Arbeitsleben, bei denen die betroffene Person weniger Gehalt als eine Person mit vergleichbarer Tätigkeit erhalten hat, erfolgte diese Diskriminierung in 51 Prozent der Fälle aufgrund des Geschlechts, in 18 Prozent beruhten diese auf der (ethnischen) Herkunft beziehungsweise auf rassistischen Gründen.[2]

---

1 Wir haben uns bei der Auflistung auf die beiden Dimensionen Geschlecht und Herkunft bezogen. Die Studie geht auf alle AGG-Dimensionen ein. Vgl. Antidiskriminierungsstelle des Bundes, 2017.

2 Ebenda.

Obwohl diese Fakten eine eindeutige Sprache sprechen, gibt es gleichzeitig in deutschen Unternehmen kaum betriebliche Maßnahmen, Instrumente oder Betriebsvereinbarungen, um gegen Diskriminierung vorzugehen – und das, obwohl das Allgemeine Gleichbehandlungsgesetz (AGG) wie auch das Betriebsverfassungsgesetz (BetrVG) Arbeitgeber und Betriebsrat verpflichten, auf diesem Feld aktiv zu werden. Hier lässt sich eine starke Diskrepanz zwischen der empirischen Notwendigkeit und der betrieblichen Realität konstatieren.
Dabei stärkt Gleichstellungspolitik das Miteinander im Unternehmen, wovon Beschäftigte und Betriebe gleichermaßen profitieren. Alle Mitarbeiter*innen sollen ihre Fähigkeiten einbringen und weiterentwickeln können – unabhängig von der Herkunft, dem Geschlecht, dem Alter, der sexuellen Identität, der Religion beziehungsweise der Weltanschauung sowie einer Behinderung. Unternehmen gewinnen dadurch an Attraktivität für potenzielle Arbeitskräfte.

Wirtschaftlich: Heterogene Teams erzielen bessere Ergebnisse

Gerade in Zeiten des Fachkräftebedarfs ist das ein immenser Vorteil bei den Bemühungen, qualifizierte Arbeitskräfte zu bekommen. Nach einer McKinsey-Studie steigt die Wahrscheinlichkeit, dass Unternehmen überdurchschnittlich profitabler werden, um 60 Prozent, wenn die Belegschaft vielfältig aufgestellt ist.[3] Die Boston Consulting Group verglich zudem heterogene mit homogenen Arbeitsteams und kam zum Schluss: Bei heterogenen Teams werden etwa 45 Prozent des Umsatzes durch Innovationen gemacht, bei homogenen Arbeitsgruppen waren es hingegen nur 26 Prozent.
Laut einer Umfrage unter Fach- und Führungskräften profitieren Unternehmen insbesondere in Krisensituationen von gemischten Teams im Management.[4] Es gibt also genug gute (ökonomische) Gründe für Unternehmen, die Vielfallt im Unternehmen zu fördern. Dazu gehört auch der angemessene Umgang mit Diskriminierung, der zur körperlichen und seelischen Unversehrtheit der Beschäftigten beiträgt, gleichzeitig die

3 McKinsey: Die Bedeutung von Vielfalt für den Geschäftserfolg wird immer stärker (4.3.2024), *www.mckinsey.com.*

4 Vgl. Wirtschaftswoche: Diversität – Vielfältige Teams machen Unternehmen profitabler (1.10.2020), *www.wiwo.de.*

Konfliktkosten für den Arbeitgeber senkt, ebenso die Wahrscheinlichkeit der Demotivierung von Beschäftigten, die sich in die innere Kündigung »verabschieden« könnten. Das gilt gerade in der aktuell angespannten wirtschaftlichen Situation und angesichts des starken Arbeitskräftebedarfs.

Betrieblich: Echte Mitbestimmung stärkt die Rechte aller

Die Menschen, die zurzeit (im Jahr 2025) den Personalmangel abmildern können, sind mehrheitlich Frauen oder Menschen mit Migrationshintergrund. Die erste Gruppe, weil sie öfter in Teilzeit arbeitet und ihre Arbeitszeit erhöhen kann, die zweite, weil sie zum Beispiel als Geflüchtete noch nicht arbeiten dürfen oder können.

Leider erleben wir allzu oft, dass Arbeitgeber sich im Sinne eines positiv besetzten Images, also aus Marketinggründen, nur verbal oder schriftlich in Leitbildern für Vielfalt und Gleichstellung engagieren. In der Praxis ändert sich aber zu wenig, weil betriebliche Strukturen unangetastet bleiben. Das ist schade und bleibt hinter den Möglichkeiten und Chancen weit zurück, gerade, weil die Förderung der Gleichstellung im Sinne des AGG auch ein Beitrag zur Förderung demokratischer Strukturen ist.

Wir wissen: Beschäftigte, die innerbetriebliche Demokratie erleben, deren Stimme Gehör findet und die Selbstwirksamkeit erfahren, sind weniger anfällig für autoritäre und rechte Strukturen.[5] Sich im Betrieb gegen Rassismus, gegen Sexismus und für Gleichstellung aller Beschäftigten unabhängig ihrer Herkunft, ihres Geschlechts, ihres Alters, ihrer Religion und Weltanschauung, ihrer sexuellen Identität und einer Behinderung zu engagieren, bedeutet auch, Demokratie im Betrieb zu stärken.

Kurzum: Unternehmen, Gesellschaft und Demokratie werden mit Diversity-Ansätzen widerstandsfähiger. Die »Initiative Mitbestimmung«[6] der IG Metall schlägt in diese Kerbe. Mitbestimmung ist eine Erfolgsgeschichte. Sie sichert langfristig wirtschaftlichen Erfolg und die Umsetzung Guter Arbeit. Aus diesem Grund setzen wir uns für mehr Mit-

5 Otto-Brenner-Stiftung, Arbeitspapier 64: Arbeitswelt und Demokratie in Ostdeutschland – Erlebte Handlungsfähigkeit im Betrieb und (anti)demokratische Einstellungen. Frankfurt am Main 2023, *www.otto-brenner-stiftung.de.*

6 IG Metall, Initiative Mitbestimmung: Warum wir mehr Mitbestimmung brauchen (10/2023), *www.igmetall.de.*

bestimmung in den Betrieben und in der Wirtschaft ein. Letztendlich geht es um Demokratie und Menschlichkeit auch in der Arbeitswelt, denn echte Mitbestimmung stärkt die Rechte aller!

Vorbildlich: Gleichstellung voranbringen

Die IG Metall leistet schon seit Jahren Unterstützung und bietet konkrete Angebote zur Umsetzung betrieblicher Gleichstellung. Dieses Engagement wird aktuell durch das Projekt »Gleichstellung im Betrieb vorantreiben«[7] gestärkt. Dabei geht es im Kern darum, Betriebe dabei zu unterstützen, Gleichstellungsmaßnahmen einzuführen oder weiterzuentwickeln. Zwei Ziele stehen hierbei im Fokus:

1. Beseitigung struktureller Diskriminierung im Betrieb beziehungsweise das Erreichen struktureller Gleichstellung.

Konkret gemeint sind etwa Gleichstellungberichte und -ausschüsse. Wir möchten erreichen, dass in den Betrieben in regelmäßigen Abständen über Gleichstellung gesprochen wird, zum Beispiel in einer Betriebsversammlung. Aus unserer praktischen Erfahrung wissen wir, dass dies kaum geschieht. Es werden keine Daten, Zahlen und Fakten zusammengestellt, um einen Überblick über den Stand der Gleichstellung zu gewinnen. Und das, obwohl im BetrVG (§ 43 Absatz 2 BetrVG) explizit normiert ist, dass »mindestens einmal in jedem Kalenderjahr in einer Betriebsversammlung über […] den Stand der Gleichstellung von Frauen und ausländischen Mitarbeitern […] zu berichten […]«[8] ist. Solange es jedoch keine Berichte und Analysen zum Handlungsbedarf gibt, können auch keine Schlussfolgerungen, Konsequenzen oder Maßnahmen abgeleitet werden.

Ein Problem ist zudem, dass es keine konkreten Vorgaben zur Erstellung eines Gleichstellungsberichts gibt. Wir wollen dafür ein möglichst einfaches Instrument entwickeln, den betrieblichen »Gleichstellungs-Check«. Die Gleichstellungsausschüsse wiederum sollen für diese Bedar-

7 Das Projekt wird vom Europäischen Sozialfonds gefördert. Die IG Metall begleitet sogenannte »Modellbetriebe«, um Gleichstellung konkret und nachhaltig voranzutreiben. Es gibt dabei zwei Instrumente: Die betriebliche Beschwerdestelle nach AGG und Gleichstellungsberichte bzw. -ausschüsse nach BetrVG. Im Fokus stehen die Dimensionen Geschlecht sowie (ethnische) Herkunft bzw. rassistische Diskriminierung. Mehr zum Projekt: Gleichstellung im Betrieb vorantreiben – Wandel der Arbeit, *www.wandelderarbeit.de.*

8 § 43 BetrVG – Einzelnorm.

fe entsprechende Lösungswege aufzeigen und sie sozialpartnerschaftlich umsetzen. Dabei soll ein horizontaler – über alle AGG-Dimensionen hinweg – und intersektionaler Ansatz verfolgt werden, also etwa im Hinblick auf Mehrfachdiskriminierungen (zum Beispiel Frau, Muslima und Behinderung).[9]

2. Einführung paritätisch besetzter Beschwerdestellen sowie deren Weiterentwicklung.

Das 2006 verabschiedete AGG normiert in § 13 die Rechtsgrundlage für die Einrichtung einer innerbetrieblichen Beschwerdestelle und die Bearbeitung von Diskriminierungsbeschwerden.[10] Dem Arbeitgeber wird auferlegt, Beschwerden von Personen, die sich diskriminiert fühlen, zu prüfen und das Ergebnis dieser Prüfung den Beschäftigten mitzuteilen, die eine Beschwerde vorgebracht haben. Demnach muss in jedem Unternehmen eine Beschwerdestelle bestimmt und bekannt gemacht werden. Das gilt unabhängig von der Größe des Betriebs.

Ziel ist es, Diskriminierung am Arbeitsplatz frühzeitig zu erkennen, zu bearbeiten und bei Bedarf zu sanktionieren. Das AGG gibt in § 1 vor, dass Diskriminierungsvorkommnisse aufgrund einer rassistischen Diskriminierung, aufgrund des Geschlechts, der Religion oder Weltanschauung, einer Behinderung, des Alters oder der sexuellen Identität durch die innerbetriebliche Beschwerdestelle zu bearbeiten sind.

Wie beim Gleichstellungsbericht ist in Bezug auf das Einrichten der Beschwerdestellen zu konstatieren: Trotz der gesetzlichen Vorgaben genügt die Realität diesen Vorschriften und Ansprüchen nicht. Entweder gibt es keine innerbetriebliche Beschwerdestelle oder sie ist im Betrieb kaum bekannt. Problematisch ist aus unserer Sicht, dass es dem Arbeitgeber obliegt, sie einzurichten. So benennen viele Unternehmen den*die Personalchef*in. Das ist weder ein sensibler Umgang mit der Bedeutung der Stelle, noch ist das im Sinne eines effektiven Diskriminierungsschutzes. Vor allem sinkt in solchen Fällen die Wahrscheinlichkeit erheblich, dass sich Beschäftigte an die Beschwerdestelle wenden.

Es muss daher in mehr Betrieben eine innerbetriebliche Beschwerdestelle eingerichtet werden, dazu sind Betriebsvereinbarungen für gute Standards zu entwickeln. Wenn Unternehmen diesen Punkt erreicht und umgesetzt haben, sollten sie einen Schritt weitergehen: nämlich ihre Re-

---

9 Gemeint ist, dass die Merkmale gleich schutzwürdig sind. Menschen vereinen verschiedene Merkmale in sich und so kann es zu einer Mehrfachdiskriminierung kommen, zum Beispiel eine muslimische Frau mit Kopftuch. Diese Überschneidungen werden mitgedacht.

10 § 13 AGG – Einzelnorm.

gelungen regelmäßig evaluieren und weiterentwickeln, sie im Betrieb bekannter machen und zu einer systematischen Antidiskriminierungsarbeit ausbauen.
Damit wird verhindert, dass Beschäftigte, die im Betrieb eine Diskriminierung erfahren, allein gelassen werden und sich nicht an eine vertrauensvolle Stelle wenden können. Aus unserer Sicht beruht die Arbeit guter Beschwerdestellen und -verfahren auf einer paritätisch besetzen Beschwerdestelle. Das heißt, sowohl Arbeitgeber- wie Arbeitnehmervertreter*innen sind Mitglieder dieser Stelle und kümmern sich gemeinsam um die Beschwerden. Das Schlüsselwort lautet an dieser Stelle »Vertraulichkeit«.
Das Beschwerdeverfahren und die einzelnen Stufen sollten betrieblich diskutiert werden, damit alle Beschäftigten informiert sind und mitgenommen werden. Wir sind überzeugt, dass ein innerbetrieblicher Diskussionsprozess erheblich zur Sensibilisierung aller Beschäftigten beiträgt und sich dadurch die Diskriminierungen und Benachteiligungen senken lassen.

Praktisch: Am besten geht es gemeinsam

Neben den beiden konkreten Maßnahmen, die zum Projekt »Gleichstellung im Betrieb vorantreiben« gehören, sollte es auch darum gehen, eine Kultur zu etablieren, in der Vielfalt wertgeschätzt und gefördert wird. Gerade hierfür sind nötig:

- Fortbildungen, in denen insbesondere die (angehenden) Führungskräfte fit gemacht werden und in ihre Rolle hineinwachsen können.
- Workshops für alle Beschäftigten, damit sie für Gleichstellung und Antidiskriminierung sensibilisiert werden.
- Das Eröffnen von betrieblichen Begegnungsräumen, in denen sich alle Beschäftigten – unabhängig von ihren Diversity-Merkmalen – wohlfühlen.
- Strukturelle betriebliche Maßnahmen – nicht nur mit Blick auf die Öffentlichkeitsarbeit: etwa im Personalwesen (bei Einstellungen, beim Entgelt, bei Weiterbildungen) oder bei den Aufstiegsmöglichkeiten, damit Unternehmen einen effektiven Diskriminierungsschutz und aktive Gleichstellung erreichen.

In den letzten Jahren wurden in Deutschland Fortschritte bei der Antidiskriminierungsarbeit erzielt. Besonders die Einführung des AGG 2006 war aus Sicht der Unabhängigen Bundesbeauftragten für Antidiskriminierung, Ferda Ataman, ein entscheidender Schritt nach vorne: »Seit 18 Jahren ist Diskriminierung zivilrechtlich verboten. Seit 18 Jahren können sich Menschen konkret gegen Diskriminierung wehren. Das ist ein Meilenstein in der Geschichte unserer Demokratie.«[11]

Dabei muss aber festgehalten werden, dass Impulse für die zentralen Errungenschaften von der Europäischen Union kamen und hierzulande teilweise auf heftigen Widerstand aus der Wirtschaft und von einigen Parteien stießen. Das hat dazu geführt, dass wir trotz aller Fortschritte beim Antidiskriminierungsschutz noch immer in den Kinderschuhen stecken. Es gibt noch zu wenige gute betrieblichen Beispiele.

Politisch: Den Rechtsrahmen nutzen

Obwohl die Fakten eine eindeutige Sprache sprechen, lassen die meisten Unternehmen es noch an der nötigen Ernsthaftigkeit und Sorgfalt vermissen – und das insbesondere jetzt, in einer Zeit, in der Hass, Populismus und Angriffe gegen Frauen, queere Menschen und Menschen mit Einwanderungsgeschichte zunehmen. Es braucht klare Botschaften, verbunden mit effektiven Maßnahmen. Das gilt vor allem aktuell in einer Phase des Backlash für Gleichstellung, Diversity und Antidiskriminierungsarbeit.

Dabei muss klar sein, dass das Werben für Vielfalt und Demokratie sowie die Arbeit gegen Diskriminierung in Unternehmen zwei Seiten einer Medaille sind. Rassismus, Sexismus und alle anderen Formen von »Ismen« sind ein strukturelles Problem – und darauf brauchen wir strukturelle Antworten. Die in diesem Text vorgeschlagenen Wege sind letztendlich ein Plädoyer, die Möglichkeiten, die uns der Gesetzgeber gegeben hat, auch zu ergreifen. Damit machen wir deutlich, dass Artikel 1 des Grundgesetzes, »Die Würde des Menschen ist unantastbar«, keine Floskel ist, sondern ein Grundrecht und ernstzunehmender Handlungsauftrag. Die IG Metall wird diesen Auftrag jedenfalls weiterhin ernst nehmen und ihren Beitrag leisten.

---

11 Antidiskriminierungsstelle des Bundes, aktuelle Meldungen: »Ein Meilenstein«: Ataman, Paus und Friedman begehen Festakt zum 18. Geburtstag des Allgemeinen Gleichbehandlungsgesetzes (11.9.2024), *www.antidiskriminierungsstelle.de.*

Friederike Boll
Fachanwältin für Arbeitsrecht mit Fokus auf dem Antidiskriminierungsrecht und Bildungsreferentin im Bildungszentrum der IG Metall in Sprockhövel.

Isaf Gün
Juristin im Ressort Betriebsverfassung und Mitbestimmungspolitik beim Vorstand der IG Metall in Frankfurt am Main.

Stark gegen Diskriminierung und Rassismus: Der Betriebsrat macht den Unterschied

Darum geht es in diesem Beitrag
*Der Betriebsrat kann mit seinem Engagement und mit Initiativen ein starkes Zeichen gegen Rassismus und Diskriminierung setzen. Mit klarer Haltung und gezielten Maßnahmen nach dem Betriebsverfassungsgesetz und dem Allgemeinen Gleichbehandlungsgesetz sorgt er für ein respektvolles, inklusives Arbeitsumfeld. Gemeinsam mit den Kolleg*innen wird ein Betriebsklima geschaffen, das Vielfalt und Toleranz fördert und in dem sich alle Mitarbeiter*innen sicher und wertgeschätzt fühlen.*

Zunehmend sind wir seitens der Gewerkschaften und Interessenvertretungen mit den Themen Rassismus und Rechtsradikalismus konfrontiert. Klar ist, dass die Belegschaft eine Schnittmenge der Gesellschaft ist. Ändert sich die Stimmung innerhalb der Bevölkerung, führt das zwangsläufig dazu, dass verbreitete Themen auch im Betrieb diskutiert werden. Wir erleben immer öfter eine Diskursverschiebung: Begriffe wie Identität, Nationalstolz und Migration werden neu verhandelt, was zum Beispiel die erschreckenden Wahlerfolge der vergangenen Landtagswahlen 2024 und der Bundestagswahl 2025 zeigen. Rechtes Gedankengut hat mittlerweile mehr eine breitere Basis und ist in allen gesellschaftlichen Bereichen anzutreffen.
Menschenfeindliche Überzeugungen sowie latenter und immer offenerer geäußerter Rassismus machen auch vor dem Werkstor der Betriebe nicht Halt und werden zu häufig bagatellisiert. In einigen Betrieben versuchen rechte Aktivist*innen, die Belegschaften zu spalten. Sie instrumentali-

sieren die realen Probleme und Zukunftsängste der Beschäftigten und hetzen Menschen gegeneinander auf.
Eine repräsentative Umfrage von Gesicht Zeigen e. V. (EY Deutschland und Civey),[1] die 2020 gemacht wurde, zeigt: Jede*r dritte Beschäftigte hat schon einmal rassistische oder antisemitische Äußerungen am Arbeitsplatz mitbekommen.

Was tun, wenn sich Kolleg*innen rassistisch äußern?

Wie gehen Beschäftigte damit um, wenn sie beispielsweise Zeuge oder Zeugin rassistischer Äußerungen werden? Diskriminierte Beschäftigte haben einen Anspruch gegenüber ihrem Arbeitgeber, dass gehandelt wird. Er muss Strukturen schaffen, die gewährleisten, dass rassistische Vorfälle anerkannt und ernstgenommen werden. Arbeitgeber müssen für ein Klima sorgen, in dem ethnische und kulturelle Vielfalt gelebt wird. Viele Diskriminierungen kommen erst gar nicht zur Sprache, weil gerade die notwendigen Strukturen am Arbeitsplatz nicht vorhanden sind.

Pflicht der Arbeitgeber aus dem AGG

Es ist die Pflicht von Arbeitgebern, ein diskriminierungsfreies Arbeitsumfeld zu gewährleisten – so steht es im Allgemeinen Gleichbehandlungsgesetz (AGG). Der Schutzzweck aus dem Anti-Diskriminierungsrecht ist ein wichtiges Ziel betrieblicher Maßnahmen. Die Frage, wie scharf auf ein Fehlverhalten reagiert werden darf, ist von dieser gesetzlichen Vorgabe des § 12 Absatz 3 AGG beeinflusst.
Juristisch auf den Punkt gebracht: Der Verhältnismäßigkeitsgrundsatz im Umgang mit der schädigenden Person verschiebt sich. Der Schutz der Kolleg*innen vor Rassismus erlaubt eine klarere Kante als in anderen Fällen; die Grenze besteht aber, dass die Maßnahmen rechtlich zulässig und individuell durchsetzbar sind.

1 »Rassismus im Kontext von Wirtschaft und Arbeit. Bestandsaufnahme und Handlungsoptionen«, *www.gesichtzeigen.de*

Rassistische oder fremdenfeindliche Äußerungen gegenüber Arbeitnehmer*innen im Betrieb stellen regelmäßig eine schwere Pflichtverletzung dar, die Arbeitgeber zur außerordentlichen Kündigung berechtigen. Das Bundesarbeitsgericht (BAG) hat entschieden, dass Rassismus, Antisemitismus und Ausländerfeindlichkeit von Beschäftigten zu deren Kündigung – sogar zu außerordentlichen Kündigungen – berechtigen, vor allem wenn Straftaten nach den §§ 130 (Volksverhetzung), 131 (Gewaltdarstellung), 185 (Beleidigung), 223 (Körperverletzung) und 240 (Nötigung) Strafgesetzbuch (StGB) vorliegen, soweit sie im Betrieb begangen werden.
Aber auch ohne diesen Schwenk zum Strafrecht haben Kolleg*innen nach dem Diskriminierungsschutz einen Anspruch aus ihrem Arbeitsvertrag darauf, frei von solchen Zumutungen (Rassismus, Diskriminierung) arbeiten zu können. Das haben Arbeitgeber nach § 7 AGG zu gewährleisten.

Compliance-Richtlinien

Einfluss auf den Spielraum, welche Maßnahmen arbeitsrechtlich »wasserdicht« ergriffen werden können, haben auch Ethik-Richtlinien oder Compliance-Richtlinien der Unternehmen. Manche Arbeitgeber bekräftigen von vornherein, oft nach Verhandlungen mit den Interessenvertretungen, dass gewisse Verhaltensweisen nicht toleriert werden. Existieren solche Richtlinien oder Leitlinien, können mit mehr Nachdruck deutliche, auch stärkere Sanktionen ergriffen werden. Ein betriebliches Durchgreifen ist leichter, wenn das Thema bereits vorab behandelt und darüber informiert wurde.

Was kann der Betriebsrat tun?

Arbeitgeber, die trotz rassistischer Äußerungen gegenüber Beschäftigten im Betrieb nicht bereit sind, Maßnahmen zu ergreifen, können dazu durch den Betriebsrat gezwungen werden. Es ist die Aufgabe des Betriebsrats, sich schützend vor die Beschäftigten zu stellen und diese bei der Sicherung und Durchsetzung ihrer Rechte zu unterstützen.

Rote Karte durch den Betriebsrat

Das Betriebsratsgremium – als Ansprechpartner und Repräsentant der Beschäftigten – hat gegenüber Diskriminierung klar Position zu beziehen. Bei den gewählten Vertreter*innen handelt es sich nicht selten um Kolleg*innen, die einen gewissen Respekt und ein Ansehen in der Belegschaft genießen.
Zudem kann mit der Einschaltung des Betriebsrats als Instanz (nicht der von Vorgesetzten oder der Personalabteilung) glaubhaft gemacht werden, dass es nicht darum geht, Personen »in die Pfanne zu hauen«, sondern für einen Konflikt eine gute betriebliche Lösung zu suchen und zu finden, der die Dimension eines individuellen Problems deutlich übersteigt. Der Betriebsrat bietet Vertraulichkeit abseits von arbeitsrechtlichen Sanktionen und ist zugleich ein offizieller, ernst zu nehmender betrieblicher Akteur mit demokratischem Auftrag (vgl. auch T. Klebe in diesem Band). Dieses Setting gilt es in Fragen der Antidiskriminierung bewusst einzusetzen und klare Kante zu zeigen.

Übersicht Mitbestimmungsrechte
Zunächst eine Übersicht der rechtlichen Anker:

- Umsetzung und Einhaltung des AGG – Anti-Diskriminierung als Querschnittsaufgabe
  - § 17 Absatz 1 AGG i.V.m. den Aufgaben aus dem BetrVG
  - § 17 Absatz 2 AGG i.V.m. § 23 BetrVG: Unterlassen/Handeln des Arbeitgebers bei groben Verstößen ins Gerichtsverfahren bringen
- § 39 BetrVG: Einrichtung von Sprechstunden »Fairer Umgang am Arbeitsplatz«
- § 43 Absatz 2 BetrVG: Gleichstellungsbericht der Arbeitgeberseite einfordern
- § 45 BetrVG: Thema auf die Agenda der Betriebsversammlung setzen
- § 80 Absatz 1 Nr. 1 BetrVG: Einhaltung des BetrVG und AGG überwachen
- § 80 Absatz 1 Nr. 2a/b, 6, 7 BetrVG: Augen auf bei Gruppen, die für Benachteiligung besonders gefährdet sind (Geschlecht, Rassismus, Alter etc., vgl. § 1 AGG)
- § 87 Absatz 1 Nr. 1 BetrVG: Ordnung im Betrieb – Einrichtung und Ausgestaltung der AGG-Beschwerdestelle; Aufstellung eines Beschwerdeverfahrens; Umgang mit Hassrede
- § 87 Absatz 1 Nr. 7 BetrVG: Gesundheitsschutz
- § 75 BetrVG: Betriebsverfassungsrechtliche Diskriminierungsverbote; zugleich: Nichtdiskriminierung als Querschnittsaufgabe zu allen Aufgaben des Betriebsrats
- §§ 84, 85 BetrVG: Beschwerdeverfahren

- § 99 Absatz 2 Nr. 6 BetrVG: Fehlbesetzungen verhindern durch Zustimmungsverweigerungen
- § 104 BetrVG: Entfernung diskriminierender Kolleg*innen und Vorgesetzter

Als Betriebsrat gegen schädigende Kolleg*innen vorgehen
- § 99 Absatz 2 BetrVG
- *»Der Betriebsrat kann die Zustimmung verweigern, wenn*
- *(...) 6. die durch Tatsachen begründete Besorgnis besteht, dass der für die personelle Maßnahme in Aussicht genommene Bewerber oder Arbeitnehmer den Betriebsfrieden durch gesetzwidriges Verhalten oder durch grobe Verletzung der in § 75 Absatz 1 enthaltenen Grundsätze, insbesondere durch rassistische oder fremdenfeindliche Betätigung, stören werde.«*

Der Betriebsrat kann also auch gegen eine Neueinstellungen (Personalmaßnahmen) vorgehen, wenn zum Beispiel von vornherein bekannt ist, dass eine Person rechtsextrem eingestellt ist oder offenkundig zur (Neo-) Nazi-Szene gehört (bekannt etwa aus Medienberichten beziehungsweise aus persönlicher Kenntnis von Betriebsratsmitgliedern, weil sich jemand offen rassistisch geäußert hat etc.). Hinweise können zum Beispiel auch einschlägige Tätowierungen sein, die im Vorstellungsgespräch sichtbar sind.

Die potenzielle Gefahr für den Betriebsfrieden, die aus einer menschenverachtenden Einstellung resultiert, kann als Grund dafür angeführt werden, dass eine solche Person nicht eingestellt wird. Stattdessen sollten andere Bewerber*innen bevorzugt werden, die besser zur Zusammenarbeit mit den Kolleg*innen passen und die betriebliche Gemeinschaft stärken können.

Knifflig ist hierbei, dass es für Personen schwierig werden kann, die in der »rechtsextremen Schublade« stecken, sich von einer solchen Vergangenheit aber distanzieren und einen Neuanfang machen möchten: Gibt es im Einzelfall Anzeichen dafür, dass eine Person sich lösen möchte, sollte sie mit den »Vorkommnissen« konfrontiert werden; es muss ihr daran gelegen sein, Beteiligte des Betriebsrats und/oder der Personalabteilung zu überzeugen. Innerhalb der Anhörungsfrist des § 99 BetrVG ist eine Klärung im Beisein des Betriebsrats nötig, oder er muss die Zustimmung zur Personalmaßnahme verweigern.

Eine begründete Besorgnis reicht

Zu beachten ist der Maßstab, den der Betriebsrat bei der Zustimmungsverweigerung anlegt: er muss eine »durch Tatsachen begründete Besorgnis« haben. Demnach muss nicht feststehen, dass eine konkrete Gefahr von einer Person ausgeht; es dürfen aber nicht nur bloße Gerüchte oder Mutmaßungen zugrunde gelegt werden. Betriebsräte müssen sich auf Tatsachen stützen (können) – wie zum Beispiel eindeutige Tattoos im Vorstellungsgespräch, Internet-Videos mit rassistischen Reden, Twitter-Beiträge mit frauenfeindlichen, rassistischen Äußerungen oder Gewaltfantasien; evident sind auch Tatsachenberichte von Kolleg*innen, die zum Beispiel wissen, dass ein Bewerber im früheren Betrieb gekündigt wurde, weil er Frauen sexuell belästigt hat. Aus diesen Tatsachen kann die Befürchtung folgen, dass von der Person eine Gefahr für den Betriebsfrieden oder gar für Kolleg*innen ausgeht.

Was ist private Meinungsfreiheit, was Hassrede oder Rassismus?

Rassismus ist keine persönliche Meinung, die man respektieren muss, sondern kann rechtlich relevant und strafwürdig sein. Es geht um die Auswirkungen für den Betrieb und Kolleg*innenkreis, wenn jemand mit bekannt rechtsextremen, sexistischen oder rassistischen Ansichten im Betrieb arbeitet. Beispiel: Jemand setzt sich im Betrieb öffentlich für eine Politik ein, die die Deportation von Menschen begrüßt, die »nicht deutsch genug erscheinen«. Was lösen derartige Äußerungen aus, was folgt für das Arbeitsklima, wenn derartige Ausfälle toleriert und nicht nach Recht und Gesetz geahndet werden? Nichtstun und Wegsehen sind in diesem Fall auch als positive Parteinahme und Bestätigung zu werten.
Zur Erinnerung: Das A und O bei einer Zustimmungsverweigerung ist es, auf keinen Fall nur auf den § 99 BetrVG hinzuweisen, sondern umfassend zu beschreiben, wie sich die Situation für Euch darstellt: Warum denkt ihr, dass die Voraussetzungen der Zustimmungsverweigerung vorliegen? Dafür könnt ihr Gerichtsurteile, juristische Fachbücher wie den AGG-Kommentar des Bund-Verlags oder diese Handlungshilfe als Quelle zitieren.

§ 104 BetrVG – Versetzung und Entfernung diskriminierender Kolleg*innen

Kommt es im laufenden Arbeitsverhältnis durch Kolleg*innen oder Vorgesetzte zu Diskriminierungen, hat der Betriebsrat die Möglichkeit, von sich aus personelle Maßnahmen zu initiieren. Gegenüber Einzelpersonen kann der Betriebsrat noch schärfere Zähne zeigen: § 104 BetrVG sieht vor, dass der Betriebsrat – notfalls über ein gerichtliches Verfahren – Versetzungen oder gar Kündigungen erzwingen kann! In § 104 BetrVG heißt es:

»Entfernung betriebsstörender Arbeitnehmer
Hat ein Arbeitnehmer durch gesetzwidriges Verhalten oder durch grobe Verletzung der in § 75 Absatz 1 enthaltenen Grundsätze, insbesondere durch rassistische oder fremdenfeindliche Betätigungen, den Betriebsfrieden wiederholt ernstlich gestört, so kann der Betriebsrat vom Arbeitgeber die Entlassung oder Versetzung verlangen. Gibt das Arbeitsgericht einem Antrag des Betriebsrats statt, dem Arbeitgeber aufzugeben, die Entlassung oder Versetzung durchzuführen, und führt der Arbeitgeber die Entlassung oder Versetzung einer rechtskräftigen gerichtlichen Entscheidung zuwider nicht durch, so ist auf Antrag des Betriebsrats vom Arbeitsgericht zu erkennen, dass er zur Vornahme der Entlassung oder Versetzung durch Zwangsgeld anzuhalten sei. Das Höchstmaß des Zwangsgeldes beträgt für jeden Tag der Zuwiderhandlung 250 Euro.«

Die Voraussetzungen sind in einem Beschlussverfahren nach § 104 Satz 2 BetrVG zu prüfen. Es spielt nach dem Gesetzeswortlaut keine Rolle, ob Beschäftigte den allgemeinen Kündigungsschutz nach § 1 Kündigungsschutzgesetz (KSchG) genießen oder ob sie ordentlich unkündbar sind.[2] Die Norm begründet vielmehr unter den genannten Voraussetzungen einen eigenen betriebsverfassungsrechtlichen Anspruch des Betriebsrats gegen den Arbeitgeber auf Entlassung oder Versetzung von Beschäftigten, die andere schädigen.

Eskalationsstufen einhalten

Voranzuschalten ist in fast jedem Fall eine Kaskade von vorgelagerten milderen Versuchen, die Diskriminierungen abzustellen: wie etwa durch Gespräche oder durch das Anregen von Maßnahmen nach § 12 Absatz 3 AGG (wie Abmahnungen und Versetzungen der Person, von der Diskriminierungen oder Hassreden ausgehen).
Zeigt sich die schädigende Person uneinsichtig und unverbesserlich, kann der Betriebsrat über ein Beschlussverfahren vor dem Arbeitsgericht die Arbeitgeberseite zwingen, die schädigende Person auf einen »unschädli-

2 BAG, Urteil vom 28. 3. 2017 – 2 AZR 551/16.

chen« Posten zu versetzen, zum Beispiel ohne jegliche Vorgesetzten- oder Anleiterfunktion.
Vor dem Gerichtsverfahren sollte man die Geschäftsleitung mit einer verbindlich gesetzten Frist dazu auffordern, dies von sich aus ohne gerichtliche Verpflichtung zu tun; im entsprechenden Schreiben des Betriebsrats an den Arbeitgeber sollte bereits ausführlich darlegt werden, wann was genau vorgefallen ist und weshalb die Voraussetzungen des § 104 BetrVG erreicht sind.
Gibt das Gericht dem Betriebsrat schließlich recht, ist dieser Gerichtsbeschluss übrigens ein Grund für die betriebsbedingte Kündigung durch den Arbeitgeber: Eine Weiterbeschäftigung ist unmöglich geworden.

Wichtig: Nachweis der Störungen

Der Erfolg dieses Verfahrens hängt davon ab, ob die wiederholte Störung des Betriebsfriedens nachweisbar ist. Deshalb sollten über einen gewissen Zeitraum Diskriminierungen dokumentiert und potenzielle Zeug*innen notiert werden. Zudem sind die Auswirkungen für direkt betroffene Personen und für das (erweiterte) Arbeitsumfeld festzuhalten. Für eine solche Dokumentation gibt es keine festen Vorgaben. Man könnte die Punkte ausführlich im Protokoll der Betriebsratssitzung aufnehmen, auf der die Störungen besprochen werden. Wichtig ist, dass Vorfälle im Nachhinein rekonstruiert werden können und bei Bedarf »gerichtsfest« darzustellen sind.
Hinweis: Viele Personen meinen, sich auch mit diskriminierenden, rechtsextremen, rassistischen oder sexistischen Aussagen auf die Meinungsfreiheit berufen zu können. Das Grundrecht der Meinungsfreiheit reicht jedoch wie andere Rechte auch nur so weit, bis es die Rechte anderer oder gesetzliche Grenzen berührt. Die Meinungsfreiheit erlaubt nicht, Verbotenes zu tun: etwa Diskriminierungen, Beleidigungen oder gar Volksverhetzung.
Aber auch unterhalb der hohen Hürden des Strafrechts gibt es Verbote am Arbeitsplatz, die der Meinungsfreiheit Grenzen setzen. Hass und Hetze gegen Menschengruppen sind keine bloße Meinung. Am Arbeitsplatz müssen sich weder der Arbeitgeber, noch einzelne Personen, noch Betriebsräte (als Schutzinstanz der Belegschaft, vgl. § 75 BetrVG) Hass und Hetze bieten lassen. Das ergibt sich aus § 75 BetrVG und aus dem Benachteiligungsverbot des § 7 AGG, die vor diskriminierenden abwertenden, feindseligen Sprüchen schützen. Verstoßen Betriebsangehörige – egal ob Kolleg*innen oder Vorgesetzte – dagegen, müssen die Geschäftsführung beziehungsweise Vorgesetzte nach § 12 Absatz 3 AGG einschreiten. Mei-

nungsfreiheit ist kein Freifahrtschein (vgl. hierzu auch den Beitrag von S. Jakobs in diesem Band). Dazu existiert inzwischen auch diskriminierungssensible Rechtsprechung.

Rechtsprechung

BAG: Kündigung wegen Hassreden in einer Chatgruppe

Das BAG (Urteil vom 24.8.2023 – 2 AZR 17/23) hatte über einen Fall zu entscheiden, bei dem es um Äußerungen in einer privaten Chatgruppe von sieben Mitgliedern ging: Darin hatten sich die Beteiligten in stark beleidigender, rassistischer, sexistischer und zu Gewalt aufstachelnder Weise über Vorgesetzte und andere Kollegen*innen ausgelassen. Gerichtlich war zu entscheiden: Wann sind Rassismus, Antisemitismus und Menschenfeindlichkeit einer Gruppe Beschäftigter in Bezug auf Arbeitnehmer*innen desselben Arbeitgebers als rein privat geschützt? Wann besteht eine berechtigte Vertraulichkeitserwartung für die Kommunikation in einer privaten Chatgruppe?

Natürlich ist der Schutz privater Kommunikation Beschäftigter vor dem Arbeitgeber und damit der Schutz von Persönlichkeitsrechten ein hohes Gut. Seine Weltanschauung darf jeder im Betrieb äußern, aber Kolleg*innen rassistisch oder fremdenfeindlich beleidigen, ist eine Verletzung der arbeitsvertraglichen Pflichten, die der Arbeitgeber zur Begründung einer verhaltensbedingten Kündigung des Arbeitsverhältnisses verwenden darf.

Das BAG sagte hierzu: »Allein der Umstand, dass die Äußerungen in einer privaten Chatgruppe gefallen sind, führt nicht dazu, ihnen von vornherein eine Vertragspflichtverletzung abzusprechen, da sie auf Vorgesetzte und Kollegen und damit auf betriebliche Umstände bezogen sind.«

Eine »Vertraulichkeitserwartung« ist demnach nicht ohne Weiteres bei allen Gesprächssituationen unter Kolleg*innen gleichermaßen gegeben. Zu berücksichtigen sind unter anderem die Anzahl und personelle Zusammensetzung der Beschäftigten, die an dem Austausch teilnehmen, zudem der jeweilige Inhalt. Eine berechtigte Vertraulichkeitserwartung könne allenfalls in besonders engen Lebenskreisen bestehen.

Hate Speech, Hassrede im Netz – und dazu gehört auch WhatsApp – können Rassismus befeuern. Die Vorstellung, eine Gruppe von sieben Personen könnte sich gegenseitig menschenverachtend, antisemitisch und rassistisch im Hinblick auf Kolleg*innen aufstacheln und das als rein

privaten Austausch betrachten, als die Persönlichkeitsrechte schützenden Raum, wäre vor dem Hintergrund der gesellschaftlichen und rechtspolitischen Debatten zu Hass im Netz geradezu naiv. Hassbotschaften können zu Taten werden.
Schaut ein Arbeitgeber konsequent weg, obwohl § 12 Absatz 3 AGG aufgrund fremdenfeindlicher Diskriminierungen das Ergreifen geeigneter Maßnahmen verlangt, ermöglicht § 17 Absatz 2 AGG es nun auch den im Betrieb vertretenen Gewerkschaften, auf Kündigungen rassistisch agierender Beschäftigter hinzuwirken, falls der Betriebsrat von seinem Recht aus § 104 BetrVG keinen Gebrauch macht.

Vorgehen des Betriebsrats in Einzelfällen

Der Betriebsrat sollte sich für die Herausforderungen durch Hassrede und Diskriminierung wappnen und sich mit dem Arbeitgeber abstimmen; im Rahmen seiner Arbeit sollte er mit den von verbalen Übergriffen betroffenen Mitarbeiter*innen einen transparenten Umgang pflegen. Dazu gehört, dass er den Rechtsrahmen absteckt und darlegt, welche Maßnahmen er ergreifen kann; er sollte auch verdeutlichen, bei welchen Schwierigkeiten und Problemen er keine Abhilfe leisten kann.
Von Übergriffen betroffene Personen müssen selbst entscheiden, ob sie rechtlich gegen Dritte vorgehen möchten. Der Betriebsrat kann unterstützen, indem er zum Beispiel an fachkundige Stellen weitervermittelt und auf die engen Fristen für Schmerzensgeldansprüche gemäß AGG (zwei Monate) oder Tarifvertrag (meist sechs Monate) hinweist. In vielen Fällen können Betroffene eine fundierte Entscheidung erst treffen, wenn sie zusätzlich (Rechts-)Beratung der Gewerkschaft in Anspruch nehmen. Zusammen mit dem Betriebsrat kann die betroffene Person auch betriebsintern durch ein AGG-Beschwerdeverfahren oder durch eine Beschwerde nach den §§ 83, 84 BetrVG vorgehen.

Fairer Umgang als Thema auf der Betriebsversammlung

Aus § 75 BetrVG und § 17 AGG folgt, dass der Betriebsrat zum Thema Diskriminierung alle seine Handlungsmöglichkeiten ausschöpfen kann. Er kann Vielfalt und Fairness auch zum Schwerpunktthema einer Betriebsversammlung machen oder als wiederkehrenden Tagesordnungspunkt bei mehreren Betriebsversammlungen thematisieren.

Betroffen sind einzelne, gemeint sind wir Alle

Es darf keine Option sein, Betroffene nicht zu unterstützen, sie im Stich zu lassen! Zum einen sollten sich die Opfer verbaler, diskriminierender Übergriffe nicht allein fühlen; zum anderen vergiftet jede Art der Diskriminierung oder verbaler Entgleisung das Betriebsklima. Wird es zur Gewohnheit, dass Menschen abgewertet oder diffamiert werden, dass sich die Stärkeren, Rücksichtsloseren oder Lauteren durchsetzen, entfacht das unter Umständen eine negative Dynamik, vor der letztlich niemand mehr sicher ist. Die Kolleg*innen stumpfen ab.
Deshalb ist es wichtig, dass jede Art der (verbalen) Entgleisung oder Übergriffe unmittelbar deutlich missbilligt werden. Solidarität mit den betroffenen Personen ist ein wichtiges Signal, um ein diskriminierungsfreies Arbeitsklima zu erreichen. Unmittelbar in Gesprächen oder Auseinandersetzungen ist denjenigen symbolisch die Rote Karte zu zeigen, die sich unsolidarisch und rechtswidrig verhalten: Stopp! Bis hierhin und nicht weiter.

Arbeitsgruppe oder Ausschuss gründen

Die betriebliche Förderung von Fairness und Diskriminierungsschutz sind anspruchsvolle Themen, die umfassendes Wissen, kommunikative Kompetenzen und Rechtssicherheit erfordern. Dafür sollten sich (mehrere) Betriebsratsmitglieder weiterbilden. Eine Spezialisierung macht Sinn. So kann etwa ein Gleichstellungsausschuss gebildet werden. Die Möglichkeit räumt § 28 BetrVG den Gremien in Betrieben mit mehr als 100 Beschäftigten ein. Ist ein Betriebsausschuss gebildet, können ihm Aufgaben auch zur selbstständigen Erledigung übertragen werden.
Der Betriebsrat muss einen ordentlichen Beschluss zur Einrichtung des (Gleichstellungs-)Ausschusses fassen und die Mitglieder aus den Reihen des Betriebsrats in geheimer Wahl wählen. Die Zusammensetzung soll-

te möglichst verschiedene Perspektiven vereinen. Sind jene Gruppen nicht repräsentiert, die besonders Gefahr laufen, im Betrieb Diskriminierungserfahrungen zu machen, besteht die Chance, deren Perspektiven über Umwege einzubringen: Der Ausschuss kann sie als sachverständige Arbeitnehmer*innen über § 80 Absatz 2 BetrVG einladen. Er kann auch Betriebsratssprechstunden zum Thema »Faires Miteinander« einrichten und dafür intensiv um Teilnahme dieser Gruppen werben. Natürlich besteht auch die Möglichkeit einer Betriebsbegehung, um den direkten Kontakt mit den Beschäftigten zu suchen.
Gibt es im Betrieb weniger als 100 Beschäftigte, verbleibt die Zuständigkeit für die Themen Gleichbehandlung und Antidiskriminierung beim Gesamtgremium, in dem sich aber selbstverständlich trotzdem eine Person für das Handlungsfeld spezialisieren kann: durch den Besuch entsprechender Seminare und durch die Entlastung von anderen Themen. Auch eine betriebliche Arbeitsgruppe kann unter Umständen gebildet werden; die stundeweise Freistellung von Freiwilligen ist mit dem Arbeitgeber abzustimmen.

Vielfalt und Antidiskriminierung: Es besteht Handlungsbedarf!

Es ist ein grundsätzliches Problem, dass konkrete Diskriminierungen oft zu Einzelfällen erklärt werden, obwohl die Probleme tiefer gehen. Neben sogenannten Einzeltäter*innen gibt es oft ein Umfeld, das verbale Attacken, diskriminierende und antidemokratische Taten begünstigt oder durch Nichtstun unterstützt. Ein selbstkritischer Umgang der Betriebsratsmitglieder und der Gremien mit dem Thema ist nötig, um Vielfalt, Antidiskriminierung und Demokratie wirksam fördern zu können.
Teils stößt das Thema Antidiskriminierung auf Abwehrreflexe, da die Auseinandersetzung damit unbequem ist und Konfrontation erfordern kann. Am Arbeitsplatz ist die Reaktion daher sehr oft, in Deckung zu gehen: nichts sehen, nichts hören, nichts sagen. Verhalten sich die Gremien bei Entgleisungen passiv, vernachlässigen sie ihre Verantwortung, am Arbeitsplatz für sichere, gute – zumindest rechtskonforme – Arbeitsbedingungen zu sorgen. Diskriminierte Kolleg*innen stehen unter Umständen allein da.
Aus Arbeitgeberperspektive wird das Thema zu häufig als »Haftungsfalle« oder als Gefahr für einen Imageschäden betrachtet. Es wird versucht,

Einzelfälle klein zu halten; teils werden Führungskräfte gezielt darin geschult, was sie nicht dürfen und diskriminierendes Verhalten verhindern. Dabei besteht – neben den gesetzlichen Handlungspflichten für Arbeitgeber – auch ein Eigeninteresse, gegen Diskriminierung präventiv tätig zu werden: Faktoren sind etwa der Fachkräftemangel, die Mitarbeiterzufriedenheit, die Atmosphäre am Arbeitsplatz, das Eindämmen von Krankentagen sowie die Motivation und Produktivität vielfältiger Belegschaften.
Klar ist: Ein Unternehmen, das sich mit konkreten Schritten gegen Rassismus und Diskriminierung positioniert, schützt die betroffenen Kolleg*innen. Unternehmen profitieren von der strukturellen Bearbeitung des Themas. Sie haben die Chance, ein modernes, offenes und inklusives Betriebsklima zu gestalten, dessen Vorteile tief in die Unternehmensstruktur hineinwirken können.
Dabei ist nicht zu verkennen: Der Fortschritt ist eine Schnecke. Diskriminierungen haben sich jahrhundertelang in unser Sozialgefüge eingegraben. Sie zu überwinden und umzulernen dauert, das ist kein Sprint, sondern ein Marathon. Trotzdem lohnt es sich, engagiert gegen Benachteiligung vorzugehen, passives Verhalten verschärft die Probleme.

Sabine Reimann
Wissenschaftliche Mitarbeiterin der Hochschule Düsseldorf, Forschungsschwerpunkt Rechtsextremismus/Neonazismus. Sie ist am Erinnerungsort Alter Schlachthof in Forschung, Lehre und in der historisch-politischen Bildung tätig.

Online-Radikalisierung stoppen: Wie soziale Medien die extreme Rechte fördern und was man dagegen tun kann

Darum geht es in diesem Beitrag

Soziale Medien spielen eine entscheidende Rolle bei der Verbreitung menschenverachtender Ideologien und der Stärkung der extremen Rechten. Die Plattformen bieten eine Bühne für Hassrede und Radikalisierung. Doch es gibt Wege, dem entgegenzuwirken: fundiertes Informieren, kritisches Hinterfragen und aktives Vorgehen gegen Hassreden.

»Nur die AfD kann Deutschland retten«, postete Elon Musk im Dezember 2024 auf seiner Plattform X. Der mit dem Hitlergruß grüßende Tech-Milliardär, lange an der Seite von Donald Trump, unterstützt weltweit extrem rechte Parteien und Bewegungen. Er nutzt dafür seine extreme Reichweite in den sozialen Medien, die er selbst besitzt.
Mit diesem kurzen Post bediente er ein typisches Grundmuster rechtspopulistischer Kommunikation und transportierte indirekt die Botschaft: Wer gerettet werden muss, schwebt natürlich in Gefahr. Vor wem oder vor was das Land zu retten sei, ließ er offen. Sehr bewusst soll ein diffuses Gefühl von Bedrohung und Unsicherheit, von einer bevorstehenden Katastrophe erzeugt werden, um dann ausgerechnet eine rechtsextreme Partei quasi »alternativlos« zum Retter zu erklären.
Wenig später gab Musk der AfD-»Kanzlerkandidatin« Alice Weidel in seinem Livestream im Rahmen eines ebenso unkritischen wie belanglosen Gesprächs eine Bühne für den deutschen AfD-Wahlkampf. Dem Parteitag der AfD im Januar 2025 in der sächsischen Kleinstadt Riesa, der von Tausenden Gegendemonstrant*innen stundenlang blockiert werden konnte, verhalf Elon Musk durch eine Live-Übertragung zu einem Millionenpublikum.

Gut zu Wissen
»*Soziale Medien*« sind digitale Kommunikationskanäle, die Nutzer*innen zur Vernetzung dienen. Zu ihnen zählen unter anderem Plattformen wie X, YouTube, Instagram und TikTok, Blogs und Messenger wie WhatsApp, Snapchat oder Telegram. Kommunikationsmittel sind Text, Bild, Audio oder Video. User können selbst Content (Inhalte) generieren, womit sich das Web 2.0 vom Sender-Empfänger-Modell der traditionellen Massenmedien unterscheidet. Weltweit nutzen über fünf Milliarden Menschen soziale Medien, Tendenz steigend.

Das Beispiel der Liaison zwischen Musk – mit seiner Plattform X – und AfD zeigt, dass die sozialen Medien weltweit ein relevantes Agitations- und Mobilisierungsfeld für die extreme Rechte sind.
Unter »extrem rechts« werden hier als Sammelbegriff auch deutschnationale, rechtsradikale und (neo-)faschistische Einstellungen, Verhaltensweisen, Aktionen und Akteur*innen verstanden, egal ob sie organisiert auftreten oder (erkennbar nur) als Einzelpersonen; es geht um Personen, die bestimmte Ideologien vertreten, die auf völkisch-nationalistischer Grundlage von einer (naturgegebenen) Ungleichheit der Menschen ausgehen, menschenrechtsbasierte Werte, Pluralität und liberale Demokratie ablehnen und stattdessen autoritäre, hierarchische und homogene Gesellschaftsformierungen anstreben.
Wer nach Erklärungen für den aktuellen Erfolg extrem rechter Kräfte auf der parlamentarischen, aber auch auf der diskursiven Ebene in Deutschland sucht, sollte die sozialen Medien als wichtigen Faktor berücksichtigen. Extrem rechte Akteur*innen haben YouTube, X, TikTok, Telegram und Co. längst für sich entdeckt beziehungsweise im Fokus. Dort betreiben sie eine ebenso engagierte wie professionelle Medienarbeit, um ihre Anhängerschaft zu mobilisieren und zu vergrößern.
Alice Weidel formulierte bereits 2018 den Wunsch, dass »die Deutschen irgendwann AfD und nicht ARD schauen« (NZZ 2018). Ihre Redezeiten im Deutschen Bundestag und ihre Auftritte in Talk-Shows nutzen AfD-Mitglieder gezielt dazu, um social-media-taugliche Bewegtbildinhalte für Postings zu produzieren. Um konstruktive Beiträge geht es ihnen nicht; sie richten sich weniger an ihr direktes Gegenüber, sondern nutzen die Bühne für eine zugespitzte digitale Inszenierung. Wahlkampfveranstaltungen und Aktivitäten auf der Straße werden oft gestreamt, mindestens zeitnah im Netz dokumentiert – eine sogenannte crossmediale Strategie, in der die Grenze zwischen online und offline verschwimmt.

Starke Reichweite und Interaktion auf Social-Media-Plattformen

Eine Analyse des ZDF und des Politikwissenschaftlers Johannes Hillje zeigte auf, dass die AfD im Jahr 2024 alle anderen demokratischen Parteien in Bezug auf Reichweite und Interaktion auf den wichtigen Plattformen weit hinter sich ließ. Der hohe Bekanntheitsgrad und die Dauerpräsenz der AfD im Netz dürfte das Wahlverhalten vor allem von jungen Menschen beeinflusst haben, deren Zustimmung zur AfD deutlich gestiegen ist: sowohl bei der Europawahl 2024 als auch bei der vorgezogenen Bundestagswahl 2025.

Im Vergleich zu 2021 legte die AfD bei den Erstwähler*innen um 13 Punkte auf 19 Prozent zu, die beliebteste Partei unter den jüngsten Wählenden wurde sie wider Erwarten aber nicht: Diesen Platz nahm mit 26 Prozent Die Linke ein. Ersten Einschätzungen zufolge nicht nur, aber auch aufgrund einer gelungenen Social-Media-Kampagne gerade in den entscheidenden letzten sechs Wochen des Wahlkampfs. 93 Prozent der Kinder und Jugendlichen ab zehn Jahren nutzen täglich soziale Netzwerke, sind dort rund 1,5 Stunden pro Tag aktiv (ZDF heute 2024).

Mit diesem Wissen agiert bewusst auch die extreme Rechte. Als »ein Fenster in deren Gehirn, wo man dann rein senden kann« (Kanal Schnellroda), bezeichnete der rechte Influencer Erik Ahrens diese 90 Minuten Social-Media beim Vortrag auf einem Treffens des »neurechten« Instituts für Staatspolitik. Er gilt als verantwortlich für die aktuellen Social-Media-Strategien der AfD.

Auf derselben Veranstaltung referierte der Rechtsextremist Martin Sellner über »Tik-Tok-Patriotismus« (ebd.); er war unter anderem durch seine Teilnahme an dem sogenannten »Geheimtreffen in Potsdam« bekannt geworden, wo massenhaftes Abschieben von Menschen mit Migrationshintergrund ein wesentliches Thema war. Als Zielgruppe sind nicht nur junge Menschen relevant, denn auch bei älteren Erwachsenen steigt die Social-Media-Nutzung und ist bereits beachtlich: So sind etwa 40 Prozent der Babyboomer in sozialen Medien unterwegs, ein- bis dreimal täglich (Capterra 2023).

Eine Studie der Otto-Brenner-Stiftung relativiert das Bild der »Social-Media-Partei AfD« allerdings ein Stück weit (OBS-Arbeitspapier 73, 2024). Die Autoren analysierten die digitalen Landtagswahlkämpfe der AfD in Brandenburg, Thüringen und Sachsen im Jahr 2024. Dabei stellten sie starke regionale Unterschiede fest: Die Landesverbände hatten unterschiedlich viel Zeit und Geld in digitale Wahlkampfaktivitäten investiert.

Des Weiteren sei die Nutzung der sozialen Medien weit weniger souverän als oft angenommen, die AfD punkte vor allem durch die »Unsichtbarkeit anderer Parteien« (OBS 2024). Eine sehr wichtige Rolle für die AfD spiele aber ihr politisches Vorfeld in den sozialen Medien, also die Unterstützung durch rechte Influencer*innen wie zum Beispiel durch die 24-jährige Naomi Seibt, die vor allem eine Binnenwirkung innerhalb der rechten Community erziele. Es sei aber zu bedenken, dass die Interaktion mit reichweitenstarken, nicht rechten Medien der AfD dazu verhelfe, darüber hinaus Aufmerksamkeit zu erzielen.

Digitaler Hass mobilisiert, radikalisiert, enthemmt für reale Gewalt

Rechte Ansprachen in sozialen Medien kommen von allen Gruppierungen und Akteur*innen, die das breite Spektrum der extremen Rechten zu bieten hat. Dazu gehören unter anderem frauenhassende »Incels«, NS-verherrlichende Gaming Communities, rechte Rapper*innen, neonazistische Wander- und Kampfsportgruppen, pöbelnde Kommentarspalten-Rassist*innen und neurechte Theoretiker*innen. Inhaltlich findet sich die gesamte Bandbreite menschenverachtender Ideologien: antisemitische Verschwörungserzählungen, antimuslimischer Rassismus, queerfeindliche und antifeministische Hetze, sozialdarwinistische Abwertung von Menschen(-Gruppen), Geschichtsrevisionismus etc.

> **Gut zu Wissen**
> Das Wort »*Incel*« ist eine Neuschöpfung aus Abkürzungen für die englischen Begriffe »*involuntary*« und »*celibate men*«. Incel steht für Männer, die »unfreiwillig« im Zölibat leben, die also keinen Sex haben. Sie organisieren sich im Internet, bestätigen gegenseitig ihre Weltsicht in Foren, tauschen Videos und Gewaltfantasien miteinander aus. Dreh und Angelpunkt ist ihr Hass gegen Frauen. Quelle: *https://www.fes.de/wissen/gender-glossar/incel*

Gewaltvolle Kommunikation und Hassreden von extremen Rechten im digitalen Raum haben reale Konsequenzen, wirken mobilisierend und radikalisierend. Der Zusammenhang zwischen rechter Hetze, brutalisierender Sprache und der Ausübung von rechter Gewalt ist nachgewiesen und mündet schlimmstenfalls im rechten Terror.

Als der CDU-Politiker und Regierungspräsident (Bezirk Kassel) Walter Lübcke auf einer Gemeindeversammlung für die Aufnahme von Geflüchteten einstand und pöbelnde Rechtsextreme sowie PEGIDA-Anhänger*innen in die Schranken wies, ging das Video unter Rechten viral; Lübcke erhielt massenhaft Hasskommentare und Morddrohungen. Einer der Aufgebrachten machte die Drohungen wahr und erschoss Walter Lübcke im Sommer 2019 auf seiner Terrasse in Nordhessen. Auch weiteren rechten Gewalttäter*innen dienten die sozialen Medien als digitaler Resonanzraum. Die rechtsterroristischen Anschläge im neuseeländischen Christchurch und in Halle wurden live im Netz gestreamt und kommentiert, die Täter waren in gewaltverherrlichenden, rassistischen Online-Subkulturen unterwegs.

Gewalt des digitalen Mobs – eine Vorstufe zur Organisation

Es geht nicht immer um die Vorbereitung und Dokumentation eines rechten Terrorakts, doch die Folgen für Betroffene sind massiv, wenn Rechtsextreme und Neonazis im Netz mobil machen, wenn sie Menschen und ihre Familien bedrohen und beleidigen. Auch wenn viele rechte Accounts individuell getragen, die Sache von Einzelpersonen sind, die ihre »persönliche Agenda« verfolgen, organisiert sich die Agitation von Fall zu Fall als digitaler Mob, der spontan und informell zusammenfindet.
Die Akteure greifen zu Methoden wie Doxing, Trolling oder Shitstorms. Digitale Hassattacken sind psychische Gewalt und können reale Folgen für die Angegriffenen haben: Angstzustände, Ess- und Schlafstörungen, Suizidgedanken. Die Konsequenzen haben eine gesellschaftspolitische Dimension: Betroffene ziehen sich angesichts von Beleidigungen, Mord- oder Vergewaltigungsandrohungen aus dem öffentlichen Leben oder dem Diskurs im Netz zurück.
Dieser Rückzug hat fatale Folgen für die Meinungsvielfalt, wie eine Studie zeigt: Mehr als die Hälfte aller Befragten gab an, sich aus Angst vor den Konsequenzen seltener im Internet zur eigenen politischen Meinung (57 Prozent) zu bekennen, sich seltener an Diskussionen (55 Prozent) zu beteiligen und Beiträge bewusst vorsichtiger zu formulieren (53 Prozent).[1]

1 Quelle: Kompetenznetzwerk gegen Hass im Netz, 2023.

> **Gut zu Wissen**
> *»Doxing«:* Dabei handelt es sich um unautorisiertes Veröffentlichen personenbezogener Daten im Internet mit dem Ziel, der Person zu schaden, sie bloßzustellen oder einzuschüchtern, etwa wenn Neonazis Fotos der Kinder einer Person im Netz posten, die sich gegen rechts engagiert.
> *»Trolling«:* Absichtliches stören, provozieren, »zündeln« in Online-Diskussionen.

Soziale Medien als Verstärker rechtspopulistischer Kommunikation

Digitale rechte Aktivitäten sind also potenziell erfolgversprechend – bis hin zu (allgemein und individuell) bedrohlich, weshalb die extreme Rechte viel Zeit und Geld darauf verwendet, in den sozialen Medien professionell präsent zu sein. Die gezielte Nutzung von Massenmedien zu Propagandazwecken durch rechte Kräfte ist kein neues Phänomen.

Schon bei der historischen Betrachtung der Strategien und Taktiken faschistischer Bewegungen im 20. Jahrhundert wird deutlich, dass diese in der Bewegungs- und Konsolidierungsphase auf Propaganda und Hetze setzten. Erinnert sei hier an die Bedeutung sorgfältig inszenierter Großveranstaltungen der italienischen Faschisten oder des Volksempfängers für die NSDAP.

Die Funktionsweisen der modernen sozialen Medien spielen Neofaschist*innen, gerade den populistisch agierenden, in die Hände. Sie können, wie Holger Marcks und Maik Fielitz es erläutern, als »Motor« der extremen Rechten verstanden werden (Fielitz/Marcks 2020). Die Mechanismen von Social-Media kommen rechtspopulistischen Kommunikationsstrategien entgegen.

Hierbei spielt Emotionalisierung eine zentrale Rolle. Politische Themen werden nicht sachlich und rational angesprochen, sondern affektiv und gefühlsbetont. Formulierungen, Bildmaterial und Sound werden gezielt so ausgewählt und verwendet, dass negative Emotionen wie Angst, Frustration, Wut, Neid oder Hass aktiviert werden. Mittel wie Dramatisierung, Übertreibung, Provokation und Skandalisierung sind von den Titelseiten des Boulevards bekannt, die extreme Rechte nutzt diese Methoden für ihre Inhalte.

Bei der Meinungsbildung zu Sachthemen suggerieren rechte Populist*innen, dass es für größere politische Probleme (nur) einfache und eindeutige, wenn auch radikale Lösungen gebe. Polarisierung des Diskurses ist

dazu die notwendige Voraussetzung, also eine argumentative Schwarz-Weiß-Malerei, die Verstärkung von Freund-Feind-Bildern und die Zuspitzung zu einer vermeintlich ausweglosen Lage, in der man sich nur für ein »dafür« oder für ein »dagegen« entscheiden könne. Diese Dynamik passt zu den Nutzungsentscheidungen, die Social-Media-User*innen ständig treffen: teilen oder nicht teilen, liken oder nicht, folgen oder entfolgen. Komplexe und rationale Inhalte sind in den sozialen Medien schwerer zu vermitteln oder »zu erzählen«.
Aktuell entscheiden User*innen in den ersten drei Sekunden, ob sie innehalten, um sich ein Video anzuschauen oder weiter scrollen, weshalb laute und plakative Einstiege Erfolg versprechen. Zusätzlich beeinflussen Algorithmen, personalisiertes Marketing und bezahlte Accounts, wie häufig wem welcher Content vorgeschlagen wird. Interessen und Meinungen werden potenziert, weil ständig ähnliche Inhalte angeboten werden. Dass ein kontroverser, gegenläufiger Inhalt vorgeschlagen und im Feed angezeigt wird, ist unwahrscheinlicher – ein Phänomen das unter den Begriffen Filterblase oder Echokammer bekannt ist.

Emotionalisierung, Polarisierung, Enthemmung: Vermeintlich einfache Antworten für komplexe Probleme

Neben Emotionalisierung, Polarisierung und Komplexitätsreduktion (Vereinfachung) gehört die Delegitimierung (das Nicht-Anerkennen) der »etablierten« Medien und ihre Diffamierung als »Lügenpresse« oder »Systemmedien« zum Standardrepertoire des rechten Populismus. Stattdessen werden die eigenen Kanäle für Desinformationskampagnen genutzt.
Gatekeeper, die wie klassische Medien Quellen nach journalistischen Standards prüfen, einen Fakten-Check durchführen oder Transparenz durch Kennzeichnung herstellen, ob es sich um eine Nachricht oder einen Meinungskommentar handelt, existieren in den sozialen Medien nicht.
Jede*r User*in kann Inhalte generieren und verbreiten, auch Fake News und »alternative Wahrheiten«, die sich dann innerhalb rechter Netzwerke verteilen, verbreiten und gegenseitig bestätigen. Dass man »den Medien« gar nichts mehr glauben könne, ist ein weitverbreitetes Narrativ nicht nur unter extrem Rechten.

Insgesamt trägt die Art und Weise, wie im Netz kommuniziert wird, dazu bei, Sprache zu verschärfen und zu verrohen und damit auch die politische Kultur zu beschädigen. Es ist nachgewiesen, wie sehr sich rechte Rhetorik normalisiert, von der extremen Rechten geprägte Begriffe und Erzählungen von der sogenannten Mitte zunehmend aufgegriffen und übernommen werden. Die gemeinsame Abstimmung der CDU mit der AfD beim Thema Migration (verhindern, eindämmen, abschieben etc.) vor den vorgezogenen Neuwahlen im Januar 2025 hat gezeigt: Eine Diskursverschiebung nach rechts schlägt sich auch im politischen Handeln im Deutschen Bundestag nieder.

7 Praxistipps – für eine starke digitale Zivilgesellschaft!

Das Agieren extremer Rechter im Netz ist ein Versuch, digitale Räume zu besetzten, weshalb wir auch in den sozialen Medien als digitale Zivilgesellschaft herausgefordert sind. Wie können wir in den sozialen Medien antifaschistisch handeln? Wie können wir populistisch-rechten Narrativen und rechtsextremer Agitationen entgegentreten, stattdessen emanzipatorische Werte wie Solidarität, Antirassismus und soziale Gerechtigkeit auf die Tagesordnung setzen?

1. Hast du ein offenes Auge für rechte Ansprachen?

Gut informiert und sensibilisiert zu sein, ist die erste Voraussetzung, um rechte Ansprachen erkennen und benennen zu können. Wenn du etwas eindeutig als extrem rechts einordnen und deine Aussage begründen kannst, kann der Fall nicht mehr verharmlost oder entpolitisiert werden. Allen wird klar: Jetzt muss gehandelt werden. Also:

- Welche Accounts, Kanäle und Influencer der extremen Rechten sind gerade relevant?
- An welchen Symbolen und Codes lassen sich extreme Rechte schnell erkennen?
- Was sind ihre typischen Strategien und Tricks?
- Welche Trends und Communities bilden Einfallstore für Neonazi-Propaganda?

Halte dich zu diesen Fragen auf dem Laufenden und teile dein Wissen mit anderen. Folge hilfreichen Accounts, verlinke sie in deinen Stories und Feeds. Die App »swipeaway« etwa hilft, menschenfeindliche Erzählungen auf Social-Media-Plattformen zu erkennen und einzuordnen. Besuche (online) Fortbildungen, gewerkschaftliche Seminare und lade Referent*innen zu Workshops ein. Schlag deinem Team, deinem Betrieb oder deiner gewerkschaftlichen Gruppe vor, sich gemeinsam zum Thema Social Media und extremer Rechte zu qualifizieren.

2. Wie ist es um deine Medienkompetenz bestellt?

Keine Sorge: Du musst dich nicht bei jedem Dienst von TikTok bis Twitch anmelden, vor allem, wenn er dir nicht attraktiv erscheint. Jede Person nutzt das Internet und Social-Media individuell, jede Generation hat ihre Plattformen und ihren eigenen Stil, die für die politische Kommunikation relevant. Wie immer geht es darum, sich dort zu engagieren und Zivilcourage zu zeigen, wo man ohnehin unterwegs ist, sich wohlfühlt und auskennt. Gleichzeitig kann es aber auch Spaß machen, sich online auf Neues einzulassen. Unabhängig von der Wahl der digitalen Plattform stellen sich dieselben Fragen:

- Wie erkenne ich Desinformation?
- Wie kann ich Meldungen auf ihren Wahrheitsgehalt hin prüfen?
- Wie vermeide ich es, selbst zum Multiplikator von Fake News zu werden?

Tipps dazu gibt es viele im Netz, unter anderem auf *www.digitalcheck.nrw* oder im Lernmodul »Fake News erkennen« vom NDR: *https://www.ndr.de/ratgeber/medienkompetenz/Fake-News-erkennen-lernen-Unterrichtsmaterial-fuer-die-Schule,fakenews218.html*

3. Wie gehst du mit Fake News um?

Die sozialen Medien sind voll mit frei erfundenem Unsinn, sei es das ultimative Mittel gegen Haarverlust, die Behauptung, Kühe könnten nicht schwimmen oder mit Künstlicher Intelligenz generierte Riesenkatzen. Während schlechte Werbung und »urban legends« (Schauermärchen) harmlos sind, können von der extremen Rechten gezielt gestreute Falschinformationen rassistische Kampagnen befeuern, massiven Schaden anrichten und sich langfristig als »alternative Wahrheit« etablieren.

Wenn es dir in den Fingern juckt, Falschinformationen richtig zu stellen und mit Fakten zu kontern, ist »Debunking« eine erprobte Methode: Darunter versteht man das systematische Entlarven eines Mythos. Damit Fehlinformationen korrigiert werden können, müssen sie zunächst erkannt und richtig eingeordnet werden. Expert*innen empfehlen, in vier Schritten vorzugehen (*https://skepticalscience.com/docs/DebunkingHandbook2020-German.pdf*):

- Beginn mit einem einfachen und prägnanten Argument: Warum ist diese Info fake?
- Wiederhole den Fake dabei nur einmal, damit allen klar ist, worum es geht. Mache dabei deutlich, dass es ein Mythos ist. Weitere Wiederholung kann dazu führen, dass du selbst unabsichtlich zum Verteiler von Fakes wirst.
- Zähle Gründe auf, warum man die Info erst für wahr gehalten hat, sie jetzt aber nachweislich falsch ist und warum deine Info stimmt.
- Wiederhole dein Argument auch mehrfach und sorge dafür, dass es als Letztes in einer Kommentarspalte oder einem Thread stehen bleibt.

4. Wie schützt du deine Privatsphäre?

Wenn du in den sozialen Medien Haltung zeigen und rechter Hetze widersprechen willst, solltest du zuvor die Frage nach deinem persönlichen Schutz reflektieren. Ein paar Vorsichtsmaßnahmen können dir hier die nötige Sicherheit geben. Haltung zeigen und offen dafür einstehen ist gerade jetzt eine demokratische Notwendigkeit. Wie oben beschrieben, kann das aber eben auch negative Reaktionen zur Folge haben. Darum ist Datensicherheit ein wichtiger Aspekt.
Mache dich mit deinen Privatsphäre-Einstellungen und Funktionen wie Blocken, Verbergen, Löschen und Melden vertraut, um bei Bedarf schnell handeln zu können. Checke regelmäßig deine Community auf merkwürdige Follows und Likes, sei skeptisch bei Freundschaftsanfragen, Kontaktversuchen und privaten bzw. Direktnachrichten (DMs) von Fremden. Reflektiere und entscheide, wer wann was über dich erfahren darf, bevor du postest.
Mache einen regelmäßigen Selbst-Check: Wenn dir jemand schaden wollte, welche Informationen zu deinen Aufenthalts- und Wohnorten, deinem Umfeld oder deinem Alltag würde die Person finden? Auf »klicksafe.de« finden sich einfache Tipps zur persönlichen digitalen Datensicherheit wie zum Beispiel zeitversetztes Posten von Standorten oder sicherem Teilen von Fotos. Wertvolles Wissen zum Thema Datensicherheit liefert auch der Chaos Computer Club e. V. (*https://www.ccc.de/*).

5. Was kannst du gegen Hassreden (Hate Speech) tun?

Auch wenn die Social-Media-Kontrolle gerade im Zuge der Erfolge der US-amerikanischen Rechten zurückgeht, verfügen die meisten Dienste über eine Meldefunktion bei Hasspostings. Bei Websites oder Blogs kannst du Seitenbetreiber*innen zum Löschen der Hasspostings auffordern, gegebenenfalls auch Anzeigenkund*innen oder Kooperationspartner*innen anschreiben.

Auch wenn oft intransparent ist, was mit deiner Meldung passiert und welchen Effekt sie hat: Jede Meldung ist ein Signal, dass etwas nicht stimmt und besser als passiv zu bleiben! Sie erhöht damit den Druck auf die Betreiber von Kanälen/Portalen, macht ein Einschreiten wahrscheinlicher. Hast du den Verdacht, dass es sich um eine Straftat handelt, kannst du den Fall direkt bei der Polizei anzeigen. Es gibt Online-Meldestellen, wo man unkompliziert mit wenigen Klicks Anzeige stellen kannst, auch anonym:

https://www.bka.de/DE/KontaktAufnehmen/KontaktBesondereThemen/MeldestelleHetzeImInternet/ZMIPartner/zmipartner_node.html

Auch wenn das Internet manchmal als rechtsfreier Raum bezeichnet wird, gibt es viele Strafverfahren gegen Online-Täter*innen. Sie treffen oft keine besonderen Sicherheitsvorkehrungen, viele Accounts lassen sich auf eine IP-Adresse und damit auf reale Personen zurückführen. Selbst wenn hinsichtlich eines Ermittlungsverfahrens nichts herauskommen sollte, dokumentiert deine Anzeige die Hassrede, wird statistisch erfasst und kann dazu beitragen sichtbar zu machen, dass es ein Problem mit Rechtsextremismus im Netz gibt.

Hate Speech an sich ist kein eigener Straftatbestand, denn viele Äußerungen sind ohnehin nicht von der Meinungsfreiheit gedeckt, sondern strafbar – egal, ob Äußerungen online oder offline getätigt werden. So kann Hate Speech zum Beispiel folgende Tatbestände des Strafgesetzbuchs (StGB) erfüllen:

- § 111 Öffentliche Aufforderung zu Straftaten,
- § 130 Volksverhetzung,
- § 185 Beleidigung,
- § 186 üble Nachrede und
- § 187 Verleumdung.

Deshalb hat Hate Speech bereits empfindliche Geldstrafen nach sich gezogen. Auch Kündigungen wurden ausgesprochen, weil die Äußerung im Zusammenhang mit dem Arbeitsverhältnis stand, aber auch, weil das Ansehen des Betriebs wegen rassistischen Aussagen von Mitarbeiter*innen in Mitleidenschaft gezogen wurde.

6. Wie kannst du argumentieren und klare Grenzen ziehen?

Spielregeln festlegen Im privaten Umfeld, in der Familie oder im Freundkreis möchtest du dein Gegenüber vielleicht gerne argumentativ überzeugen. So wie Stammtische und Weihnachtsessen Orte politischer Auseinandersetzungen werden können, können es im digitalen Raum Chatgruppen sein. WhatsApp, Signal, Telegram – auch in Messengern werden rechte beziehungsweise rechtsextreme Inhalte gepostet und geteilt. Wo du mit Kolleg*innen, im Sportteam oder im Freundeskreis vernetzt bist und die Menschen kennst, ist es sinnvoll, sich auf einen Konsens zu einigen und zu widersprechen, wenn gegen diese Regeln verstoßen wird. Mach dir klar, wie Rechte agitieren – aggressiv, pauschalisierend, irrational – und setze auf sachliche, differenzierte und begründete Argumente.

Gemeinsam entscheiden, worüber geredet wird Rege an, gemeinsam darüber zu entscheiden, wie über was geredet wird. Manche Gruppen sind moderiert oder werden zumindest informell von der Person geleitet, die sie eingerichtet hat. Diese kann man bei der Einhaltung von Regeln mit ins Boot holen.

Absage an menschenverachtende Memes Klare Kante und Entschlossenheit braucht es bei vermeintlichen Gags oder »lustigen« Memes, die abwertend sind. Oft werden sie von extremen Rechten als erster Testballon versandt, um sich indirekt zu positionieren und sich ansprechbar für Gleichgesinnte zu machen. Kommt Kritik, versuchen sie, sich mit einem verharmlosenden »War ja nur Spaß!« aus der Verantwortung zu ziehen oder aber die Kritiker*innen als humorlos abzuwehren – je nachdem, wie die Stimmung im Chat ist. Am besten besteht man dann darauf, dass die extreme Aussage oder verletzende Diskriminierung grundfalsch ist, egal ob sie »lustig« gemeint war oder nicht. Der Verharmlosung extrem rechter Aussagen sollte man entschieden entgegentreten. »Witzige« Menschenverachtung gibt es nicht.

Mitlesende zu Verbündeten machen Sollte sich eine Chat-Diskussion zu sehr verhärten, erwäge, den Kanal zu wechseln. Oder sprich eine Person gezielt an, die Grenzen übertritt. Sich im direkten Gespräch offen zu äußern, fällt vielen schwerer als im Chat zu pöbeln. Eine andere Strategie kann sein, einzelne aus der »schweigende Mehrheit« anzusprechen und von ihnen ein Feedback einzuholen. So kann man sich Verbündete suchen und sie dazu auffordern, ihre Meinung offen zu äußern.

Kanal wechseln Übliche Ausweichmanöver sind Äußerungen, Politik würde nerven oder das Thema des Chats sei unpolitisch. Weise darauf hin, dass es dir nicht um eine Debatte oder Parteiwerbung geht, sondern um universale Grundrechte, um Respekt und Anstand, die uns als Gesellschaft verbinden. Sollte dir der Gegenwind zu stark werden, arbeite dich nicht sinnlos ab. Überlege lieber, mit wem du eine neue Gruppe öffnen kannst.

Leitlinien öffentlicher Kommentarspalten Besonders fordernd kann es sein, die öffentliche Kommentarspalte einer Organisation zu moderieren. Hol dir am besten Hilfe von mehreren Personen der Gruppe oder Organisation, verständigt euch auf Leitlinien, die ihr dann gemeinsam umsetzt. Dazu gehören feste Zuständigkeiten und Zeiten, in denen ihr die Interaktionen verfolgt:

- Werden zu bestimmten Beiträgen überhaupt Kommentare geöffnet?
- Wann wird ein Beitrag gelöscht oder ein*e Nutzer*in blockiert?
- Auf welche Kommentare soll reagiert werden?
- Wie lange diskutiert man mit Nutzer*innen?

Mach dich bei anderen schlau, welche Erfahrungen bereits im gewerkschaftlichen Bereich vorliegen. Besuche ein Argumentationstraining gegen Hate Speech, wie es von Gewerkschaften angeboten wird. Vielleicht existieren Regeln und Handlungsketten, die du übernehmen kannst. Fallbeispiele können in einer Gruppe diskutiert werden, um handlungssicher zu werden.

7. Wie kannst du für deine Sache einstehen?

Ein letzter und wichtiger Punkt: Als Gewerkschafter*in trittst du ein für demokratische Werte und hast viel zu sagen, was rechter Agitation den Boden entziehen kann. Stehe zu den Inhalten, Positionen und demokratischen Überzeugungen der Organisation, der du angehörst, tritt ein für deren Forderungen und politische Lösungen. Setze auf einen starken Zusammenhalt von Arbeitnehmer*innen und Beschäftigten unabhängig von ihrer Herkunft statt auf Spaltung. Flute den digitalen Raum mit den Themen, Werten und Ideen, die dir wichtig sind: Gerechte Löhne, faire Bildungschancen, bezahlbare Mieten, Bekämpfung der Armut, genug Kita-Plätze, mehr Klimaschutz, soziale Gerechtigkeit und so fort.

Es ist wichtig, dass in den sozialen Medien mehr positive und progressive Inhalte zum Tragen kommen, dass Solidarität, Gleichbehandlung und Errungenschaften der Demokratie herausgestellt werden.

Vielen bereitet die politische Entwicklung Sorge, gerade jenen, die tagtäglich von Rassismus, Antisemitismus oder Queerfeindlichkeit betroffen sind oder damit konfrontiert werden. Wir müssen Flagge zeigen! Teile auf Social Media, was du tust, was dir wichtig ist, was dich motiviert und stärkt oder wer dir aus dem Herzen spricht: Das kann ein Reel (kurzes Video, Ausschnitt) einer Rede auf einer Betriebsversammlung sein, eine aufrüttelnde Doku, ein Foto, ein Sticker, das Zitat eines (historischen) Vorbilds.

Abonniere, like und teile Accounts von allen, die in der Gesellschaft weniger sichtbar sind, keine Lobby haben, die marginalisiert werden, obwohl sie Wichtiges und Gutes beitragen, zu sagen haben. Stärke und verbreite die Perspektiven von People of Colours (PoC), von Menschen mit Behinderungen, von Wohnungslosen-Initiativen und so weiter. Lass sie selbst sprechen, statt andere über sie urteilen zu lassen und stell dich offen an ihre Seite, wenn andere hetzen.

Wenn du selbst von Diskriminierung im Netz betroffen bist, fordere Positionierung, Solidarität und Unterstützung ein – das ist dein Recht! Suche dir jedes Mal, wenn du dich über einen herabsetzenden Kommentar oder einen populistischen Post geärgert, hast zwei positive Messages und teil sie mit deiner Community – denn wir sind mehr!

Literatur

Amadeu Antonio Stiftung: Das können Sie gegen Hate Speech tun. *https://www.amadeu-antonio-stiftung.de/digitale-zivilgesellschaft/das-koennen-sie-tun/*

M. Fielitz, H. Marcks (2020): Digitaler Faschismus. Die sozialen Medien als Motor des Rechtsextremismus.

J. Hillje (2017): Propaganda 4.0 – Die Erfolgsstrategie der AfD, Blätter Oktober 2017.
https://www.blaetter.de/ausgabe/2017/oktober/propaganda-40-die-erfolgsstrategie-der-afd

Kompetenznetzwerk gegen Hass (2023): »Lauter Hass – leiser Rückzug«. *https://kompetenznetzwerk-hass-im-netz.de/lauter-hass-leiser-rueckzug/*

Otto-Brenner-Stiftung (2024): Social-Media-Partei AfD? Digitale Landtagswahlkämpfe im Vergleich. OBS-Arbeitspapier 73 von M. Fielitz, H. Sick, M. Schmidt, C. Donner.
https://www.otto-brenner-stiftung.de/social-media-partei-afd/

Dr. Simon Jakobs
Freiberuflicher Referent, Autor und Berater.

Strategien für Interessenvertretungen: Umgang mit rechter Hetze und Rassismus im Betrieb

Kommunikative und argumentative »Gegenmittel«

Darum geht es in diesem Beitrag

Interessenvertretungen müssen auf rechtsextreme, diskriminierende und rassistische Äußerungen im Betrieb reagieren, um ein respektvolles, demokratisches Arbeitsumfeld zu fördern. Zudem sind die Grundrechte und Vorschriften weiterer Gesetze zu achten, ihnen ist betrieblich Geltung zu verschaffen. Interessenvertretungen können kommunikative und argumentative Strategien nutzen, sich auch darin schulen lassen, um entsprechende Äußerungen und Verhaltensweisen möglichst direkt zu kontern. Hier ist es hilfreich, politische Äußerungen, verbale Entgleisungen und Begriffe einschätzen zu können, um unmittelbar und legitim Grenzen zu setzen.

Hintergrund

In Zeiten zunehmender gesellschaftlicher Polarisierung und politischer Spannungen ist es wichtiger denn je, die Unterschiede zwischen verschiedenen rechten politischen Strömungen zu verstehen. Begriffe wie Rechtskonservatismus, Rechtspopulismus, Rechtsradikalismus und Rechtsextremismus werden oft pauschal verwendet, ohne spezifische Bedeutungen und Implikationen zu berücksichtigen. Dieser Beitrag unternimmt den nicht einfachen Versuch, etwas mehr Klarheit in das Dickicht der Begriffe zu bringen. Die folgenden Begriffsdefinitionen dienen als Arbeitshilfen und als Minimalkonsens der Politikwissenschaft. Dabei wird versucht, die Komplexität einzudämmen und Idealtypen zu erstellen.
Politikwissenschaftlich sowie juristisch geht es in diesem Zusammenhang um das hohe, grundgesetzlich geschützte Gut der Meinungsfreiheit: Wann sind Äußerungen von der Meinungsfreiheit gedeckt, wann ist die Grenze zur strafbaren Volksverhetzung erreicht? Vorauszuschicken ist,

dass auch Gerichte hier nicht eindeutig urteilen, die Grenzen sind fließend – juristisch wie politikwissenschaftlich. Anhand medienwirksamer Ereignisse, wie dem sogenannten »Sylt-Video« aus dem Mai 2024,[1] oder strafrechtlich sanktionierter Äußerungen politischer Akteur*innen wie die von Björn Höcke, soll gezeigt werden, wann Meinungsäußerungen strafrechtliche Konsequenzen nach sich ziehen können. Ein besonderes Augenmerk liegt auf der Frage, wie im betrieblichen Umfeld mit rechtsextremen Äußerungen umgegangen werden kann, insbesondere im Vier-Augen-Gespräch, und wie sich diese von rechtskonservativen, rechtspopulistischen und rechtsradikalen Äußerungen unterscheiden.
Betriebsrät*innen und Führungskräften stellt sich die Herausforderung, angemessen auf diskriminierende Äußerungen oder Verbalattacken zu reagieren, den Betriebsfrieden zu wahren und gesetzliche Vorgaben zu erfüllen; das bedeutet auch, bei rassistischen und fremdenfeindlichen Parolen die außerordentliche Kündigung der auffällig werdenden Personen in Erwägung zu ziehen.
Der Beitrag bietet nicht nur eine theoretische Einordnung, sondern auch praxisorientierte Strategien für die Kommunikation und Argumentation sowie Handlungsoptionen, wenn Diskriminierungen oder rechtsextreme Parolen am Arbeitsplatz vorkommen. Ziel ist es, Diskriminierung und Fremdenfeindlichkeit im Betrieb effektiv entgegenzutreten und ein respektvolles Miteinander zu fördern.

Zwischen Rechtskonservatismus und Rechtsextremismus – ein kurzer Wegweiser

»Man darf ja nix mehr sagen, sonst wird man direkt in die rechte Ecke gestellt.« Den Satz hört man inzwischen öfter. Doch was soll die »rechte Ecke« überhaupt sein? Was muss man sagen, um in diese gestellt zu werden? Die Unterschiede sind groß.

Rechtskonservatismus

Eine rechtskonservative Position ist zum Beispiel die Forderung, dass »der Staat die Sicherheit seines Staatsvolkes nach innen wie nach außen

1 Gesänge auf Partylieder in einer Bar auf Sylt, es ging unter anderem um massenweise Abschiebungen. Vgl. hierzu den Beitrag von Dr. K. Heimann in diesem Band.

gewährleistet, wozu auch die Kontrolle über seine Grenzen gehört«.[2] Wer die Eindämmung illegaler Migration fordert, ist mitnichten per se rechtsextrem und auch nicht unbedingt rechtspopulistisch. Rechtskonservative akzeptieren tendenziell ungern Veränderungen, was bereits im Begriff des Konservatismus steckt (lat. *conservare*, also die Bewahrung von Bestehendem). Rechtskonservative teilen nicht vollständig den pluralistischen und gesellschaftlichen Leitgedanken der Demokratie, sondern wollen gewisse gesellschaftliche Veränderungen verhindern oder rückgängig machen, was sich auch gut in den Debatten um das Gendern, den Multikulturalismus und um die Grenzen der Selbstbestimmung zeigt.

Rechtspopulismus

Rechtspopulist*innen gehen weiter: Es werden grobe Verallgemeinerungen und Unterstellungen vorgenommen: etwa die der »korrupten Eliten«, die regieren, ohne den angeblich bekannten Volkswillen zu kennen oder zu beachten. Teils willkürliche Argumentationen stützen ihre Interessen, oft in wirren Kombinationen.[3] Rechtspopulist*innen sprechen davon, dass sie wissen, was »das Volk« will, wobei häufig unklar ist, wer »das Volk« sein, wer Teil davon ist beziehungsweise sein darf.[4]
Der Volksbegriff bei Rechtspopulist*innen ist exklusiv beziehungsweise oft ausgrenzend und erfasst in der Regel weder Ausländer*innen oder Menschen mit Migrationshintergrund noch Menschen außerhalb der »üblichen« (zweigeteilten) Geschlechterordnung.[5] Der Rechtspopulismus lehnt eher das ab, was man Vielfalt nennt.[6] Er zeichnet sich dabei auch durch Xenophobie aus, was nicht nur die Angst vor Fremden einschließt, sondern auch deren Ablehnung. »Anhänger solcher [rechtspopulistischer, Anm. d. A.] Parteien haben in der Regel wenig Sympathie für Fremde.«[7] Rechtspopulist*innen wollen eine starke Nation, die klassische Rollenbil-

---

2 Oskar Niedermayer: Die Entwicklung des Parteiensystems bis nach der Bundestagswahl 2017. In: Uwe Jun, Oskar Niedermayer (Hrsg.): Die Parteien nach der Bundestagswahl 2017. Aktuelle Entwicklungen des Parteienwettbewerbs in Deutschland. Wiesbaden 2020, S. 1–41 (hier: S. 33).

3 Siehe dazu Cas Mudde: The Populist Zeitgeist. In: Government and Opposition 39 (2004), S. 541–563 (hier: S. 542).

4 Ähnlich Marcel Lewandowsky: Was Populisten wollen. Wie sie die Gesellschaft herausfordern – und wie man ihnen begegnen sollte. Köln 2024, S. 93.

5 Ebenda, Lewandowsky, S. 93.

6 Mudde, a. a. O., S. 543.

7 Manfred Küchler: Xenophobie im internationalen Vergleich. In: Jürgen W. Falter, Hans-Gerd Jaschke u. a. (Hrsg.): Rechtsextremismus. Ergebnisse und Perspektiven der Forschung. Opladen 1996, S. 248–264 (hier: S. 248).

der bewahrt, aus einem homogenen Volk besteht und souverän existiert, unabhängig von politischen Systemen wie der Europäischen Union.

Rechtsradikalismus

Rechtsradikalismus ist keine unmittelbare Folge des Rechtspopulismus, bietet aber oft den Nährboden dafür. Wenn Rechtspopulismus durch Fremdenfeindlichkeit und Fremdenangst gekennzeichnet ist, werden diese im Rechtsradikalismus zu Fremdenhass und Rassismus. Ziel ist der »reine Nationalstaat«.[8] Rechtsradikalismus ist dabei oft verfassungsfeindlich in Äußerungen und Programmatik, wird aber nicht immer als verfassungswidrig eingestuft, so wie der Rechtsextremismus.[9] Rechtsradikalismus zielt in der Regel darauf ab, die Nation von allem zu »befreien«, was angeblich schädlich oder »fremd« ist. Die völkische Ausrichtung ist teils unbestimmt, weist in Teilen aber Kontinuitäten zu überkommenen Rassenkonzepten und zum Rassismus der Nazi-Diktatur auf.

Rechtsextremismus

Rechtsextreme sind oft verfassungsfeindlich in ihren Aussagen und Programmen; sie verhalten sich auch oft verfassungswidrig, gewaltverherrlichend, gewaltbereit (strafrechtliche Relevanz) und wollen die freiheitlich-demokratische Grundordnung zerstören. Der Begriff des Rechtsextremismus ist ein begriffliches Konzept des Verfassungsschutzes, aber auch für die wissenschaftliche Diskussion fruchtbar zu machen. Politische Zugehörigkeit zu einer Nation ist für den Rechtsextremismus untrennbar mit der Blut-und-Boden-Frage sowie mit der Abstammung verbunden. Die rassistischen Konzepte gehen extrem weit, ebenso die verherrlichten Konzepte von Kameradschaft, Treue, Patriotismus. Demokratie wird abgelehnt, Autokratie begrüßt.

---

8 A. Häusler: Themen der Rechten. In: Fabian Virchow, Martin Langebach, Alexander Häusler (Hrsg.): Handbuch Rechtsextremismus. Wiesbaden 2016, S. 135–180 (hier: S. 138).

9 Tanja Wolf: Rechtsextreme und rechtspopulistische Parteien in Europa. Typologisierung und Vergleich, Wiesbaden 2019, S. 118.

Meinungsfreiheit und Hetze

Inzwischen ist der seichte Song »L'amour toujours« von Gigi D'Agostino traurig berühmt. Er hat 2024 hierzulande ein überflüssiges Revival erlebt, als im »Sylt-Video« eine Gruppe angeblich »wohlstandsverwahrloster« Menschen (was den Vorgang verharmlost!) der Melodie einen ausländerfeindlichen Text hinzufügte. Ähnliche Fälle gab es davor und danach. Auf einem Erntefest in Mecklenburg-Vorpommern sangen wie auf Sylt mehrere Männer zum oben genannten Lied: »Deutschland den Deutschen, Ausländer raus«.

Die ermittelnde Staatsanwaltschaft hat das Verfahren mit der Begründung eingestellt, es fehle an den Tatbestandsmerkmalen der Volksverhetzung. Der Gesang sei durch die Meinungsfreiheit gedeckt. Das war auch beim Sylter Vorfall in der »Pony Bar« der Fall: Nur gegen einen Mann wurde öffentlich Klage erhoben, da er den Hitlergruß gezeigt habe. Damit sah die Staatsanwaltschaft bei dieser Person den Straftatbestand als erfüllt an, dass ein »Kennzeichen verfassungswidriger Organisationen« verwendet wurde.

Grundsätzlich werden bei Volksverhetzung die konkreten Umstände des jeweiligen Falls bewertet. Volksverhetzung wird nach § 130 Abs. 1 Strafgesetzbuch (StGB) mit Freiheitsstrafe zwischen drei Monaten und fünf Jahren bestraft, je nach Vergehen auch mit Geldstrafe (§ 130 Abs. 2 StGB). Dass das Singen der zitierten Zeilen allein nicht als Volksverhetzung eingestuft wurde, liegt auch daran, dass bei diesem Tatbestand noch weitere Punkte vorausgesetzt werden, zum Beispiel das Aufstacheln zum Hass sowie die Eignung zur Störung des öffentlichen Friedens. Dabei muss der öffentliche Frieden nicht zwangsläufig tatsächlich gestört sein. Es genügt, wenn das Aufstacheln zum Hass oder der Angriff der Menschenwürde anderer dazu *geeignet ist*, den öffentlichen Frieden zu stören. Es zeigt sich aber grundsätzlich: Juristisch und vor Gericht ist die konkrete Einschätzung von Ereignissen und deren Zielsetzung umstritten und oft nicht eindeutig.

Häufig findet sich der Tatbestand der Volksverhetzung auch im Zusammenhang mit dem § 86a StGB, also bei der Verwendung von Kennzeichen verfassungswidriger und/oder terroristischer Organisationen. Solche Kennzeichen sind beispielsweise das Zeigen des Hitlergrußes. Dabei genügt es, dass der Gruß nicht »historisch korrekt« ausgeführt wird, sondern durch die Art und Weise des Bewegungsablaufs klar wird, dass ein

Bezug zu eben diesem Gruß hergestellt wird.[10] Wichtig ist die Beweislage: Auf Sylt war das auf dem Video ersichtlich.
Strafbar ist die Verwendung der Parole »Alles für Deutschland« – wie Björn Höcke erfahren musste. Dass er als Geschichtslehrer angeblich nicht wusste, dass es sich hierbei um eine Losung der SA[11] handelte, war auch für das zuständige Gericht unglaubhaft. In einem zweiten Prozess gegen ihn ging es darum, dass er im Rahmen eines AfD-Stammtisches im Dezember 2023 vor Publikum rief: »Alles für …« und mit einer Armbewegung deutlich machte, dass das Publikum »Deutschland« rufen sollte. Mittels mimischer Zustimmung signalisierte er, dass er gewollt hatte, dass der Spruch vervollständigt wird.

Kommunizieren und Argumentieren

Wenn fremdenfeindliche, diskriminierende oder rechtsextreme Äußerungen im Betrieb fallen, gilt es in einem ersten Schritt, die Einordnung dessen vorzunehmen, was gesagt wurde. Lässt sich die Äußerung nicht eindeutig einordnen, gilt es, offene Fragen zu stellen, die nicht mit ja oder nein beantwortet werden können, beispielsweise: »Wie meinst Du das?« oder »Kannst Du mir näher erläutern, wie Du das siehst?« Das Gegenüber ist nicht von vornherein von oben herab zu belehren. Niemand lässt sich gerne mit dem erhobenen Zeigefinder zurechtweisen.
Hat sich eine Person aber gewaltverherrlichend, volksverhetzend und/oder extremistisch geäußert, ist zu prüfen, wie und ob ein Gespräch weitergeführt werden kann oder ob es abgebrochen wird. Die »Ampel« in der Abbildung bietet Orientierung.

---

10 Münchener Kommentar zum Strafgesetzbuch. 2021, 4. Aufl., § 86a, Rn. 1–42.

11 Sturmabteilung (SA) der NSDAP, paramilitärische Kampforganisation, die bereits in der Weimarer Republik auftrat und die Öffentlichkeit terrorisierte und Gewalt ausübte.

Ampel der Dialogmöglichkeiten

Quelle: Eigene Darstellung.

Werden Grenzen der Meinungsfreiheit, Grundwerte oder Rechtsnormen berührt beziehungsweise verletzt, ist Überzeugungsarbeit schwierig. Es kommt auf die »Qualität« der Äußerung und das Verhalten an: Die offensive Beleidigung oder Herabsetzung einer Person oder Gruppe verdient eine direkte Replik und Abgrenzung – und zwar deutlich. Die Nicht-Toleranz solcher Aussagen ist zu betonen. Haben Interessenvertretungen Kenntnis davon, müssen sie über Konsequenzen beraten. Besonders vor Menschengruppen ist es wichtig zu zeigen, dass radikale und extreme Aussagen keinen Platz im betrieblichen Umfeld (und anderswo) haben.
Es geht in diesem Beitrag nicht darum, rechtskonservativen Äußerungen ihre Existenzberechtigung abzusprechen, aber: Politische Meinungsäußerung im Betrieb ist nur legitim, wenn sie sich im Rahmen der Gesetze und der Meinungsfreiheit bewegt, wenn keine rassistischen, gewaltverherrlichenden, volksverhetzenden oder fremdenfeindlichen Äußerungen fallen. Geschieht das, müssen Dritte eingreifen, Interessenvertretung und Arbeitgeber dürfen nicht untätig bleiben.

Strategien für Vier-Augen-Gespräche

Doch wie soll man zum Beispiel als Betriebsratsmitglied im persönlichen Gespräch reagieren, wenn sich eine Person mit extremen Parolen, rassistisch oder diskriminierend äußert, wenn sie unbewiesene Falschbehauptungen in die Welt setzt? Und was ist zu tun, wenn das kein Ausrutscher ist, sondern wiederholt vorkommt? Hier gibt es verschiedene Ansätze. Caroline Morfeld und ihre Mitautor*innen[12] empfehlen zum Beispiel ein »radikal« höfliches Ansprechen, zu dem auch das Sprechen über Sprache gehört, also über benutzte Begriffe. Das kann sinnvoll sein, wenn das Gegenüber einer rationalen Diskussion noch zugeneigt ist; schwierig wird das in hoch emotionalisierten Kontexten, unmöglich ist es bei Rechtsradikalen und Rechtsextremen.
Weiter empfehlen die Autor*innen[13] – dem hier gefolgt werden soll –, ruhig und sachlich zu bleiben und kritische, aber nicht provozierende Fragen zu stellen. Wenn Sie mir als Leser*in zum Beispiel vorwerfen, Gender-Sternchen in diesem Text seien eine Verunstaltung der deutschen Sprache, mir als Autor hätte dies eine Sprachpolizei diktiert, und über-

12 Caroline Morfeld et al. (2020): Sprich es an! Rechtspopulistischer Sprache radikal höflich entgegentreten. Hamburg.
13 Morfeld et al., a. a. O., S. 74.

haupt: Man dürfe ja nichts mehr sagen! – dann lässt sich entgegnen: »Klar darfst Du das sagen. Tust Du ja gerade und niemand stellt Dich vor ein Gericht. Und so wie Du Deine Meinung hast, habe ich meine. So wie Du nicht gendern willst, gendere ich, weil ich es mir ausgesucht habe.« Mit ruhigem und sachlichem Ton lassen sich einige Dispute beilegen und bestimmte Vorwürfe entkräften.

In anderen Handreichungen findet man den Tipp, nicht mit Fakten auf Gefühle zu reagieren: »Reagieren wir auf die Angst oder Wut mit Argumenten, die auf Fakten beruhen, laufen wir Gefahr, unsensibel zu wirken. Fragen wir hingegen nach den Gründen für diese Gefühle, können wir den Dialog zugunsten unserer Werte und Narrative lenken.«[14] Hilfreich ist dazu vor allem das paraphrasierende Zuhören, in dem nur das gespiegelt wird, was das Gegenüber gesagt hat (oder die Gefühle).

An dieser Stelle wird dann meist von einem Gesprächspartner darauf abgestellt, dass der Kollege in der Arbeit, der Migrationshintergrund hat (oder dessen Eltern, aber der von unserem Gesprächspartner dennoch nicht als Deutscher wahrgenommen wird), natürlich in Ordnung ist, zu »unseren Leuten« gehört; ebenso der Automechaniker mit Migrationshintergrund, der saubere Arbeit abliefert. Es folgt nicht selten die Unterscheidung in »gute« und »schlechte« Fremde. Das ist aber keine Lösung und bringt keinen gesellschaftlichen Frieden.

Mit der vorgestellten Methode des paraphrasierenden Zuhörens kann man den »Dampf« aus Gesprächen nehmen und zugleich das Gegenüber zum Überlegen bringen – und damit möglicherweise zu einer weiter differenzierenden, aufgeschlosseneren Sichtweise.

Methoden gegen unfaire Rhetorik

Diese Methode wird in der *Motivierenden Gesprächsführung*[15] eingesetzt, die aus der Suchttherapie kommt. Sie eignet sich auch als Reaktionsstrategie auf unfaire Rhetorik. Wenn Euch als Mitglieder der Interessenvertretung zum Beispiel eine Person gegenübertritt und sagt: »Ihr Betriebsräte macht doch nur, was der Chef Euch sagt! Und ich hab' Euch auch noch gewählt!«, dann bietet sich die Rückfrage an: »Du klingst enttäuscht.

14 Friedrich-Ebert-Stiftung, Expo-Stiftung (Hrsg.), *Argumente der politischen Rechten entkräften. Eine praktische Handreichung*, Bonn, S. 4.

15 William R. Miller, Stephen Rollnick, Motivierende Gesprächsführung, Freiburg im Breisgau [3]2015.

Bist Du das auch von mir?« oder »Kannst Du mir ein Beispiel geben? Ich möchte meine Arbeit gerne verbessern.« Die Strategie eignet sich auch für Stammtischparolen und rechtspopulistische Sprüche.
In Seminaren kommt dann häufig der Einwand, so brauche man gar nicht erst anfangen, das bringe nichts. Wenn ich dann frage, ob sich das auf eigene Erfahrungen bezieht, die mit der Methode gemacht wurden, ernte ich öfter Schweigen. Man sollte es einfach ausprobieren und sich dann ein Urteil bilden. Wie Michael Thiele schreibt, hat die Methode Vorteile und ihre Berechtigung. Er listet in einem seiner Bücher 50 Strategien der unfairen Rhetorik auf, zu denen es 200 verschiedene Abwehrmaßnahmen gibt. Die Zuhör-Strategie ist stets anwendbar. »Denn man kann ja kaum jede der vorgenannten Taktiken beziehungsweise Abwehrmaßnahmen sich selbst im Einzelfall sozusagen auf Knopfdruck zur Verfügung stellen […]. Die eigenen Taktiken werden einem dann einfallen, wenn man folgende drei Dinge hat: 1. Ein Ziel. 2. Eine Strategie. 3. Geeignete Maßnahmen.«[16] Er empfiehlt, fair zu bleiben, auch wenn das Gegenüber unfair ist.

Hart in der Sache

Weitere Tipps lassen sich in verkürzter Form einem Buch von Klaus-Peter Hufer entnehmen.[17] Wenn Menschen (noch) gesprächsbereit sind, kann und soll man dies nutzen. Hufer empfiehlt, kein »Parolen springen« mitzumachen, also von einem Thema zu anderen zu hüpfen, wenn das Gegenüber so agiert. Nageln Sie Gesprächspartner*innen lieber auf einen Inhalt fest, aber bleiben Sie freundlich. Wenn Gesprächspartner*innen persönlich werden, angreifen, abwerten oder beleidigen: dann am besten hart in der Sache bleiben, freundlich im Gespräch.[18] »Wenn es zu laut wird und alles durcheinandergerät – was eigentlich immer der Fall ist –, dann heißt es, Regeln aufzustellen und einzufordern, zum Beispiel sich gegenseitig ausreden lassen.«[19]

16 Michael Thiele: Führen & Streiten. Regensburg 2006, S. 111.
17 Klaus-Peter Hufer: Argumente am Stammtisch. Erfolgreich gegen Parolen, Palaver und Populismus, Frankfurt am Main, 2019.
18 Vgl. das sogenannte Harvard-Modell von Roger Fisher, William Ury: Getting to Yes. Negotiating Agreement Without Giving. In: New York 2011, S. 19–41.
19 Hufer, a. a. O., S. 37.

Fragen Sie zudem bei Unklarheiten gezielt nach; werden Sie unterbrochen, weisen Sie darauf hin, dass Sie Ihrem Gegenüber auch zugehört haben. Gut ist es, Widersprüche aufzudecken. Werden Sie nicht ironisch oder sarkastisch und lachen Sie Gesprächspartner*innen nicht aus. »Statt Mauern kann es sinnvoll sein, Brücken zu bauen. Das Motto hieße dann: ›Du hast ja auch Recht, aber sieh doch mal …‹ So entsteht eine Beziehung und die starre Konfrontation wird aufgeweicht.«[20]
Mit ein wenig Glück gelingt es, das Gegenüber mit Argumenten zu erreichen. Geben Sie jedoch Acht, ob Sie dem Zitat von Hufer folgen und dem Gegenüber erst einmal Recht geben. Je nach Härtegrad der Aussagen sollte das unbedingt vermieden werden. Man kann niemanden mit extremen Positionen in einem Gespräch überzeugen – auch darauf weist Hufer hin.[21] Rechtsradikale und rechtsextreme Parolen und Positionen sind in der Regel Teil eines langen Sozialisationsprozesses.[22] Wenn Beschäftigte erfahren, dass Mitglieder der Interessenvertretung ins Gespräch gehen, argumentieren, zuhören – und nicht kneifen, sondern Kontra geben, unterstreicht das: Radikale, diskriminierende oder rassistische Äußerungen erfahren nicht durch Schweigen vermeintliche Zustimmung.

Maßnahmen des Betriebsrats

Es ging bisher zumeist um Gespräche, die sich *noch* führen lassen. Bei stramm rechtsextremen Überzeugungen ist das kaum machbar. Wenn Personen im Betrieb das Verbot von Hakenkreuztattoos angreifen, einen »zweiten Hitler« gut finden oder Menschen mit (vermeintlichem) Migrationshintergrund als Bedrohung darstellen, sind Interessenvertretungen als Hüter*innen der Betriebsverfassung, der Ordnung im Betrieb und weiterer gesetzlichen Regelungen zum Handeln verpflichtet. Auch der Arbeitgeber ist einzuschalten, da er verpflichtet ist, den Betriebsfrieden zu wahren. Das heißt auch, betreffende Kolleg*innen zur Ordnung zu rufen, Sanktionen und Konsequenzen anzusprechen und bei Straftaten

20 Hufer, a. a. O., S. 40.
21 Hufer, a. a. O., S. 43. Vgl. auch den Beitrag von Bernhard Weßels, Hans-Dieter Klingemann: Vertretungslücke, Rechtsextremismus und AfD-Wahl. In: Thorsten Faas, Sascha Huber u. a. (Hrsg.): Informationsflüsse, Wahlen und Demokratie. Festschrift für Rüdiger Schmitt-Beck, Baden-Baden 2023, S. 513–532.
22 Tobias Rothmund, Eva Walther (Hrsg.): Psychologie der Rechtsradikalisierung. Theorien, Perspektiven, Prävention. Stuttgart 2024.

wie Volksverhetzung oder der Verwendung von Symbolen verfassungswidriger Organisationen die Polizei einzuschalten.
Empfehlenswert ist die Einrichtung einer betrieblichen Stelle zur Bekämpfung von Fremdenfeindlichkeit und Diskriminierung mit einer freiwilligen Betriebsvereinbarung nach § 88 Nr. 4 Betriebsverfassungsgesetz (BetrVG)[23] sowie die Einrichtung einer Beschwerdestelle nach § 13 Allgemeines Gleichbehandlungsgesetz (AGG) (vgl. auch die Beiträge von Hühnert, Klengel/Brandt und Boll/Gün in diesem Band). Der Betriebsrat kann zwar den Ort und die personelle Besetzung der Beschwerdestelle nicht mitbestimmen, wohl aber ihre Ausgestaltung (nach § 87 Abs. 1 Nr. 1 BetrVG).[24] Auch auf Betriebsversammlungen sollte thematisiert werden, dass im Betrieb Fremdenfeindlichkeit und Rassismus sowie Diskriminierung nicht toleriert werden und Konsequenzen nach sich ziehen.

»Wegen der Zunahme von […] Fremdenfeindlichkeit und Rassismus im Betrieb, […] haben AG (Arbeitgeber; Anm. d. Red.) und BR (Betriebsrat; Anm. d. Red.) eine besondere Verantwortung für die Auseinandersetzung mit allen Formen der Fremdenfeindlichkeit und des Rassismus im Betrieb. Erforderlich ist sowohl die geistige Auseinandersetzung mit fremdenfeindlichen Vorurteilen, zum Beispiel auf Betriebsversammlungen, in Werkszeitungen oder auf betrieblich organisierten Seminaren, und das eindeutige, betriebsöffentliche Auftreten gegen fremdenfeindliche Verhaltensweisen wie das Erzählen von ›Ausländerwitzen‹ (vgl. auch Rn. 37), das Beschmieren von Wänden […] mit ausländerfeindlichen Parolen oder das persönlich beleidigende und diskriminierende Verhalten gegenüber ausländischen AN (Arbeitnehmern; Anm. d. Red.).«[25]

Es ist Aufgabe des Betriebsrats, den Arbeitgeber darauf hinzuweisen, dass Betriebsangehörige nicht diskriminiert werden dürfen (§ 75 BetrVG). § 80 BetrVG geht noch weiter und definiert als allgemeine Aufgabe des Betriebsrats (§ 80 Abs. 1 Nr. 7 BetrVG), »die Integration ausländischer Arbeitnehmer im Betrieb und das Verständnis zwischen ihnen und den deutschen Arbeitnehmern zu fördern, sowie Maßnahmen zur Bekämpfung von Rassismus und Fremdenfeindlichkeit im Betrieb zu beantragen«.[26] Hilfreich ist es zum Beispiel auch, initiativ zu werden und Maß-

23 Siehe auch Däubler et al., *BetrVG*, § 75 BetrVG, Rn. 41.

24 Siehe dazu NZA 2009, 1049, S. 1051.

25 Däubler et.al. (Hrsg., 2024): BetrVG – Betriebsverfassungsgesetz. Kommentar für die Praxis mit Wahlordnung und EBR-Gesetz. Bund-Verlag Frankfurt am Main; vgl. § 75 BetrVG, Rn. 41.

26 § 80 Abs. 1 Nr. 7 BetrVG.

nahmen beim Arbeitgeber zu beantragen, wie das Angebot von Deutschkursen,[27] was der sprachlichen Integration dient und helfen kann, Vorurteile abzubauen.

Fazit

Die Auseinandersetzung mit rechten und rechtsextremen Strömungen ist komplex und fordernd, ein Grundverständnis von ideologischen sowie politischen Haltungen ist hilfreich. Dabei ist es wichtig, Rechtskonservatismus, Rechtspopulismus, Rechtsradikalismus und Rechtsextremismus nicht in einen Topf zu werfen, um angemessen reagieren zu können. Im betrieblichen Kontext sind Interessenvertretungen und Führungskräfte gefordert, den Betriebsfrieden zu wahren und entschieden gegen Diskriminierung und Fremdenfeindlichkeit vorzugehen. Die Interessenvertretung ist nicht nur für einen Teil der Belegschaft im Rahmen gesetzlicher Aufgaben tätig, sondern für alle Beschäftigten; dazu gehören der Schutz des Betriebsfriedens sowie der Schutz vor Anfeindungen, Diskriminierung und Rassismus.

Grenzen der Meinungsfreiheit sind mit hoher Wahrscheinlichkeit erreicht, wenn Äußerungen volksverhetzend sind, verbotene Symbole (wie den Hitlergruß oder Parolen der SA (Sturmabteilung; Anm. d. Red.)) enthalten oder beleidigen. Die rechtlichen Rahmenbedingungen, insbesondere die §§ 86a, 130 StGB, setzen Grenzen und bieten Handlungsoptionen bei strafrechtlich relevanten Äußerungen.

Nicht jede Äußerung ist strafbar, weshalb es wichtig ist, durch gezielte Kommunikation und sachliche Argumente auf Personen einzuwirken, die sich diskriminierend verhalten oder äußern. Klare Grenzen müssen gezogen und möglichst sachlich vertreten werden. Nicht jede Äußerung, die dem persönlichen Weltbild widerspricht, muss disqualifiziert werden, Debatten und möglichst sachliche Auseinandersetzungen sind wichtig. Dieser Appell gilt für das gesamte politische Spektrum. Praktische Strategien wie das Stellen offener Fragen, aktives Zuhören und das Vermeiden von moralisierender, belehrender Reaktionen können helfen, den Dialog zu fördern. Für Betriebsräte ergeben sich konkrete Handlungsmöglichkeiten, wie das Initiieren von Betriebsvereinbarungen zur Bekämpfung von Fremdenfeindlichkeit, die Mitbestimmung bei Beschwerdestellen und das aktive Einfordern von Maßnahmen seitens des Arbeitgebers.

27 Däubler u. a.: BetrVG. Buschmann, § 80 BetrVG, Rn. 65.

Letztlich ist es eine gemeinsame Verantwortung aller Betriebsparteien, ein respektvolles und diskriminierungsfreies Arbeitsumfeld zu schaffen und zu erhalten. Nur durch kontinuierliche Aufklärung, Dialogbereitschaft und klare Haltung kann dem Aufkommen rechter Tendenzen wirksam begegnet werden.

Gute Praxis:
Initiativen gegen Rechtsextremismus, für Vielfalt und Demokratie

Interview mit Danial Bamdadi, Lukas Hezel

Danial Bamdadi
Verein zur Bewahrung der Demokratie e. V.

Lukas Hezel
DGB Bildungswerk Baden-Württemberg.

Das Gespräch führte Beate Eberhardt.

Verein zur Bewahrung der Demokratie – der Name ist Programm

Darum geht es in diesen Beitrag
Ausgangspunkt Automobilindustrie in Baden-Württemberg: Dort hat die rechtsextreme Liste »Zentrum Automobil« in Gremien großer Unternehmen Fuß gefasst. Die AfD versucht inzwischen mithilfe des »Zentrums Automobil« und seiner Betriebsgruppen in der Arbeitswelt Einfluss zu gewinnen. Sie greift die DGB-Gewerkschaften, insbesondere die IG Metall, massiv an. Der »Verein zur Bewahrung der Demokratie« (VBD) wurde auf Initiative der IG Metall gegründet. Er unterstützt Betriebsräte dabei, gegen die Feinde der Gewerkschaften und der Betriebsverfassung vorzugehen. Zudem ist die »Initiative betriebliche Demokratiekompetenz« aktiv, die der DGB koordiniert. Für beide Strukturen, den VBD und die DGB-Initiative, ist der betriebliche Ansatz zentral: vor Ort beraten, begleiten und unterstützen. Zudem arbeitet man übergreifend zusammen, um ein bundesweites Netzwerk für die Demokratie zu knüpfen.

Vorbemerkung: Der Verein zur Bewahrung der Demokratie e. V. (VBD) mit Sitz in Frankfurt am Main wurde 2019 ins Leben gerufen. Der Auftrag des Vereins: Gefördert werden sollen eine internationale Gesinnung, gesellschaftliche Toleranz auf allen Ebenen, die Volks- und Berufsbildung sowie die Förderung von Wissenschaft und Forschung. Der Verein verteidigt die freiheitlich-demokratische Grundordnung sowie die demokratischen Grundrechte und setzt sich »für die Demokratisierung der Wirtschaft unter Fernhaltung von neofaschistischen, militaristischen und reaktionären Elementen ein«. Der zitierte Passus stammt aus der Satzung der IG Metall.

Die Begründung für die Vereinsgründung: Mit Zunahme diskriminierender, rassistischer und rechtsextremer Aktivitäten in Betrieben entstehen neue Anforderungen an die Arbeit der Interessenvertretungen und der gewerkschaftlichen Akteure. Die Gegenstrategien des VBD stellt in diesem Interview Danial Bamdadi vor. Er arbeitet eng mit Lukas Hezel zusammen, der über das DGB Bildungswerk in einem Projekt des Netzwerks »Initiative betriebliche Demokratiekompetenz« aktiv ist. Beide Strukturen verfolgen gemeinsame Ziele und arbeiten Hand in Hand:

- die betriebliche Demokratiekompetenz stärken,
- Initiierung und Unterstützung von Projekten gegen Rassismus und Fremdenhass in Betrieben,
- Aktivitäten gegen Rassismus und rechtsextreme Hetze in sozialen Medien,
- Aufbereitung von Informationen, Videos und Beiträgen im Internet über rechtsextreme und rechtsradikale Umtriebe,
- Unterstützung von Betriebsratsmitgliedern und Vertrauensleuten bei Aktionen im Betrieb,
- Aufbau einer Plattform zum Austausch guter betrieblicher Praxis,
- Entwicklung von Ideen zur betrieblichen Beteiligung, die über Internet, soziale Netzwerke und Veranstaltungen verbreitet werden,
- nicht zuletzt: Beobachtung und Darstellung von Netzwerken fremdenfeindlicher Bewegungen und deren Aktivitäten.

Interview

Was genau hat es mit dem Verein zur Bewahrung der Demokratie – VBD – auf sich?

Danial Bamdadi (DB) Der VBD ist angegliedert an die Organisationsstruktur der IG Metall, die den Verein gegründet hat. Die Initiative geht zurück auf einen Beschluss des Gewerkschaftstags 2019, und zwar als Anliegen von betrieblichen Kolleginnen und Kollegen: Sie waren an ihren Standorten mit dem »Zentrum Automobil« konfrontiert und baten um hauptamtliche Unterstützung für die betriebliche Auseinandersetzung mit den rechtsextremen Akteuren. Dafür wurde der Verein ins Leben gerufen, der zunächst vor allem in Baden-Württemberg agierte.

Das sogenannte »Zentrum Automobil« trat seit 2010 mit Listen bei Betriebsratswahlen an und steigerte seine Wahlerfolge: Die angeblich »alternative Gewerkschaft« strebt ihre Ausbreitung in der Fläche und in wei-

teren Branchen an; erstes Ziel war das Daimler-Werk in Untertürkheim. Inzwischen ist der VBD bundesweit aktiv. Gibt es Fragen, Probleme und betriebliche Konflikte, können sich Betriebsratsgremien an uns wenden. Ziel ist, mittel- und langfristig in allen Bezirken ansprechbare Stellen des Vereins zu haben.
Lukas Hezel (LH) Hinzu kommen die Aktivitäten der »Initiative betriebliche Demokratiekompetenz«, die der DGB koordiniert. Diese fördert Projekte finanziell, die ebenfalls den oben genannten Zielen dienen. Teils sind das zum Beispiel Projekte, die Ansätze zur Antidiskriminierung in den Unternehmen fördern. Die Vielfalt ist groß, aber das gemeinsame Anliegen im Förderprogramm ist das Schaffen einer Infrastruktur, mit der die Grundrechte und die Betriebsverfassung verteidigt und gestärkt werden. Gemeinsam gehen wir gegen antidemokratische Umtriebe vor. *(Anm. der Redaktion: Vgl. den Beitrag von Gerd Wiegel in diesem Band)*
DB Ja, wir arbeiten als gewerkschaftliche Akteure eng projektübergreifend zusammen. Zentral für unseren Erfolg ist die Vernetzung, die branchenübergreifende Kooperation gegen Rassismus und demokratiefeindliche Aktionen. Das Zentrum Automobil versucht seit der Corona-Pandemie vehement auch in anderen Branchen Fuß zu fassen. Wir Aktive im VBD – und darüber hinaus – lernen voneinander und geben Erfahrungen weiter.

Kommen wir zur betrieblichen Situation: In welchen Branchen und Betriebsgrößen sind rechtsextreme Listen und Gruppierungen bisher aktiv?
DB Der Ursprung waren die Umtriebe des Zentrums Automobil in großen Werken der Autoindustrie, insbesondere bei Mercedes in Untertürkheim. Bei der Betriebsratswahl 2018 kam es zu einer Expansion in weiteren Werken wie Mercedes Rastatt und Sindelfingen, VW Zwickau, BMW und Porsche Leipzig und so fort. Besonders seit der Pandemie legten es rechtsextreme Listen und Gruppen darauf an, auch in zusätzlichen Branchen und in der Fläche der Betriebe Fuß zu fassen.
Eine Person zieht beim Zentrum Automobil von Beginn an die Fäden: Oliver Hilburger. Er war Betriebsrat der sogenannten Christlichen Gewerkschaft Metall (CGM) in Untertürkheim. Dort hat er quasi gelernt, wie Betriebsratsarbeit geht. Er war allerdings privat tief in der ultrarechten bis militanten Neonaziszene verwurzelt, hat in einer Rechtsrockband Gitarre gespielt und war eine feste Größe der rechten Szene in Baden-Württemberg in den 1990er und frühen 2000er Jahren. Das wurde im Werk Untertürkheim bekannt, er geriet daraufhin unter Druck und musste sein CGM-Mandat aufgeben.

Hilburger hat sich danach aber nicht zurückgezogen, sondern ging in die Offensive: Er gründete seinen Verein »Zentrum Automobil« und kandidierte von da an unter diesem Label mit einer Liste bei den Betriebsratswahlen. Erstmals passierte das 2010, der Verein und die Aktivitäten der Liste waren zunächst auf das Werk Untertürkheim beschränkt. Die Kandidaturen wiederholten sich, die Liste hat Schritt für Schritt mehr Mandate hinzugewonnen: Das ging los mit zwei Sitzen, steigerte sich auf vier, auf sechs und im Jahr 2022 auf sieben Mandate. Das Zentrum bildet zwar eine Minderheitenfraktion, da Untertürkheim als großes Werk einen Betriebsrat mit über 40 Sitzen hat, aber immerhin stellt diese rechte Gruppe damit einen nicht unbedeutenden Anteil von Personen im Gremium.

Wie wirkt sich die Stärke der Liste Zentrum Automobil aus? Kann sie die Betriebsratsarbeit beeinträchtigen? Wird das Betriebsklima beeinflusst?

DB Das Zentrum hat keine politische Mehrheitsmacht, es kann die Entscheidungen des Gremiums nicht wirklich beeinflussen. Man muss aber konstatieren: Untertürkheim wurde zu einer Art Dreh- und Angelpunkt der Liste. Sie weiß die lange erkämpften Sonderrechte bei Mercedes für sich zu nutzen. Beispielsweise profitiert sie davon, dass alle Betriebsräte voll freigestellt sind, was weit über die im Betriebsverfassungsgesetz normierten Ansprüche hinausgeht. Damit verfügt das Zentrum über Zeitressourcen und Einflussmöglichkeiten, die es für seine destruktiven Aktivitäten einsetzen kann: also Zeit, Raum und Mittel, um ihre Arbeit systematisch zu planen und strukturell auszubauen.

Die gewählten Betriebsratsmitglieder profitieren vom Schutz für alle Betriebsräte: Kündigungsschutz, Bewegungsfreiheit im Unternehmen, sie verfügen über Büros, Arbeitsmittel und so weiter. Mit sieben freigestellten Leuten lässt sich etwas bewegen, die Liste ist quasi eine Schaltzentrale der Organisation – mit Tendenz zur Ausbreitung. Es ist offensichtlich, dass die politische Arbeit des Zentrums von Untertürkheim aus gesteuert wird. Da werden Social-Media-Accounts gepflegt und so weiter und so fort.

Bis 2018 liefen die Aktivitäten des rechten Zentrums Automobil hauptsächlich in Untertürkheim. Und dann?

LH Im Wahljahr 2018 hat das Zentrum Automobil erstmals eine professionellere Kampagne zur Betriebsratswahl auf die Beine gestellt – verbunden mit dem Ziel, in weiteren Werken Mandate zu erobern. Das ging damals nach unserer Einschätzung, bei Auswertung entsprechender Quellen, nicht allein von ihnen aus. Es gab Unterstützung von einem

bundesweit agierenden, rechten Netzwerk: dem Verein »Ein Prozent«. Er wurde von Kadern der Identitären Bewegung gegründet, einer rechten Organisation, die Spenden von Sympathisanten einsammelt und damit gezielt deren Kampagnen finanziert oder umsetzt.
Dieser Verein hat 2018 nach unseren Kenntnissen an der Wahlkampagne für das Zentrum Automobil gestrickt, bei der erstmals Corporate Design eingesetzt und das Narrativ von deutschen, »patriotischen Betriebsräten« gepflegt wurde: Nur die Patrioten seien permanent von Repressalien betroffen, angeblich würden jeden Tag viele von ihnen aufgrund ihrer Gesinnung gekündigt – was natürlich frei erfunden war. Daher müssten sie gewählt und unterstützt werden. Es wurde und wird die Mär von den bösen DGB-Gewerkschaften verbreitet, die unter dem Deckmantel Antifaschismus die wahren, ehrlichen Patrioten verunglimpften. Auffällig war, dass diese Wahlkampagne damals eine relativ kleine Zielgruppe ansprach, nämlich Leute, die sich selbst als explizit rechts oder eben »patriotisch« definieren.
Mit dieser Kampagne ist es dem Zentrum erstmals gelungen, sich in weiteren Werken des Mercedes-Konzerns festzusetzen: mit Mandaten in Sindelfingen und in Rastatt in Baden-Württemberg. Bei VW in Zwickau, bei BMW und Porsche in Leipzig sind sie ebenfalls in die Betriebsräte eingezogen, auch wenn es im Unterschied zu Mercedes anderswo sehr viel losere Organisationsstrukturen gibt und gab. Da waren die Listen schwächer aufgestellt, auch was konkrete Personen anbelangt.

Gab oder gibt es Strategien, rechte Betriebsgruppen und Listen zu vernetzen und zu steuern?

DB Ja, die Konferenz des rechten »Compact Magazins« im Jahr 2017 sollte eine Art Initialzündung sein, um ein Netzwerk der betrieblichen rechten Listen und Akteure aufzubauen. Der Chef des Compact Magazins, Jürgen Elsässer, hatte die Veranstaltung organisiert und Oliver Hilburger eingeladen, der dort als Experte über »rechte Betriebspolitik« seines Vereins Zentrum Automobil sprechen sollte.
Es existiert ein YouTube-Video von der Konferenz. Versammelt hatte sich dort alles, was in der in rechten Szene Rang und Namen hat: Hilburger und Björn Höcke stehen nacheinander am Rednerpult. Der Akteur des rechtsextremen AfD-Flügels, Höcke, schürte Ängste der Arbeitnehmerschaft und pries die betriebliche »Vorfeldarbeit« rechter Listen für die AfD. Er sucht schon länger engen Kontakt zum Zentrum und zu weiteren Gruppen.
Lutz Bachmann war auf der Bühne, seinerzeit Wortführer und Organisator der rassistischen, rechtsextremen Massenbewegung »Pegida« in und

um Dresden. Der Chef des rechten Lobby-Vereins »Ein Prozent«, Martin Sellner, war mit von der Partie. Seit der Konferenz ist klar, dass keine isolierten Akteure agieren, sondern ein Netzwerk enger geknüpft wird. Deren gemeinsamer Sprachgebrauch beinhaltet Begriffe wie »Vorfeldarbeit« und »Mosaik-Rechte« – mit dem Baustein Zentrum Automobil.
LH Die AfD hatte vor der Konferenz ein paar Jahre lang vergeblich versucht, eigene »Arbeitnehmervertretungen« aufzubauen; zwei gescheiterte Vorhaben wurden unter den Bezeichnungen »Alarm« und »Aida« bekannt. Es mangelte in beiden Fällen an betrieblicher Verankerung und dem Know-how. Dem Zentrum dagegen fehlte eine überbetriebliche Organisation, um Kontakte und das Aktionsfeld zu erweitern. Es gab keinen handlungsfähigen, überbetrieblichen Apparat für Erschließungsprojekte. Seit der Konferenz versucht man, diese Lücke mit der AfD zu schließen.

Eine stärkere Koordination dieser Aktivitäten könnte bevorstehen, wenn man die AfD-Wahlerfolge im Bund und in den Ländern betrachtet. Womit rechnet ihr?
DB Die AfD fängt an, die überbetriebliche Organisationslücke zu schließen, Kontakte werden vermehrt über die Partei vermittelt. Das kann in weitere Betriebe und Regionen ausstrahlen. Bisher behauptet das Zentrum Automobil, es wäre in Zulieferbetrieben verankert, das ist aber nicht belegt. Die Partei hat vor allem versucht – seit und während der Pandemie –, in kleineren und mittelgroßen Metallbetrieben sowie im Gesundheits- und Pflegebereich Boden zu gewinnen. Da wurde etwa gegen die Impfpflicht in Pflegeeinrichtungen agitiert, um den Unmut von Impfgegner*innen gezielt anzustacheln und zu instrumentalisieren.
LH Ja, genau, die Unzufriedenheit des Pflegepersonals ist groß, betrachtet man die hohe Arbeitsbelastung und den Personalmangel. Dieser Unmut wird von den Rechten gezielt aufgegriffen und thematisiert, dabei aber stets mit der eigenen Ideologie verknüpft. Das heißt konkret: Im Mittelpunkt standen dabei eben nicht die schlechten Arbeitsbedingungen, sondern immer die Ablehnung aller Corona-Maßnahmen und letztlich auch die Leugnung der Pandemie. Wir wissen aber, dass gute Arbeitsbedingungen die Unzufriedenheit der Beschäftigten eindämmt. Es besteht in Teilen ein erheblicher Nachholbedarf bei der Gestaltung der Arbeitsbedingungen.
Deshalb ist es sehr gut, dass ver.di seit Jahren um eine stärkere gewerkschaftliche Verankerung im Gesundheitsbereich kämpft und immer wieder durch Streikbewegungen zeigt: Es ist möglich, gemeinsam etwas zu verändern, wenn wir uns solidarisch organisieren. Das ist gleichzeitig ein wichtiger Beitrag gegen den rechten Vormarsch. Und man darf nicht

verkennen: Die Corona-Lage als Ausnahmesituation hat allgemein den rechten Akteuren in die Hände gespielt und die betriebliche sowie gesellschaftliche Radikalisierung gepusht.

Weiß man, ob weitere rechte Listen angetreten sind und Mandate gewonnen haben?

LH Das ist nicht völlig geklärt, da das Zentrum die Strategie fährt, nicht offen aufzutreten, sondern so lange wie möglich »unter dem Radar zu fliegen«. In Einzelfällen sind Betriebsräte zum Zentrum übergelaufen. Im Gesundheitsbereich wurde ein »Ableger« gegründet: das »Zentrum Gesundheit und Soziales«. Aktiv war diese rechte Gruppe vor allem in der Pandemie in einigen Krankenhäusern und Pflegeeinrichtungen. Das hat nachgelassen, doch die Struktur Zentrum Gesundheit und Soziales besteht noch.

Es gab außerdem eine »Delegationsreise« nach Nordrhein-Westfalen mit dem Ziel, neue Kontakte in der Chemie- und Pharmaindustrie zu knüpfen. Auch hier hat ein AfD-Mann vermittelt: Matthias Helfferich. Das Zentrum soll dort mit Betriebsräten eines Chemiekonzerns beraten haben, wie man in großen Chemieunternehmen für die Betriebsratswahlen 2026 eine Kandidatur auf die Beine stellt.

Und es gibt eine Strategie, die auf Intransparenz gründet: Um möglichst lange nicht enttarnt zu werden, gründet man scheinbar harmlose Tarnlisten oder einzelne Akteure treten unauffällig bei Persönlichkeitswahlen an. Deshalb müssen wir von einer Dunkelziffer ausgehen.

Insgesamt ergibt sich nach unseren Erkenntnissen das Bild, dass nicht alle betrieblichen Aktionen zentral gesteuert werden, in einigen Branchen und Betrieben gibt es aber Wildwuchs, es kandidieren einzelne Sympathisant*innen der rechten und rechtsextremen Szene. Die AfD ist bisher eher auf die Expertise des Zentrums angewiesen, weil es mit der Kenntnis von den betrieblichen Bedingungen in der Partei nicht weit her ist. Aber das kann sich ändern, denn die AfD schürt allgemein Unmut und setzt bundesweit politische Themen, die auf Resonanz stoßen. Mit dieser Marschrichtung war die AfD bei den Parlamentswahlen erfolgreich und prägt auch betriebspolitische Debatten.

Was konkret hat die AfD den Arbeitnehmerinnen und Arbeitnehmern zu bieten?

DB Es gab früher parteiintern stärkere Differenzen, die AfD war in Lager und Strömungen gespalten, sie trat aber schon im Bundestagswahlkampf 2021 einheitlicher auf. Das Alice-Weidel-Lager sucht zwar noch den Anschluss an das konservativ-bürgerliche Lager, aber die rechtsextreme, teils neofaschistische Höcke-Strömung ist nicht mehr isoliert, sondern in der AfD salonfähig. Es gab zeitweise einen Unvereinbarkeitsbeschluss mit dem Zentrum, aber den hat Höcke mit seinen Leuten auf dem Bundesparteitag in Riesa 2022 erfolgreich gekippt. Diese Gruppe orientiert sich auf die Bewegung auf der Straße und auf den Aufbau eines »Vorfelds« für die Partei, auch in den Betrieben.

Man muss zur Kenntnis nehmen, dass die AfD-Wahlerfolge maßgeblich auf dem Erfolg bei den Arbeitnehmerinnen und Arbeitnehmern beruhen. Dabei besteht ein riesiger Widerspruch zwischen der Programmatik und den Interessen der Beschäftigten *(Anm. der Redaktion: Vgl. hierzu die Beiträge von Prof. M. Fratzscher und K. Heimann in diesem Band)*: Wirtschaftlich vertritt die sogenannte Alternative eine neoliberale, gewerkschafts- und betriebsratsfeindliche Politik: etwa Steuern für Reiche runter, Sozialleistungen kürzen, die Rechte der Interessenvertretungen und Gewerkschaften beschneiden und so weiter.

LH Die Rechtsextremen haben Beschäftigten nicht viel zu bieten. Das Zentrum Automobil ist keine Gewerkschaft, sondern ein betriebliches Propaganda-Sprachrohr für rechtsextreme, rassistische Umtriebe: Geleugnet wird der Interessengegensatz zwischen Kapital und Arbeit, zwischen Arbeitgebern und abhängig Beschäftigten; auch Streiks werden abgelehnt. Man konzentriert sich darauf, die DGB-Gewerkschaften anzugreifen und schlecht zu machen. Propagiert wird ein »Standort-Nationalismus«, »unsere Arbeitsplätze für deutsche Beschäftigte« sind das Wichtigste. Unternehmen müssen profitabel sein, man darf nicht einfach höhere Löhne einfordern. Angeblich sitzen »Kapital und Arbeit im selben Boot«. Es geht um Spaltung der Arbeitnehmerinnen und Arbeitnehmer sowie um Entsolidarisierung.

Wie äußert sich die Propaganda gegen den DGB und seine Gewerkschaften?

DB Das Zentrum will sich mit einer Art »Kümmererpolitik« beliebt machen. Da werden Kolleg*innen in einer persönlichen Notlage bedauert und mit Versprechungen gelockt, es werden vorgeblich »Schuldige« angeprangert. Die Leute vom Zentrum haben für derartige Aktivitäten im Alltagsgeschäft viel Zeit: Zuhören und Vertrauen aufbauen. Teils wächst damit ihr Ansehen, weil sie sich aus dem zeitintensiven Tagesgeschäft der Betriebsratsgremien heraushalten können und vorzugsweise gegen die IG Metall agitieren.

Geht es aber darum, den Arbeitgeber mit Forderungen zu konfrontieren oder in der Krise die Interessenvertretungsarbeit zu stärken, ducken sich diese angeblichen Betriebsräte weg. Ein Element der destruktiven Strategie ist es, bei jeder sich bietenden Gelegenheit Betriebsrats- oder andere Gremienwahlen wegen Kleinigkeiten anzufechten. Damit wird die Arbeit der Gremien teils über Monate behindert, die Interessenvertretung der Beschäftigten geschwächt. Der erste Gegner ist die IG Metall, der zweite Gegner war die Ampel-Bundesregierung: Klassiker ist das Leugnen des Klimawandels. Die grüne Ideologie und die Transformation mit der E-Mobilität seien angeblich Verschwörungen zur »Deindustrialisierung Deutschlands«. Also quasi der Weg von Detroit nach Niedersachsen.

Die Beschäftigten haben in der Krise berechtigte Angst, ihre Arbeit zu verlieren. Ist das der Nährboden für betriebliche Rechtsableger?
LH Die Gefahr ist real, zumal die intensive Kommunikation auf Social Media die Stimmung anheizt *(Anm. der Redaktion: Vgl. hierzu den Beitrag von S. Reimann in diesem Band)*. Mit einfachen Erzählungen werden die Versprechen und vermeintlichen Erfolge der extremen Rechten verbreitet. Schuldige werden ausgerufen und aggressiv angegriffen. Lösungen oder Zukunftskonzepte sind nicht im Angebot, da wären ja komplizierte Sachverhalte zu regeln. Populistische Scheinlösungen und Argumente verbinden sich mit den Angriffen auf den DGB, seine Gewerkschaften, die etablierten Parteien und so fort.
Die AfD ist bei jungen Leuten via TikTok sehr erfolgreich. Das Zentrum spricht in den Betrieben vor allem Ältere an, die eher auf Facebook aktiv sind. Gezielt werden unterschiedliche Kanäle bespielt und Zielgruppen angesprochen. Insgesamt ist die AfD-Reichweite beängstigend: mit YouTube, WhatsApp-Gruppen und so weiter. Viele Beschäftigte informieren sich nur noch auf Social Media in ihrer »Bubble«. Die Konstruktion der Algorithmen verstärkt diese Abschottungstrends.

Umsteuern gegen Rechts – gewerkschaftliche Strategien

Was ist jetzt vorrangig zu tun? Wie kann man Beschäftigte erreichen, die nach rechts außen abdriften?
DB Die beste Methode ist das direkte Gespräch und gewerkschaftliches Handeln, um Leute zu überzeugen und zu gewinnen. Das ist ressourcenaufwendig, aber wertvoll. Wir schlagen zum Beispiel Ansprache-Aktionen vor, etwas, das in gut organisierten Betrieben eigentlich zum Tagesgeschäft gehört, manchmal aber über die Jahre auch eingeschlafen ist. Ein Tandem aus einem Betriebsratsmitglied und einer Vertrauensperson geht durch ein Werk und spricht die Beschäftigten an – Arbeitsplatz für Arbeitsplatz. Gefragt wird nach ihren Anliegen und Problemen, was besser

gemacht werden sollte. So kann man den Puls der Belegschaft fühlen, das ist ungeheuer wichtig!
Bei den Rundgängen trifft man auch auf Beschäftigte mit Zentrums-Logo auf grünen Schlüsselanhängern. Auch mit diesen Leuten sprechen wir. Bei Weitem nicht jedes Mitglied beim Zentrum hat ein gefestigtes rechtes Weltbild. Mit der persönlichen Ansprache kann man besser vermitteln, wofür die IG Metall eintritt, man kann mehr bewegen als man denkt. Das ist ein wichtiger Baustein der Betriebspolitik.
Man muss aber auch anerkennen, dass die Arbeit der Gremien komplexer und facettenreicher wird, erst recht in der digitalen und ökologischen Transformation. Das bindet Kapazitäten der Betriebsratsmitglieder, die in Ausschüssen aktiv sind und viele Aufgaben abdecken müssen. Interessenvertretungen müssen ehrlich Bilanz ziehen und sich fragen, ob die betriebliche Kommunikation, direkt persönlich und über interne Medien, in den letzten Monaten und Jahren zu kurz gekommen ist.
Meiner Überzeugung nach ist die Präsenz in der Fläche, auch mit den Vertrauensleuten, schwer zu ersetzen. Gewerkschaften, Gremien und Vertrauenskörper sollten Aktivitäten an der Basis hochfahren. Besteht in diesem Kommunikationsraum eine Lücke, werden die Rechtsextremen sie nutzen.

Wie hilft man Beschäftigten, die von Hetze, Mobbing oder Rassismus betroffen sind? Wie geht man dagegen vor?

LH Es gab vor Jahren in einem Werk eine Reihe von Skandalen, weil Zentrums-Betriebsräte in WhatsApp-Gruppen und E-Mails rassistische, antimuslimische Memes und Inhalte geteilt haben. Im Ergebnis hat das dem Zentrum geschadet, da die Belegschaften in der Autoindustrie divers sind, auf allen Ebenen bunt gemischt, wie heutzutage fast überall. Mit plumper rassistischer Hetze kann man in den Industrieregionen mit einer langen Migrationsgeschichte keine Mehrheiten gewinnen. Deshalb haben die Protagonisten sehr schnell umgeschaltet. Das ist aber keine Änderung ihrer Politik, die bleibt ausländer- und migrationsfeindlich; es geht nur um die betriebliche Taktik.

DB Eine besonders perfide Strategie ist es, dass vordergründig eine Diversity-Kultur gepflegt wird, um den Rassismusvorwurf zu entkräften. Migrantische Kolleginnen und Kollegen treten in ihren Videos auf und werden auf Wahllisten gesetzt. Man schmückt sich mit Personen, die bekannt sind und denen vertraut wird. Obwohl diese Menschen in Deutschland teils selbst von Rassismus betroffen sind, stehen sie oft politisch weit rechts und sind glühende Nationalisten, die für rechte Propaganda anfällig sind.

Das müssen die Gewerkschaften und Gremien aufgreifen und transparent machen: Das Zentrum tritt mit zwei Gesichtern auf, im Werk als »Wolf im Schafspelz«, auf der Straße und bei politischen Aktionen offen rassistisch und fremdenfeindlich. Oliver Hilburger, der Zentrums-Aktivist der ersten Stunde, ist eng mit Martin Sellner verbunden, der die »Remigration« auch von Menschen mit einem deutschen Pass fordert.

Nimmt der Alltagsrassismus zu? Was kann man dagegen machen?
LH Rassismus und antimuslimische Agitation nehmen spürbar zu, wo viele Leute mit rechtsextremen Einstellungen vertreten sind. Der Unterschied zu früher ist: Heutzutage wird ungehemmter und offener gegen Menschen gehetzt, die eine Migrationsgeschichte haben oder die »irgendwie anders« sind. Die Wissenschaft hat schon lange ermittelt, dass diese politischen Einstellungen latent in Teilen der Bevölkerung fest verankert waren und sind. Mit den AfD-Erfolgen ist ein Resonanzraum für rechtsextreme Parolen und Gesinnungen entstanden. Der gesellschaftliche Ton wird rauer. Man traut sich jetzt öffentlich zu sagen, was man früher nur gedacht hat.

Wie könnt ihr in diesem politischen Klima verhindern, dass rechtsextreme Personen Machtressourcen und weitere Betriebsratsmandate gewinnen?
DB Wir beraten Betriebsräte, die in ihren Unternehmen unmittelbar betroffen sind, wenn sich Kandidaturen abzeichnen oder rechtsextreme Mandatsträger aktiv sind. Das Angebot des Vereins ist inzwischen bei vielen Gremien und Vertrauensleuten bekannt – oder wir werden gezielt von den Gewerkschaften empfohlen und betrieblich ins Boot geholt. Außerdem schulen wir regelmäßig Hauptamtliche.
Gleichzeitig betreiben wir kontinuierlich Aufklärungsarbeit, eine Art Monitoring, was gerade wo in der Szene passiert. Wir agieren quasi als ein Frühwarnsystem für die DGB-Gewerkschaften, damit möglichst präventiv interveniert werden kann.

Ihr betreibt Aufklärungsarbeit und unterstützt die Gremien?
DB Ja, dafür benötigen wir geschulte Leute, die wissen, worauf sie achten müssen. Die Betriebsbetreuer müssen up to date sein, um Trends und Entwicklungen richtig einordnen zu können. Wird ein Problem sichtbar, gehen wir bei Bedarf in eine intensive Fallbetreuung und arbeiten eng mit dem Betriebsratsgremium oder den Vertrauensleuten zusammen.

Zentral für diesen Ansatz sind die Erkenntnisse der Leipziger Autoritarismus-Studie.[1] Menschen sind weniger empfänglich für extreme Parolen, einfache Antworten und billige Propaganda, wenn sie in ihrem Alltag und am Arbeitsplatz drei Erfahrungen machen können:

- konkrete Solidarität und Empathie,
- Wertschätzung der Person, Anerkennung ihrer Leistung,
- Selbstwirksamkeit, also die Möglichkeit, betrieblich mitzuwirken und mitzugestalten, Dinge mit anderen zu verändern und spürbare Verbesserungen zu erfahren.

Sind diese drei Voraussetzungen gegeben, sind Menschen statistisch betrachtet zumindest weniger anfällig, rechten Erzählungen und Verschwörungstheorien auf den Leim zu gehen.

Wie geht ihr konkret in einem Betrieb vor, der euch einschaltet?
LH Wir machen uns zunächst ein Bild der Lage: Gibt es Unzufriedenheit in der Belegschaft? Wo liegen die Ursachen? Wo knüpfen Rechtsextreme mit ihrer populistischen, zersetzenden Kritik an? Wie sind die Verbindungen entstanden, welche Personen und Netzwerke treten zutage? Mit wessen Unterstützung wird agiert? Das Problem moralisch zu skandalisieren, dass Neonazis am Werk sind, ist oft wirkungslos.

Die betroffenen Gremien erörtern das Lagebild und nehmen sich konkrete Probleme vor. Beispiel: Ist ein Betriebsrat zu selten präsent oder im Unternehmen wahrnehmbar? Wird die direkte Kommunikation mit der Belegschaft vernachlässigt? Dann unterstützen wir dabei, in die Offensive zu gehen und Präsenz zu zeigen. Die Arbeitsstrukturen sind so auszurichten, dass Probleme und Defizite abgebaut und die Unzufriedenheit eingedämmt werden können.

Grundsätzlich gilt: Gewerkschaften und Interessenvertretungen müssen zum Mitmachen einladen und wahrnehmbar sein. Wer gefragt wird, wer mitreden kann, fühlt sich ernst genommen. Solidarität heißt auch, Probleme des Gegenübers anzuerkennen und, soweit möglich, Lösungsvorschläge zu unterbreiten. Man kann Beschäftigte lang und breit darüber aufklären, wie man Rassismus erkennt und warum das moralisch verwerflich ist. Solche Argumente bleiben für viele Menschen abstrakt – ohne Bezug zu ihrem Leben. Im schlechtesten Fall fühlen sie sich mit dem moralischen Zeigefinger von oben herab belehrt. Das ist kein guter Ausgangspunkt, um eine solidarische Perspektive zu entwickeln, die das Gemeinsame statt das Spaltende in den Mittelpunkt rückt.

---

1 Vgl. Heinrich-Böll-Stiftung: *https://www.boell.de/de/leipziger-autoritarismus-studie.*

Allerdings dürfen wir uns nichts vormachen: Gegen gesellschaftliche Probleme und Versäumnisse der Parteien oder des Managements, etwa die reale Angst vor dem Arbeitsplatzverlust, können wir über Bildungs- und Aufklärungsarbeit nicht viel ausrichten. Dagegen hilft nur eine gewerkschaftliche Praxis, in der die Kolleginnen und Kollegen ihre eigene Gestaltungsmacht und Gegenwehr oder Verbesserungen erleben.

Also ist das gewerkschaftliche Ziel der Beteiligung der Beschäftigten und der Demokratisierung der Wirtschaft ein zentraler Punkt, ein Hebel der politischen Präventionsarbeit?
LH Ganz genau. Unglaubwürdig werden Betriebsräte, die nie bei den Leuten an der Basis sichtbar sind und kurz vor der Betriebsratswahl in der Werkstatt oder im Büro aufschlagen. Persönliche Ansprache, Mobilisierung, die Erfahrung eines Streiks haben für viele Arbeitnehmerinnen und Arbeitnehmer etwas Lehrreiches: Man erfährt, dass gemeinsames Eintreten für Ziele erfolgreich sein kann. Alle ziehen an einem Strang, egal, woher sie kommen, welche Religion oder Hautfarbe sie haben. Diese Erfahrung kann einen viel nachhaltigeren Effekt haben als Seminare oder moralische Kritik, egal, wie berechtigt sie sein mag.
DB Allerdings muss man auch in den Betrieben benennen, was rechtsextreme Listen und Gruppen praktizieren. Im Grunde ist das eine Form von Beteiligungssimulation. Das Zentrum suggeriert, sich der Probleme der Beschäftigten anzunehmen und zuzuhören, doch bei wirksamer Beteiligung oder Interessenvertretung herrscht Fehlanzeige. Wo ständen Tariflöhne, betriebliche Sozialleistungen, Urlaubsregelungen und faire Arbeitszeiten ohne Gewerkschaften und ihre betrieblichen Akteure?

Wie hilft eure Arbeit den Gremien dabei, ihre Stärken zu entwickeln?
DB Zwei Strategien greifen ineinander: Es geht um klare, relevante Ziele bei der Gremienarbeit und um eine deutliche, kämpferische Kommunikation mit dem Gegner. Die Zusammenhänge zeigen wir auf. Zunächst werden Stärken und Schwächen des Gremiums aufgezeigt. Dann geht es darum, gemeinsam Wege zur Verbesserung zu entwickeln: Ziele vereinbaren, Kampagnen planen, Stärken ausbauen.
Unverzichtbar ist zudem die Kultur der klaren Kante im Umgang mit den rechten Gruppen. Es bringt wenig, im Gremium ein tolles »Organizing« auf die Beine zu stellen, aber den Rechtsextremen bei Hetze und Propaganda das Feld zu überlassen. Man muss gegen dumpfe Tiraden angehen, sie argumentativ entkräften, eine Null-Toleranz-Linie aufbauen, auch mit dem Arbeitgeber.

Leider gibt es im Ländle (*Baden-Württemberg/Anm. der Redaktion*) und anderswo einen Speckgürtel an Leuten, die sich pragmatisch beim Zentrum oder bei rechten Listen verorten, weil sie einige Parolen von denen richtig gut finden. Und nicht ganz unwesentlich: Der Beitrag beim Zentrum ist billiger als bei den DGB-Gewerkschaften. Man versucht so, betrieblich ein Plus für sich herauszuholen, ohne den Mitgliedsbeitrag der DGB-Gewerkschaften zu zahlen. Also das Gegenteil des gewerkschaftlichen Solidaritätsprinzips. Das ist traurig, aber wahr.

Peter Eitner
Fachsekretär Digitale Arbeit, ehrenamtlicher Dozent für Betriebsratsschulungen (IGBCE).

Freia Polzin
Fachsekretärin Demokratiebildung (IGBCE).

Beide Autor*innen gehören zum Qualifizierungsförderwerk Chemie GmbH der Industriegewerkschaft Bergbau, Chemie, Energie - IGBCE
Für die drei betrieblichen Fallbeispiele wurden Vertreter*innen der Betriebsräte und der Geschäftsführung interviewt. *(Der Artikel wurde teils mithilfe von ChatGPT erstellt).*

Gute Praxis: Betriebsräte gestalten Demokratie, Vielfalt und Solidarität am Arbeitsplatz

Darum geht es in diesem Beitrag

Für die IGBCE und ihre Untergliederungen ist klar: Der Betriebsrat spielt eine zentrale Rolle bei der Förderung von Demokratie, Grundrechten und Antidiskriminierung. Dieser Beitrag geht auf die rechtlichen Grundlagen dafür ein, bietet aber vor allem Einblicke in eine gute Praxis in den Unternehmen. Drei Beispiele aus der Chemie- und Energiebranche stellen spannende Ideen und Initiativen vor, wie Demokratieförderung in den Arbeitsalltag integriert werden kann, und zwar von beiden Betriebsparteien. Die unterschiedlichen Ansätze zeigen, dass betriebliche Demokratie auf Beteiligung beruht.

Der Betrieb ist in erster Linie Arbeitsort, aber hier verbringen die Kolleg*innen in der Regel immerhin ein Drittel des Tages. Wichtige Themen wie die Qualität der betrieblichen Zusammenarbeit, Probleme bei der Kooperation, Konflikte sowie ihre Lösung am Arbeitsplatz haben daher höchste Relevanz für die Beschäftigten. Die gemeinsame Arbeit und Parameter der Betriebskultur werden unter anderem durch verschiedene Gesetze und Verordnungen geregelt und von den Betriebsparteien ausgestaltet.
Grundlegend ist aus Sicht der betrieblichen Interessenvertretung das Betriebsverfassungsgesetz (BetrVG) als Basis für die Zusammenarbeit

zwischen den Betriebsparteien. Mit Blick auf die Normenpyramide sind zudem das Grundgesetz (GG) und beispielsweise das Allgemeine Gleichbehandlungsgesetz (AGG) für die betriebliche Praxis des Miteinanders entscheidend – neben einer Vielzahl weiterer Bestimmungen.
Der Betriebsrat spielt eine zentrale Rolle bei der Förderung von Demokratie im Betrieb, auch wenn diese Funktion nur in Teilen der Gesetzgebung direkt verankert ist. Eine wichtige Verbindung besteht zwischen dem AGG und dem BetrVG, insbesondere § 1 AGG und den §§ 75 Absatz 1 sowie 80 BetrVG: Das AGG fördert den Schutz vor Diskriminierung, während das BetrVG Mitbestimmungsrechte für die Arbeitnehmer*innen und ihre Vertretung normiert. Der Betriebsrat hat darauf zu achten, dass Arbeitgeber die Gesetze einhalten oder umsetzen, die zugunsten der Beschäftigten gelten. In Bezug auf das AGG bedeutet das zum Beispiel: Die Anwendung der Benachteiligungsverbote sind grundlegend für das Demokratieverständnis, ebenso wie die Einhaltung der Grundrechte und so fort. Dies gilt es, im Betrieb zu fördern, auszugestalten und umzusetzen.

Demokratieprinzipien im Betrieb

Die Werte des GG spielen eine herausragende Rolle beim Thema Demokratie im Betrieb. Artikel 3 GG verlangt, dass niemand aufgrund des Geschlechts, der Herkunft, Religion oder anderer Merkmale benachteiligt werden darf, was durch das AGG konkretisiert und gestützt wird. Artikel 4 GG sichert die Glaubens- und Bekenntnisfreiheit, was auch am Arbeitsplatz respektiert werden muss. Artikel 5 GG schützt die Meinungsfreiheit, wodurch Gespräche und der Austausch politischer Ansichten grundsätzlich erlaubt sind, was jedoch durch das BetrVG eingeschränkt wird: Ausdrücklich untersagt ist die parteipolitische Betätigung am Arbeitsplatz, um den Betriebsfrieden zu wahren. Werbung für politische Parteien ist daher nicht möglich, aber Gespräche und Diskussionen bleiben von der Meinungsfreiheit geschützt.
Der Betriebsrat hat durch die §§ 80 und 75 BetrVG konkrete Mitbestimmungsrechte, mit denen er zur Förderung demokratischer Grundsätze und Strukturen im Betrieb beitragen kann. Er ist verpflichtet, die Einhaltung von Gesetzen wie dem AGG zu überwachen und Maßnahmen zur Förderung der Chancengleichheit zu unterstützen. Zudem kann er Projekte anstoßen, die das Demokratieverständnis im Betrieb stärken,

etwa Schulungen für interessierte oder »auffällig gewordene« Mitarbeiter*innen. Direkte Ansprache und Workshops sind mögliche Vorgehensweisen, wenn Diskriminierungen und undemokratisches Verhalten festgestellt werden: Gefragt ist dann eine möglichst rasche Reaktion, um Fehlverhalten zu benennen, Grenzen aufzuzeigen und möglichst positiv auf Menschen einwirken zu können.

Der Betriebsrat kann und soll den Arbeitgeber beraten, vor allem, wenn es um Themen wie die Schaffung einer Diskussionskultur oder die Förderung von Solidarität und Kollegialität im Betrieb geht. Häufig sind Betriebsratsmitglieder selbst in den Gewerkschaften aktiv, die wiederum als (arbeits-)politische Organisationen mit einem stark ausgeprägten Demokratieverständnis auftreten. Gewerkschaften stützen die Grundrechte und das GG, sie bringen demokratische Werte und Prinzipien in den Betrieb ein, die etwa vom GG, dem Betriebsverfassungsrecht und dem AGG gestützt werden.

Ein guter Hebel zur Förderung demokratischer Prozesse im Betrieb ist die Möglichkeit, freiwillige Betriebsvereinbarungen nach § 88 BetrVG abzuschließen. Hier können sich Arbeitgeber und Betriebsrat auf Themen einigen, die mittelbar für die Demokratiebildung im Betrieb relevant sind. In Betrieben mit mehr als 100 Beschäftigten ist es dem Betriebsrat zudem erlaubt, seine vielfältigen Aufgaben an Ausschüsse beziehungsweise Arbeitsgruppen zu verteilen:

- § 28 BetrVG regelt die Arbeit in Ausschüssen, um Arbeitsprozesse des Betriebsrats effizienter zu gestalten. Das betrifft sowohl spezielle als auch themenbezogene Ausschüsse, um die Interessen der Arbeitnehmer*innen gezielt zu vertreten.
- § 28a BetrVG regelt die Übertragung von Aufgaben auf Arbeitsgruppen. Der Betriebsrat kann mit dem Arbeitgeber vereinbaren, dass eine Arbeitsgruppe bestimmte Mitbestimmungsrechte wahrnimmt. Ziel ist es, die Beteiligung der Arbeitnehmer*innen in die betriebliche Organisation einzubinden.

Die Förderung demokratischer Werte im Betrieb sollte möglichst präventiv ausgerichtet sein. Wenn sich undemokratisches Verhalten oder Misstrauen erst einmal etabliert haben, ist es oft schwierig, das Betriebsklima wieder positiv zu beeinflussen. Ein Beispiel hierfür ist § 104 BetrVG, der es dem Betriebsrat ermöglicht, die Entlassung von Mitarbeiter*innen zu fordern, die den Betriebsfrieden erheblich stören (vergleiche hierzu unter anderem den Beitrag von Tim Hühnert in diesem Band).

Stattdessen sollten vorbeugende Maßnahmen wie interne Schulungen zum AGG und zu anderen Themenfeldern angeboten werden, um ein Bewusstsein für demokratische Werte zu schaffen und die Kollegialität zu stärken (vgl. hierzu das Interview mit Siemens-Betriebsräten in diesem Band). Solche Schulungen fördern nicht nur den Zusammenhalt, sondern tragen auch dazu bei, Konflikte frühzeitig zu erkennen und zu lösen, bevor sie eskalieren.

Besonderes Augenmerk sollte auch auf die junge Generation im Betrieb, insbesondere auf Auszubildende, gelegt werden. Diese Mitarbeiter*innen prägen das Betriebsklima der Zukunft und bringen oft frische Ideen und Perspektiven ein. Es ist wichtig, deren Anregungen aufzugreifen und damit Projekte sowie Initiativen zu fördern, die das demokratische Miteinander im Betrieb stärken.

Betriebliche Fallbeispiele

Die drei betrieblichen Fallbeispiele aus der Chemie- und Energiebranche bieten einen spannenden Einblick, wie Demokratieförderung in den Arbeitsalltag integriert werden kann. Besonderer Dank gilt den Interviewpartner*innen, die durch ihre Expertise und Offenheit maßgeblich dazu beigetragen haben, diese praxisnahen und vielseitigen Beispiele hier vorzustellen. Ihre Einblicke machen die Fallstudien zu einer wertvollen Ressource für alle Betriebe.

Gute Praxis: Evonik Industries AG am Standort Marl

Interviewpartner: Thorsten Terwort, freigestellter Betriebsrat im Sachgebiet Aus- und Weiterbildung der Evonik Industries AG am Standort Marl und im rechtsträgerübergreifenden Gesamtbetriebsrat.

Gelebte Multikulturalität

Die Evonik Industries AG ist ein börsennotiertes deutsches Unternehmen, das 2006 aus dem sogenannten »weißen Bereich« (Chemie, Energie und Immobilien) der RA-Aktiengesellschaft (ehemals Ruhrkohle AG) hervorging. Der Betrieb ist seit jeher stark von seiner Bergbautradition geprägt, Werte wie Zusammenhalt, Fleiß und Solidarität sind tief in der lokalen Kultur verankert. Diese Werte spielen auch heute noch eine zentrale Rolle in der Unternehmenskultur.

In den 1970er-Jahren prägte ein bedeutender gesellschaftlicher, sozialer und wirtschaftlicher Wandel die Region: Zahlreiche Gastarbeiter*innen kamen – meist mit ihren Familien – nach Deutschland, um in den auf-

strebenden Industrien und im Bergbau zu arbeiten. Ihre Arbeit und ihr Engagement legten den Grundstein für die Diversität und internationale Ausrichtung, die die Evonik Industries AG bis heute auszeichnet.
Es gibt keinen AGG-Beauftragten (m/w/d) oder andere Interessenvertretungen, die sich speziell um die Belange der Beschäftigten mit Migrationshintergrund beziehungsweise -geschichte kümmern, vielmehr beschäftigt sich jeder Ausschuss des Betriebsrats mit dem Thema Migration. Zu nennen ist die Kodifizierung eines Verfahrens, das vom Betriebsrat und dem Bereich Human Resources (Abteilung für Personalangelegenheiten) ausgearbeitet wurde, um den Bewerbungsprozess durch Nutzung von virtuellen Medien für Bewerber*innen außerhalb der Europäischen Union zu vereinfachen. Des Weiteren werden seit 2020 fünf bis acht Geflüchtete mithilfe der Berufsvorbereitungsmaßnahme »Start in den Beruf« in die duale Ausbildung integriert. Was als Sonderprojekt von Human Resources und Betriebsrat gestartet ist, hat sich zur Erfolgsgeschichte in der Auszubildendenrekrutierung entwickelt, das mit Unterstützung regionaler Institutionen und Vereinen der Geflüchtetenhilfe etabliert wurde.

Starke Sozialpartnerschaft

Arbeitgeberseite und Arbeitnehmervertretung machen sich zusammen stark für eine diskriminierungsfreie Arbeitsatmosphäre und gelebte Demokratie im Betrieb. Das heißt aber auch: Wer sich extremistisch in jedweder Form verhält oder äußert, muss mit der Beendigung des Arbeitsverhältnisses rechnen. Das ist die einzige personenbedingte Kündigung, die der Betriebsrat bei eindeutiger Beweislast nicht ablehnt. Die Wahrung des Betriebsfriedens hat Vorrang, auch wenn die Kündigung in Zeiten des Fachkräftemangels nur das letzte Mittel sein kann. In einigen wenigen Fällen wurde die Prämisse in die Tat umgesetzt:

- Auf einer Herrentoilette wurden Hakenkreuze und Naziparolen geschmiert. Der Täter wurde durch ein graphologisches Gutachten identifiziert.
- Ein Mitarbeiter drohte mit islamistischem Terror.
- Auszubildende des 1. Lehrjahres haben ein Gruppenfoto mit Salafistengruß in ihren Social-Media-Accounts veröffentlicht. Von der sofortigen Kündigung haben sowohl Arbeitgeber- und Arbeitnehmerseite abgesehen, da die jungen Beschäftigten gerade erst am Anfang ihrer Ausbildung standen und noch nicht ausreichend in die Corporate Identity eingewiesen waren. Dies wurde in einer gemeinsamen Informationsveranstaltung von Betriebsrat und Ausbildungsleiter nachgeholt. Den Auszubildenden wurde unmissverständlich verdeutlicht, dass eine erneute Darstellung extremistischer Zeichen und/oder Sym-

bole das Ende des Ausbildungsverhältnisses bedeuten wird. Die Ansprache hat ihre Wirkung nicht verfehlt.

Zwei zentrale Aspekte in dieser Vorgehensweise verdienen besondere Aufmerksamkeit, da sie wesentlich zur Effektivität und zum Erfolg des Ansatzes beitragen:

- Es gibt im Betrieb nicht den einen Experten oder die eine Expertin zum Thema Extremismus. Die »Schwarmintelligenz« der Belegschaft kommt zum Tragen. Die Beschäftigten sind alert (sensibilisiert und aufmerksam) gegenüber extremistischen Symbolen, Zeichen und Ideologien. Alle bisher entdeckten Vorkommnisse wurden durch aufmerksame Beschäftigte gemeldet. Diese Sensibilität gegenüber extremistischer Haltung und Äußerungen im Kreis der Kolleg*innen wird bestärkt durch die starke Positionierung und durch den Zusammenhalt zwischen Arbeitgeberseite und Arbeitnehmervertretung.
- Der Schulterschluss der betrieblichen Sozialpartner*innen wird von der Konzernspitze ermöglicht. Bereits vor zwei Jahren hat der Vorstandsvorsitzende Christian Kullmann sich gegen Rechtspopulismus und deren menschenverachtende Ideologie positioniert. In einer Betriebsversammlung hatte Kullmann mit Nachdruck erklärt, dass kein*e AfD-Politker*in einen Fuß in ein Evonik-Werk setzen wird. Ihre menschenverachtende Ideologie habe keinen Platz im Betrieb und werde auch nicht geduldet.

»Mutausbruch«: Einbindung der jungen Generation

Nicht mehr wegzudenken ist die betriebliche Bildungsinitiative »Mutausbruch«, die als Teil des betrieblichen Ausbildungsprogramms etabliert wurde. Ziel ist es, gemeinsam ein tieferes Verständnis für die Werte Freiheit, Demokratie und Zivilcourage zu entwickeln. Dabei wird auch ein bewusster Blick auf die Unternehmensgeschichte und die Bedeutung von (Eigen-)Verantwortung gerichtet.

Das Angebot richtet sich speziell an die Auszubildenden des ersten Lehrjahres an allen Standorten. Mit insgesamt 541 Teilnehmenden wurde auch im Jahr 2024 wieder ein breiter Austausch zu verschiedenen Themen ermöglicht:

- Demokratie und Europa heute
- Evonik-Vorgängergesellschaften in der Zeit des Nationalsozialismus
- Workshops unter anderem zu den Themen
  - Antisemitismus
  - antimuslimischer Rassismus
  - Hatespeech/Hass im Netz
  - Fußball und gesellschaftliche Verantwortung

- Verschwörungsmythen
- Diskriminierung
- Europa und Europawahl 2024.

Die junge Generation zeigt darüber hinaus im Betrieb großes Engagement. Die Jugend- und Auszubildendenvertretung organisiert regelmäßig im Rahmen der internationalen Wochen gegen Rassismus thematische Aktionen. Dieses Engagement wurde 2024 mit dem 1. Preis des jährlichen Wettbewerbs des Vereins »Mach meinen Kumpel nicht an!« für Gleichbehandlung, gegen Rassismus e. V. gewürdigt.[1]

Gute Praxis: BASF Personal Care and Nutrition GmbH am Standort Düsseldorf

Interviewpartnerin: Anke Heinisch, freigestellte Betriebsrätin, stellvertretende Betriebsratsvorsitzende und AGG-Beauftragte, Vorsitzende des Bezirksfrauenausschusses der IGBCE Düsseldorf.

Düsseldorf ist der drittgrößte Standort der BASF in Europa und der weltweit größte und bedeutendste BASF-Standort für die Produktion und Entwicklung von kosmetischen Inhaltsstoffen. Am Rand des Ruhrgebiets gelegen, ist das gesellschaftliche Umfeld stark von der Arbeiterkultur und der Geschichte der Gastarbeiter*innen geprägt. Dementsprechend ist Multikulturalität ein fester Bestandteil der Corporate Identity und der historisch gewachsenen Unternehmenswerte.

Mit dem Erstarken des Rechtspopulismus kam es in den letzten Jahren vermehrt vor, dass deren Narrative in der Belegschaft häufiger geteilt wurden und werden. Sicherlich ist die Kommunikation in männlich dominierten Beschäftigtengruppen grundsätzlich etwas rauer und direkter, trotzdem sind Sexismus, Fremdenfeindlichkeit, Islamophobie oder andere Formen der gruppenbezogenen Menschenfeindlichkeit in keinem Fall mit den Unternehmenswerten vereinbar.

Betreffende Beschäftigte werden im Personalgespräch belehrt, dass diskriminierende Äußerungen im Betrieb nicht geduldet werden. Aussagen, die im Affekt unter Kolleg*innen ausgetauscht werden, müssen in Bezug auf die Corporate Identity von den Betreffenden reflektiert werden. Tatsächlich ist bisher kein Fall bekannt, bei dem es nach den Personalgesprächen wieder zu Beschwerden kam.

1 WB 2023/2024 1. Preis | Mach' meinen Kumpel nicht an.

Gelebte Antidiskriminierung: Arbeitgeber- und Arbeitnehmerseite im regen Austausch

2024 wurde vom Personalleiter das D&I-Board gegründet: Diversity and Inclusion. Es setzt sich paritätisch aus Mandatsträger*innen der Arbeitgeberseite und Arbeitnehmervertretung zusammen: Die Arbeitgeberseite ist vertreten durch den Personalleiter, den Inklusionsbeauftragten, eine der drei angestellten Sozialpädagoginnen. Die Arbeitnehmervertretung entsendet den Betriebsratsvorsitzenden und seine Stellvertretung, eine Kollegin aus dem Sprecherausschuss, der die Interessen der etwa 40 leitenden Angestellten im Standort vertritt, sowie die Schwerbehindertenvertretung.

Die Idee für das D&I-Board hat der neue Personalleiter vom BASF-Hauptstandort in Ludwigshafen mitgebracht. Motivation für die Gründung der Arbeitsgruppe ist die Repräsentation eines erweiterten Kreises der Belegschaft, als es allein durch die Gleichstellungsbeauftragte oder durch den einmal im Jahr stattfinden Austausch zu den AGG-Fällen möglich ist. In der Arbeitsgruppe werden unter anderem Beschwerdefälle nach dem AGG erörtert; darüber hinaus geht es um viele Themen aus diesem Bereich, wie etwa darum, wie Talente der Beschäftigten von marginalisierten Menschengruppen gefordert und gefördert werden können oder wie der Betrieb mit der Heterogenität der Belegschaft wertefördernd umgehen kann.

Der Initiative des D&I-Boards ist es zudem zu verdanken, dass der Betrieb die »Charta der Vielfalt: Für Vielfalt in der Arbeitswelt« unterzeichnet und somit Teil des Charta-Netzwerks aus mittlerweile 6000 Betrieben wird. Die beteiligten Betriebe bekennen sich intern und extern zu gelebter Vielfalt und setzen dies an ihren Standorten praktisch um.[2]

Eine Website des D&I-Boards ist geplant und wird selbstverständlich im Intranet verankert, wie es die Website des Queer-Netzwerks im Standort bereits ist. In diesem Netzwerk haben sich aus eigenem Antrieb Kolleg*innen zusammengefunden, um für ihre Themen im Betrieb Aufmerksamkeit und Verständnis zu fördern. Das Netzwerk ist keine rein informelle Gruppe, sondern wird von betrieblichen Anlaufstellen weitreichend unterstützt.

Das Queer-Netzwerk hat zum Beispiel bei einer betriebsinternen Umfrage ermittelt, wie Themen der geschlechtlichen Orientierung in der Belegschaft wahrgenommen werden. Die Umfrage kam zu dem Ergebnis, dass eine Aufklärungskampagne nötig ist. In Newslettern, die unregelmäßig oder anlassbezogen per E-Mail an alle Werksbeschäftigten gesendet werden

2 Https://*www.charta-der-vielfalt.de/*.

(später auf der eigenen Intranet-Website zu finden), wurde im Herbst 2024 die Familienkonstellation »Mutter – Mutter – Kind« thematisiert. Zudem haben sich Werksleitung und Betriebsrat per Videostatements offen gegen Diskriminierung und für mehr Toleranz und Vielfalt positioniert.

Positive Werte gegen Rechtsextremismus betonen

Vor einigen Jahren sorgten Schmierereien mit rechtsextremen Symbolen in einer Herrentoilette für Aufsehen. Der Täter konnte nicht ausfindig gemacht werden. Der Vorfall hat für Unruhe im Betrieb gesorgt, weshalb sich Human Resources, Führungskräfte und Arbeitnehmervertretung in einem umfassenden Workshop zusammengefunden haben. Die betrieblichen Sozialpartner haben beschlossen, sich auf Positives zu fokussieren: Zusammengehörigkeit und die gemeinsamen Werte betonen, die das Unternehmen ausmachen. Dadurch sollte problematischen Darstellungen und extremistischer Ideologie kein weiterer Raum gegeben werden.
Als Teil der Maßnahmen wurde eine (Print-)Kampagne ins Leben gerufen, die die multinationale Vielfalt des Unternehmens hervorhebt. Führungskräfte mit verschiedenen Nationalitäten – darunter auch die Geschäftsführung, vertreten durch einen Franzosen – wurden porträtiert, um die gelebte Vielfalt und die Werte des Betriebs zu betonen. Parallel dazu wurden moderierte Workshops mit Schichtleitern entwickelt, die die Teilnehmenden befähigten, auffälliges Verhalten frühzeitig zu erkennen und angemessen darauf zu reagieren.

Gute Praxis: 50Hertz Transmission GmbH am Netzquartier Berlin

Interviewt wurden: Maja Maecker, seit 14 Jahren Betriebsrätin, Assistentin des Betriebsrats, Ersatzmitglied der Schwerbehindertenvertretung, Vorsitzende des Frauenausschusses des IGBCE-Bezirks Berlin-Mark Brandenburg; Cindy-Marie Kruner, Betriebsrätin und Software Solution Specialist; Sylvia Borcherding, Geschäftsführerin Corporate Services, Arbeitsdirektorin.

Die 50Hertz Transmission GmbH ist eine von vier deutschen Übertragungsnetzbetreibern. Die Firmenzentrale, das sogenannte Netzquartier, befindet sich in Berlin. Darüber hinaus gibt es sechs Regionalzentren mit zehn Standorten in Ostdeutschland sowie im Großraum Hamburg. 50Hertz betreibt das Stromübertragungsnetz im Norden und Osten Deutschlands und baut es für die Energiewende bedarfsgerecht aus. So sichern die Mitarbeitenden rund um die Uhr die zuverlässige Stromversorgung von 18 Millionen Menschen in der 50Hertz-Regelzone.

Um diesen Aufgaben gerecht zu werden, stockt der Betrieb sein Stammpersonal kontinuierlich mit jährlich etwa 300 neuen Beschäftigten auf. Waren 2010 rund 500 Beschäftigte bei 50Hertz eingestellt, hat sich deren Anzahl 2024 bereits vervierfacht. Den Bedarf an hochspezialisierten Fach- und Führungskräften zu decken, ist mit unterschiedlichsten Herausforderungen an die Unternehmenskultur verknüpft.
So ist es dem Betrieb beispielsweise ein Anliegen, die Gleichstellung von Frauen zu fördern. Dies wird mit gezielten Maßnahmen gestärkt und erreicht, die auf die Bedürfnisse und Herausforderungen von Frauen im Arbeitsalltag eingehen. Ein zentraler Ansatzpunkt ist die Anpassung der Arbeitszeitregelungen, um berufliche und familiäre Verpflichtungen besser vereinbaren zu können. Bei der Frage, wo die Arbeit erledigt wird, hat die Geschäftsführung den einzelnen Unternehmensbereichen bewusst freie Hand gelassen. Sie dürfen selbstständig bestimmen, wie mobiles Arbeiten in ihrem Kontext umgesetzt wird. Dadurch können individuelle Bedürfnisse besser berücksichtigt und maßgeschneiderte Lösungen entwickelt werden, die den spezifischen Anforderungen der jeweiligen Teams und denen der einzelnen Beschäftigten gerecht werden.
Diese Herangehensweise hat in den letzten Jahren dazu beigetragen, dass sich der Betrieb in der Belegschaft und auf dem Bewerber*innenmarkt den Ruf als moderner Arbeitgeber erworben hat. Darüber hinaus arbeiten die betrieblichen Sozialpartner daran, auch die Bedarfe anderer marginalisierter Gruppen in der Belegschaft zu identifizieren.

Unternehmenskultur im Wandel: Vielfalt nimmt Gestalt an.

Bereits 2021 hat Arbeitsdirektorin Sylvia Borcherding zusammen mit der Kommunikationsabteilung ein Diversity Netzwerk gegründet, in dem interessierte Beschäftigte aus dem gesamten Betrieb zusammenfinden, um ihre Themen in der Belegschaft zu teilen und um Verständnis für neue Lebens- und Sichtweisen zu schaffen. Die Diversity-Botschafter*innen agieren selbstständig, sozusagen aus der Mitte der Belegschaft heraus. Das Diversity-Netzwerk ist eine Bottom-up-Initiative von Beschäftigen für Beschäftigte mit Strahlkraft über die Betriebsgrenzen hinaus.
Die Diversity-Boschafter*innen können ihre Aktivitäten während ihrer regulären Arbeitszeit ausüben, wenn sie sich etwa am Christopher Street Day an der Regenbogenfahne mit Kolleg*innen austauschen oder am Orange Day Veranstaltungen gegen Sexismus moderieren. Um ihre Aktivitäten innerhalb des Betriebs bekanntzumachen, können sie unter anderem Artikel im Intranet platzieren. Nötige finanzielle Mittel für Aktivitäten können mit Blick auf die Wirksamkeit der geplanten Aktivitäten mit der Arbeitsdirektorin verhandelt werden.

Im April 2023 hat die Arbeitnehmer*innenvertretung die Arbeitsgruppe »Vielfalt« ins Leben gerufen – bestehend aus Mitgliedern des Betriebsrats und interessierten Beschäftigten, die zum Teil auch im Diversity-Netzwerk tätig sind. Dabei stehen die beiden Interessengruppen im regen Austausch miteinander. Die Motivation hinter der Arbeitsgruppe: Die Themen rund um Vielfalt sollen gebündelt und in die Gestaltung einer offenen Unternehmenskultur eingebracht werden. Die Arbeitsgruppe Vielfalt spielt eine zentrale Rolle, um unterschiedliche Vielfaltsdimensionen im Unternehmen zu erkennen und den Beschäftigten Wertschätzung entgegenzubringen.
Im Rahmen des Internationalen Tags gegen Rassismus fanden 2024 Thementage mit vielen Angeboten rund um Diskriminierung und Demokratie statt. Ab 2025 sind zusätzlich Fokusgruppen-Workshops geplant, um die verschiedenen Vielfaltsdimensionen innerhalb der Belegschaft zu erarbeiten und auf ihre Bedürfnisse eingehen zu können. Die Gruppenmitglieder sollen einen Querschnitt aus den verschiedenen Bereichen des Betriebs repräsentieren. Sie sollen ein Stimmungsbild einsammeln und herausfinden, was den Mitarbeitenden für eine rundherum wertschätzende Arbeitsatmosphäre und eine gelungene Kommunikation zwischen den verschiedenen Interessengruppen in der Belegschaft fehlt.

Fazit

Alle drei Betriebe zeigen auf unterschiedliche Weise, wie betriebliche Demokratie mitgestaltet und mitbestimmt werden kann, dass betriebliche Demokratie auf Beteiligung beruht. Diese Ansätze fördern nicht nur die Zufriedenheit der Arbeitnehmer*innen, sondern auch die Innovationskraft und Wettbewerbsfähigkeit der Unternehmen.

Interview mit Saskia Kraußer, Metin Bukan und Peter Kropp (Siemens AG).

Metin Bukan
Betriebsratsvorsitzender der Siemens AG Berlin Nonnendammallee (ND) und Mitglied im Gesamtbetriebsrat.

Saskia Kraußer
Stellvertretende Betriebsratsvorsitzende im Siemens-Betrieb »Erlangen G« sowie Vorsitzende des Konzernbetriebsrats und Mitglied im Gesamtbetriebsrat.

Peter Kropp
Referent des Gesamtbetriebsrats der Siemens AG.

Das Interview ist die ausführliche Fassung eines Vorabdrucks in »AiB – Arbeitsrecht im Betrieb« 3/2025. Siemens wurde für das hier beschriebene Projekt beim Deutschen Betriebsrätepreis des Bund-Verlags mit »Gold« ausgezeichnet. Mehr darüber in der Reihe »AiB-Audio-Podcast für erfolgreiche Betriebsratsarbeit«: *https://t1p.de/6oyf9*

Das Gespräch führten Eva-Maria Stoppkotte und Christof Herrmann.

»Im Betrieb die Offensive gewinnen: Demokratie ist keine Selbstverständlichkeit«

Darum geht es in diesem Beitrag
Saskia Kraußer, Metin Bukan und Peter Kropp berichten im Gespräch über die breit angelegte Unternehmensinitiative für Vielfalt, Respekt und Demokratie. Die Betriebsratsgremien der Siemens AG setzen ein Zeichen für die Grundrechte und die Demokratie. Sie verteidigen am Arbeitsplatz soziale und gesellschaftliche Errungenschaften, die nicht zum Nulltarif zu haben sind.

Interview

Was war der Auslöser für das Projekt »Demokratie schützen, Grundwerte stärken«?
Saskia Kraußer (S.K.): Der Konzern- und der Gesamtbetriebsrat der Siemens AG haben während einer Klausur im Januar 2024 mit Entsetzen vom Treffen einiger AfD-Politiker, von rechten und rechtsextremen Gruppierungen in Potsdam gehört. Laut dem Medienhaus »Correctiv« wurde über die Deportation von Millionen Menschen mit Migrationshintergrund aus Deutschland gesprochen.
Das Thema dominierte dann unsere Agenda. Aus dem blanken Entsetzen wuchs die gemeinsame Überzeugung: Wir Betriebsräte müssen aktiv werden! So entstand gemeinsam mit der IG Metall das Handlungsfeld »Demokratie schützen, Grundwerte stärken«. Darin vereinen sich zahlreiche Aktivitäten mit dem Ziel, in der Siemens AG zusammen mit den Beschäftigten die eindeutige Position zu besetzen: Keine Chance für rechtsextreme Parolen und Hetze, wir verteidigen Vielfalt, Respekt und Demokratie.
Metin Bukan (M.B.): Vielleicht sollte man hervorheben, dass wir Betriebsräte nicht gegen etwas sind, sondern für die Grundrechte und die Demokratie eintreten. Das war uns in den Gremien wichtig: Wir wollen für die Demokratie werben, sie stärken. Und wir sind für Vielfalt, denn die macht unsere Belegschaften aus! An diesem Punkt waren wir uns schnell einig: Jawohl, da machen wir mit, dafür setzen wir uns praktisch ein. Das ist unsere Zielsetzung im Engagement mit den Beschäftigten.

Wie habt ihr das Projekt mit Leben gefüllt – von der Idee zu konkreten Initiativen?
M.B.: Noch während der Klausur im Januar 2024 bildete sich eine agile Projektgruppe, die Informationen beschaffen und die Kommunikation anstoßen wollte. Erste Ideen wurden entwickelt und betriebliche Aktivitäten koordiniert.
Nach mehreren Runden mit Überlegungen war die Idee geboren: Lasst uns die Leute mit unterschiedlichen Formaten ansprechen. Es gab zum Beispiel »Dialoge für Toleranz und Vielfalt«, die super erfolgreich liefen. In einem Podcast äußerten sich Birgit Steinborn und Tobias Bäumler, die GBR-Vorsitzende und der stellvertretende GBR-Vorsitzende. Zudem wurden intern im Unternehmen SiemensWelt-Artikel publiziert.
Auch der Vorstandsvorsitzende Roland Busch und die Arbeitsdirektorin Judith Wiese haben sich beteiligt, indem sie Vielfalt und Respekt als

Grundpfeiler der Siemens-Kultur herausgestellt haben. Hinzu kam eine Weiterbildungswoche für Betriebsrätinnen und Betriebsräte mit dem Seminar »Demokratie schützen und stärken – Handlungsmöglichkeiten für Betriebsräte«.

Warum ausgerechnet Podcasts?
Peter Kropp (P.K.): Der Podcast ist ein super Medium, mit dem man heutzutage viele Beschäftigte erreicht: Es gab mehrere Folgen mit Birgit und Tobias, in denen es immer wieder um eine zentrale Frage ging: Ist Betriebsratsarbeit politisch? Wir wollten Flagge zeigen, unser Anliegen anhand unterschiedlicher Beispiele vermitteln, die Themen Toleranz und Respekt in die Fläche tragen. Die Botschaft lautet: Wir setzen uns für Demokratie und Vielfalt ein – und das hat mit euren Interessen und Anliegen zu tun, nicht nur am Arbeitsplatz, aber auch dort.

Wie lief die Demokratie-Weiterbildungswoche ab?
P.K.: Es gab interessante, spannende Referentinnen und Referenten. Das lief auch Dank des Engagements der IG Metall bestens. Unsere Gewerkschaft hat uns von Anfang an unterstützt und war eingebunden. Beim Seminar und dem Projekt »Demokratie stärken« spielt sie eine wichtige Rolle. Man kann sagen, uns wurden die Augen geöffnet, wie stark und verbreitet rechtsradikale Tendenzen in der Gesellschaft bereits sind, welche Strömungen und Zusammenschlüsse in der Arbeitswelt agieren.

Welche Aktionen waren besonders erfolgreich?
M.B.: Ein Höhepunkt waren die Aktionswochen für Vielfalt, Respekt und Demokratie im Mai 2024. An vielen Siemens-Standorten in ganz Deutschland gab es Aktionen und Veranstaltungen. Die Beteiligung war fulminant. Zum 75. Jubiläum des Grundgesetzes haben wir tolle Aktionen umgesetzt: In Regensburg haben Betriebsräte, Beschäftigte und die Firmenleitung einen Apfelbaum gepflanzt, der für demokratische Werte steht. Es gab Formate wie ein Online-Quiz und eine Rallye zum Grundgesetz. Medial haben wir fast alle Kanäle bespielt. Hunderte Exemplare des Grundgesetzes wurden verteilt, die wir bei der Bundeszentrale für politische Bildung bestellt hatten.
Das Grundgesetz ist das Fundament für gelebte Demokratie in Deutschland. Wir hatten zum Jubiläum eine Veranstaltung mit über 700 Kolleginnen und Kollegen, die Resonanz war überwältigend. In den Debatten wurde vielen klar, wie wertvoll das Grundgesetz und die darauf aufbauende Demokratie sind. Das Wort »Werte« hat mit wertvoll zu tun.

Wir versuchen bei Siemens überall zu vermitteln: Werte des Grundgesetzes wie Chancengleichheit, Menschenwürde, das Recht auf Nichtdiskriminierung und Respekt, der Schutz der Vielfalt und der Freiheitsrechte sind keine Selbstverständlichkeiten. Diese Errungenschaften schützen in Deutschland jeden einzelnen Menschen; wir alle stehen unter dem Schutz der Grundwerte. Schließlich können wir aktuell beobachten, in Europa und weltweit, wie rasch die Demokratie gefährdet sein kann, wenn sie nicht verteidigt wird.

S.K.: Am Standort Siemens Erlangen G haben wir rund 6000 Beschäftigte. Die Beteiligung am Aktionstag war riesig. Es gab beispielsweise eine »Demokratiewand« vor der Kantine, dort haben wir mit den Beschäftigten diskutiert. Wer wollte, konnte ein persönliches Statement zum Wert der Demokratie abgeben und an die Wand pinnen. Die direkte Aktion kam gut an, der Austausch mit den Leuten stand im Vordergrund.

Dann hatten wir eine T-Shirt-Aktion: 20 Leute waren in knallbunten Shirts im Betrieb unterwegs, darauf die Mottos: »Siemens ist bunt« und »Menschlichkeit ist unverhandelbar, Solidarität ist unverhandelbar, Vielfalt ist unverhandelbar«. Wir sind im Betrieb aufgefallen, haben mit den Beschäftigten gesprochen und den Austausch gesucht. Das war ein starkes Zeichen für unsere Werte, nicht dagegen.

Und mit unserem Online-Quiz konnten wir das Bewusstsein für Demokratie und Vielfalt auch inhaltlich stärken, denn es ist doch so: Fragt man nach demokratischen Werten und den Errungenschaften des Grundgesetzes, stehen viele erst einmal auf dem Schlauch. So ein Quiz ist beliebt, spornt an und macht Spaß.

Die Beispiele zeigen: Es gibt ungezählte Möglichkeiten, das Thema »Demokratie stärken« mit Aktivitäten zu füllen, die Beschäftigten zu erreichen, in einen Austausch zu treten. Auch in anderen Unternehmen und Branchen sollten sich noch mehr Menschen engagieren. Wir setzen mit der IG Metall ein Zeichen: Wertschätzung, Respekt und eine stabile, wehrhafte Demokratie sind unverzichtbare Bestandteile des Gemeinwesens und der Arbeitswelt.

Gab es auch negatives Feedback? Wie seid ihr damit umgegangen?

S.K.: Nein, im Gegenteil! Zur Unterstützung sind sogar Kolleginnen und Kollegen anderer Betriebe gekommen, denn wir haben den Aktionstag natürlich auch übergreifend beworben und bekannt gemacht. Mir ist kein negatives Feedback zu Ohren gekommen, aber es gibt natürlich Bürgerinnen und Bürger, die ihre Ablehnung vielleicht für sich behalten haben.

Wie hat sich der Arbeitgeber eingebracht?

M.B.: Wir haben die Firmenleitung aufgefordert, gemeinsam mit uns politisch ein Zeichen zu setzen und Position zu beziehen. Rechtsextremismus, Nationalismus und Fremdenfeindlichkeit gefährden Arbeitsplätze und schaden den Beschäftigten. Werden die Menschenwürde und die Demokratie angegriffen, schlägt sich das auch in der Arbeitswelt nieder. Für die Betriebsratsarbeit und die Betriebspolitik sind Werte wie Vielfalt, Respekt und Inklusion grundlegend. Nach unserer Überzeugung muss die Wirtschaft in dieser Situation eine neutrale Haltung hinterfragen und sie möglichst aufgeben.

Rechtsextreme und menschenverachtende Umtriebe gefährden eine demokratische Betriebsratsarbeit, die sich den berechtigten Interessen der Beschäftigten widmet. Unsere Arbeit in der Interessenvertretung dient auch dem Gemeinwohl und fördert die soziale Marktwirtschaft. Es wurden zusammen mit dem Management Aktivitäten entwickelt: etwa der »Dialog für Toleranz und Vielfalt«, bei dem die GBR-Vorsitzenden und die Arbeitsdirektorin an verschiedenen Standorten diskutierten und zusammen auftraten.

P.K.: Ganz wichtig: Es gab einen Dreiklang. Wir Betriebsräte mit den Beschäftigten, der Gewerkschaft und dem Arbeitgeber! Neben den Dialogen hat der Arbeitgeber die »Tage für Demokratie« mit den Auszubildenden ermöglicht. Wir hoffen, dass wir beim Thema »Demokratie stärken« mit dem Arbeitgeber weitere Gemeinsamkeiten finden und die Aktivitäten fortführen können. Das sollte auch in schwierigen Zeiten Bestand haben.

M.B.: Ich möchte das bestätigen. Bei manchen Themen haben wir unterschiedliche Auffassungen, aber es gibt Themen, bei denen wir an einem Strang ziehen, und das sind zum Beispiel demokratische Grundwerte und Grundrechte! Damit das auch beim Nachwuchs ankommt, bei den jungen Leuten im Unternehmen, wurde mit den Betriebsleitungen für die Auszubildenden die Weiterbildungswoche auf die Beine gestellt. Ich finde, das ist ein wesentlicher Ansatzpunkt, gerade die Jugend anzusprechen.

Und jetzt kommt noch das i-Pünktchen obendrauf: Siemens ermöglicht es an jedem Standort und in jeder Stadt, dass die Ausbildungsleiter sich beteiligen und ihre Ideen einbringen, um Aktivitäten für und mit den Auszubildenden aufzurollen; die örtlichen Betriebsräte werden dazu eingeladen und beteiligt. Saskia und ich können Erfahrungen beisteuern und zum Engagement für demokratische Grundwerte ermutigen.

Was habt ihr weiter vor? Welche Ideen sind in der Pipeline?

S.K.: Das Projekt »Demokratie schützen, Grundwerte stärken« soll weiter in die Fläche getragen werden. Manche Formate werden verstetigt, etwa die »Dialoge für Vielfalt und Toleranz«. Sie können überall realisiert werden, etwa mit örtlichen Betriebsräten, Standortleitungen und unter Beteiligung der Beschäftigten.

Für die Auszubildenden wird es einen Demokratietag geben. Dabei geht es zum Beispiel darum, Populismus zu erkennen und vorzubeugen, für den Umgang mit Vorurteilen und Diskriminierungen zu sensibilisieren und die Bedeutung der Demokratie wachzuhalten. Das funktioniert aber nicht mit theoretischem Frontalunterricht, dafür sind praktische Initiativen mit Bezug zum Leben der jungen Erwachsenen zu entwickeln; man kann beispielsweise regional netzwerken, sich mit Vereinen und Initiativen zusammentun oder etwas Eigenes auf die Beine stellen.

Es gibt eine Social-Media-Guideline, also eine »Richtlinie für Mitarbeitende« zum respektvollen kommunikativen Miteinander. Für die Betriebsräte wird es weiterhin gemeinsam mit der IG Metall und dem Verein zur Förderung der Demokratie Schulungen geben.

Schlägt euer Engagement Wellen? Bekommt ihr externe Rückmeldungen?

P.K.: Auf alle Fälle hat das ein Echo und wir erhalten noch mehr Unterstützung. Der DGB hat Metin zum Beispiel zu einer Podiumsdiskussionen eingeladen, um über unsere Aktionen bei Siemens zu berichten und um Position zu beziehen. Das finden wir hervorragend!

In München sind wahnsinnig viele Menschen auf die Straße gegangen und haben demonstriert, viele der Siemens-Beschäftigten waren sichtbar vertreten. Wir müssen uns, denke ich, stärker ins Bewusstsein rufen: Wir Demokratinnen und Demokraten sind die Mehrheit. Die Rechtsextremen und Populisten sind weniger, aber lauter und aggressiver. Es liegt an uns, sichtbar zu sein oder es zu werden, Engagement zu zeigen, offen aufzutreten und den Leuten Chancen anzubieten, mitzumachen, sich einzubringen. Manche warten ja nur auf eine gute Gelegenheit.

Natürlich gibt es manchmal unterschiedliche Auffassungen und Herangehensweisen, Diskussionen und Konflikte, aber das ist das Salz in der Suppe der Demokratie. Das setzt Lernprozesse in Gang, wenn man gemeinsam Ideen umsetzt und dabei Kompromisse finden muss. Zur Demokratie gehört das Verständnis, dass die einfachen Lösungen für komplexe Probleme nicht auf der Straße liegen, dass man sich zusammenraufen muss und kooperiert, ohne den eigenen Kompass zu verlieren.

Wahrscheinlich sagen nur wenige: Ich hätte lieber eine Diktatur. Die Grenzen sind aber fließend, wenn immer das Recht des Stärkeren den Ton angibt, ohne die Rechte von Schwächeren anzuerkennen. Dann kommen wir in eine Schieflage. Wir brauchen Gewerkschaften und demokratisch legitimierte Interessenvertretungen, nicht Leute, die einfache Antworten parat haben und das Blaue vom Himmel versprechen.

Wenn ihr auf das bisher Erreichte seht: Was nehmt ihr mit?

S.K.: Wir waren erstaunt, was das Projekt ausgelöst hat, das war erst einmal nicht vorhersehbar. Die Beschäftigten haben mitgemacht, die Fülle ihrer Initiativen und Ideen war überwältigend, die Dynamik unglaublich. Man hat voneinander abgeschaut, teils nur einzelne Punkte übernommen und dann eine Aktion wieder anders umgesetzt. Das tolle Feedback war einerseits Motivation, hat andererseits neue Anregungen gebracht. Die Erfolge waren einfach nur schön.

M.B.: Wir sind vorausgegangen und haben uns was getraut! Beschäftigte haben uns in unserem Mut und in der klaren Haltung bestärkt. In den Betrieben waren wir öffentlich aktiv, haben uns Gehör verschafft und nicht die Hände in den Schoß gelegt. Letztendlich haben wir bei Siemens die Komfortzone verlassen, was uns im Endeffekt sogar gestärkt hat, so mein Eindruck. Die überwältigende Mehrheit der Belegschaft stand und steht hinter uns. Viele fanden das cool, die Aktionen erreichten ein bisschen wie ein Lauffeuer auch andere Standorte. Das macht uns stolz, aber es bleibt noch viel zu tun!

Elisa Rabe
Referatsleiterin Frauen- und Gleichstellungspolitik in der Hauptverwaltung der NGG in Hamburg.

Fairness, Respekt, Kollegialität: Partnerschaftliches Verhalten als Pfeiler der demokratischen Betriebskultur

Darum geht es in diesem Beitrag

*Die Gewerkschaft Nahrung-Genuss-Gaststätten (NGG) hat das Thema »Partnerschaftliches Verhalten« auf ihre Agenda gesetzt und für betriebliche Praktiker*innen praxisnah aufbereitet. Eine demokratische Betriebskultur lässt sich mit Betriebsvereinbarungen und mit verschiedenen Aktionen fördern. Ein Beispiel guter Praxis, die Gesamtbetriebsvereinbarung einer Hotelkette, wird im Interview vorgestellt: Sie sorgt einerseits für Klarheit, weil sie immer wieder thematisiert und diskutiert wird, andererseits werden die Beschäftigten gestärkt, da sie infolge betrieblicher Debatten ihre Rechte kennen und Bezugspunkte erhalten, wie sie sich bei Übergriffen und Fehlverhalten wehren können.*

Unser Ziel ist eine Gesellschaft ohne sexualisierte Belästigung, Gewalt und Diskriminierung, in der alle Geschlechter partnerschaftlich miteinander umgehen. Das muss erst recht im Berufsleben gelten. Auch wenn es in den letzten Jahren und Jahrzehnten sowohl innerhalb der Gewerkschaft Nahrung-Genuss-Gaststätten (NGG) als auch in den Betrieben viele positive Entwicklungen gab, muss der kulturelle Wandel in der Arbeitswelt weitergehen. Sei es im betrieblichen Arbeitsalltag, bei Streiks oder bei anderen Zusammenkünften: Sexualisierte Belästigung, Rassismus und Diskriminierungen dürfen keinen Platz haben![1]

Mit diesem Bekenntnis haben die Delegierten des 18. Gewerkschaftstags der NGG ein klares Signal für einen kulturellen Wandel und ein demokratisches Miteinander in der Arbeitswelt gesetzt: Demokratie am Arbeitsplatz umfasst mehr als die formalen Mitbestimmungsrechte. Sie beginnt bei der Kultur der täglichen Zusammenarbeit und wird durch ein partnerschaftliches Verhalten im betrieblichen Alltag gelebt und konkret umgesetzt.

1 Antrag B029, Ordentlicher Gewerkschaftstag der Gewerkschaft NGG 2023.

Konfliktpotenzial präventiv angehen, gute Regelungen finden

Konflikte gehören im Privat- und im Arbeitsleben zum Alltag, aber in der Arbeitswelt müssen wir damit einen strukturierten Umgang finden (oder erlernen). Am Arbeitsplatz sind wir – anders als in unserem Privatleben – mit Menschen umgeben, die wir uns nicht selbst aussuchen können. Das macht den Umgang mit Konflikten noch herausfordernder; lässt man Probleme unbearbeitet, können daraus schwerwiegende Folgen entstehen, sowohl für betroffene Kolleg*innen als auch für den ganzen Betrieb. Das gilt insbesondere für sexualisierte Belästigung, Mobbing und für Diskriminierungen aufgrund des Alters, des Geschlechts, der ethnischen Herkunft, religiöser bzw. politischer Weltanschauung oder sexueller Identität.

Arbeitnehmer*innen verbringen in der Regel einen Großteil ihres Lebens am Arbeitsplatz. Partnerschaftliches Verhalten im Arbeitsalltag bedeutet daher nicht nur, Wege zu finden, um Konflikte zu vermeiden, sondern auch, ein Betriebsklima zu schaffen, in dem für Belästigungen und Benachteiligungen kein Platz ist. Deshalb denkt man über (mögliche) Konflikte, und wie sie zu lösen sind, am besten schon im Vorfeld nach, also bevor sie entstehen. »Leitplanken« wie betriebliche Vereinbarungen zur Orientierung für den Umgang und das Verhalten sind dafür passende Instrumente.

Lösungen für partnerschaftliches Verhalten am Arbeitsplatz können als eine Art des »präventiven Konfliktmanagements«[2] verstanden werden. Es geht darum, möglichst unabhängig von einem Anlass festzulegen, wie man im Betrieb miteinander umgehen soll. Oder, um den Spieß umzudrehen: wie eben nicht miteinander umgegangen werden soll, welches Verhalten nicht toleriert wird.

Auch wenn der Schutz vor Diskriminierung und Belästigung natürlich in erster Linie die Pflicht des Arbeitgebers ist, braucht es für entsprechende Leitlinien und Vereinbarungen den Willen aller im Betrieb vertretenen Parteien. Gerade die gemeinsame Verständigung darüber, was ein gutes Arbeitsklima ausmacht, hilft dabei, Fairness, Respekt und Kollegialität zu fördern.

Partnerschaftliches Verhalten ist auch eine Frage der Haltung, ein wichtiger Pfeiler einer demokratischen Betriebskultur. Wenn wir über part-

---

2 Hans-Böckler-Stiftung (2012): M. Maschke, Trendbericht: Betriebs- und Dienstvereinbarungen für partnerschaftliches Verhalten, gegen Mobbing, Diskriminierung und sexuelle Belästigung.

nerschaftliches Verhalten am Arbeitsplatz sprechen, geht es um mehr als um Höflichkeit untereinander oder um einen freundlichen Umgangston. Es geht um verbindliche Strukturen und klare, transparente Regelungen, an die sich alle im Betrieb vertretenen Personen halten müssen. Dazu gehören zudem transparente Abläufe, die festlegen, wie im Konfliktfall vorgegangen wird.
Die Realität zeigt jedoch, dass in vielen Betrieben noch immer klare Regelungen fehlen; die von Benachteiligung oder Diskriminierung betroffenen Kolleg*innen, aber auch Betriebsratsgremien, werden allein gelassen. So schreibt der Gesetzgeber im Allgemeinen Gleichbehandlungsgesetz (AGG) vor, dass in allen Betrieben eine AGG-Beschwerdestelle[3] eingerichtet werden muss und dass die Beschäftigten über ihre diesbezüglichen Rechte informiert werden müssen. Allerdings wird das bisher bei Weitem nicht in allen Betrieben umgesetzt. Doch selbst wenn, ist die Existenz der Beschwerdestelle vielen Beschäftigten nicht bekannt und es ist folglich auch unklar, was diese Stelle leisten soll und kann, wie sie unterstützt.
Im Allgemeinen werden unter dem Begriff »Partnerschaftliches Verhalten am Arbeitsplatz« sieben Merkmale zusammengefasst, die sich aus § 1 AGG ergeben,[4] wobei die Praxis zeigt, dass es sinnvoll sein kann, auch Mobbing als weiteren Regelungsgegenstand einzubeziehen.

Beispiele für Belästigung am Arbeitsplatz:

- unerwünschte sexualisierte Handlungen oder Aufforderungen dazu, zum Beispiel durch eine bedrängende körperliche Nähe, die eine Person/ein Gast sucht
- Kommentare, die auf die sexuelle Orientierung abzielen
- vermeintliche Witze, die andere Kolleginnen und Kollegen aufgrund des Alters oder einer Behinderung herabwürdigen
- Fragen nach dem Liebesleben oder sexuellen Erfahrungen
- Herabwürdigungen von Kolleginnen oder Kollegen aufgrund ihrer Herkunft oder ihrer Religion
- unerwünschtes Zeigen und sichtbares Anbringen von pornografischen Darstellungen, wie pornografische Magazine auf dem Schreibtisch oder Fotos an den Wänden
- das Verschicken von rassistischen Cartoons oder Ähnlichem per E-Mail oder WhatsApp.

3 Vgl. § 13 AGG.
4 § 1 AGG: Ziel des Gesetzes ist, Benachteiligungen aus Gründen der Rasse oder wegen der ethnischen Herkunft, des Geschlechts, der Religion oder Weltanschauung, einer Behinderung, des Alters oder der sexuellen Identität zu verhindern oder zu beseitigen.

Wir sind TEAM Arbeit

NGG GEWERKSCHAFT

MIT FAIRNESS, RESPEKT UND KOLLEGIALITÄT

Aktionsideen für ein partnerschaftliches Verhalten am Arbeitsplatz

Was	Erklärung	Material
Beschäftigtenbefragung	Mit einer Beschäftigtenumfrage könnt ihr herausfinden, welche Erfahrungen eure Kolleginnen und Kollegen im Betrieb gemacht haben. Sie eignet sich beispielsweise sehr gut zur Vorbereitung einer Betriebsversammlung oder für ein Gespräch mit dem Arbeitgeber.	Eine Musterumfrage zum Ausdrucken im Betrieb bekommst du von deiner NGG-Region vor Ort.
Betriebsversammlung	Partnerschaftliches Verhalten ist eine Frage des Respekts. Es geht darum, wie im Betrieb miteinander umgegangen wird. Deshalb eignet sich das Thema sehr gut für eine Betriebsversammlung.	Eine Musterpräsentation bekommst du von deiner NGG-Region vor Ort. Diese könnt ihr ggf. mit den Ergebnissen aus eurer Beschäftigtenbefragung ergänzen.
Abstimmung/Aufstellung zu Erfahrungen im Rahmen einer Betriebsversammlung	Die Erfahrungen von Männern und Frauen sind oft unterschiedlich. Daher bietet es sich an, diese nach Geschlechtern getrennt abzufragen. Beispielsweise in mit einer klassischen Abstimmung (zum Beispiel mit den roten Karten) oder einer Aufstellung im Rahmen einer Betriebsversammlung. Dafür werden die Kolleginnen und Kollegen während der Betriebsversammlung aufgefordert, sich danach in einer Reihe zu sortieren, wie oft sie bereits Erfahrungen mit Belästigungen/Benachteiligungen gemacht haben.	Die „Rote Karten gegen Belästigung" kannst du über deine NGG-Region bestellen.
Stühle markieren nach Statistik im Pausenraum/Kantine/bei der Betriebsversammlung	Jede vierte Frau hat Erfahrungen mit Belästigungen am Arbeitsplatz. Indem ihr auf jeden vierten Stuhl einen entsprechenden Hinweis platziert, macht ihr optisch sichtbar, dass Belästigung und Gewalt für viele Frauen zum Alltag gehören. Dadurch könnt ihr ein Bewusstsein schaffen, sich im Betrieb für ein partnerschaftliches Verhalten zu engagieren.	Eine Vorlage zum Ausdruck in A3 bekommst du von deiner NGG-Region vor Ort.
Belästigung kommt mir nicht in die Tüte	Macht eine Verteilaktion vor Schichtbeginn oder zum Schichtwechsel. Alternativ kann der BR die Tüten natürlich auch an alle Kolleg*innen im Betrieb verteilen. In die Tüte könnt ihr neben einem Snack (Apfel/Müsliriegel) auch den Flyer oder ein individuelles Flugblatt für euren Betrieb legen.	Papiertüten mit entsprechendem Aufdruck können über deine NGG-Region bestellt werden.
Frauenfrühstück/gemeinsame Pause zu dem Thema	Vielen Frauen fällt es leichter, in einem geschützten Raum unter Frauen über das Thema zu sprechen. Organisiert ein Frühstück oder eine gemeinsame Mittagspause, in der sich eure Kolleginnen gemeinsam mit einem weiblichen BR-Mitglied austauschen können. Als Daten eignen sich zum Beispiel der Internationale Frauentag am 8. März oder auch der Internationale Tag gegen Gewalt an Frauen am 25. November.	
Tag gegen Gewalt an Frauen	Am 25. November findet der Internationale Tag gegen Gewalt an Frauen statt. An diesem Aktionstag wird weltweit ein Zeichen gegen Gewalt an Frauen gesetzt. Nutzt diesen Anlass, um gezielt mit euren Kolleg*innen im Betrieb ins Gespräch zu kommen. Zum Beispiel mit einem Infostand, einer Verteilaktion oder einer Betriebsversammlung.	

Was	Erklärung	Material
Lila T-Shirt tragen an einem Tag	Sexualisierte Belästigung und Gewalt gehören für viele Frauen zum Alltag. Um auf darauf aufmerksam zu machen, können **sich alle Frauen einer bestimmten Abteilung verabreden**, - sofern dies im Betrieb möglich ist - mit lila T-Shirts in den Betrieb zu kommen. Natürlich ist auch jede andere Farbe möglich. Damit zeigen die Kolleginnen, dass sie gemeinsam für eine Arbeitswelt ohne Belästigung stehen.	
Rote Karten-Aktion	Zeigt Belästigung und Benachteiligung am Arbeitsplatz gemeinsam die rote Karte und setzt ein Zeichen für einen respektvollen Umgang miteinander. Die Aktion eignet sich zum Beispiel für Betriebs-/Abteilungsversammlungen. Die Fotos können im Nachhinein am BR-Brett oder im Intranet veröffentlicht werden.	Die Roten Karten können über eure NGG-Region bestellt werden.
Stopp-Schilder verteilen	Hängt - in Absprache mit dem Arbeitgeber - Stopp-Schilder in jeder Abteilung auf. Diese weisen darauf hin, dass ein Stopp oder Nein immer akzeptiert werden muss.	**Die Vorlage für die** Stopp-Schilder (A3) bekommt ihr über eure NGG-Region vor Ort.
Betriebsvereinbarung abschließen	Eine Betriebsvereinbarung legt eine wichtige Grundlage für einen partnerschaftlichen Umgang miteinander im Betriebsalltag. Fordert euren Arbeitgeber auf, eine solche Betriebsvereinbarung abzuschließen. Wichtig ist, dass insbesondere die Beschwerdestelle klar beschrieben ist. Nach § 13 AGG ist euer Arbeitgeber verpflichtet, eine solche Beschwerdestelle einzurichten.	
Film mit Erfahrungen der Kolleginnen im Betrieb drehen	Nehmt Statements von Kolleg*innen auf, in denen sie über ihre Erfahrungen berichten. Die Videos oder das Video kann dann zum Beispiel bei einer Betriebsversammlung genutzt werden, um einen Einstieg in das Thema zu finden.	Wie ein solcher Film aussehen kann, könnt ihr auf der Internetseite der NGG-Frauen sehen.
Fotostatements mit Vorlage-Schild	Fotografiert Kolleginnen und Kollegen im Betrieb mit ihrem Statement für ein partnerschaftliches Verhalten. Die Fotos können dann einzeln oder als Kollage genutzt werden, zum Beispiel für einen Aushang am BR-Brett.	Ein Plakat zum Ausdrucken bekommt ihr von eurer NGG-Region vor Ort.
Erfahrungen/Statements von Kolleg*innen sammeln und bei der BV vorlesen (anonym)	Viele Kolleg*innen sind schockiert, wenn sie erfahren, welche Erlebnisse ihre Kolleg*innen am Arbeitsplatz gemacht haben. Das kann ein guter Einstieg für die Diskussion im Betrieb sein. Sammelt Statements/Erfahrungen von Kolleginnen und Kollegen aus eurem Betrieb und lest sie - anonymisiert - bei der nächsten Betriebsversammlung vor, um in das Thema einzusteigen.	
Flyer von Arbeitgeber und Betriebsrat	Beim Thema partnerschaftliches Verhalten ist es wichtig zu zeigen, dass alle im Betrieb an einem Strang ziehen. Ein gemeinsamer Flyer/Flugblatt von Betriebsrat und Arbeitgeber kann hier ein geeigneter Weg sein.	
Aktionstag im Betrieb	Kombiniert verschiedene Aktionsideen und macht einen Aktionstag zum Thema „partnerschaftliches Verhalten am Arbeitsplatz“ in eurem Betrieb.	

NGG-Kampagne: »TeamArbeit – Mit Fairness, Respekt & Kollegialität«

In den Branchen der Gewerkschaft NGG arbeiten Beschäftigte aus vielen Ländern. Es werden viele Sprachen gesprochen, Menschen aus unterschiedlichen Kulturkreisen arbeiten Seite an Seite am Band, im Service oder in der Küche. All das macht das Herz der NGG aus. Die klare Kante gegen Diskriminierung, Rassismus und Fremdenfeindlichkeit, der Kampf gegen antidemokratische Bestrebungen und Sexismus sowie das Eintreten für Menschenrechte sind bereits in unserer Satzung festgelegt. Die Gestaltung des gesellschaftlichen und betrieblichen Miteinanders ist Teil unserer gewerkschaftlichen Aufgaben und praktischen Arbeit.

Wie eingangs erwähnt, hat sich die Gewerkschaft NGG auf ihrem Gewerkschaftstag 2023 zu einer Arbeitswelt ohne Belästigung und Gewalt bekannt. Ziel des Beschlusses war es, das Thema »Partnerschaftliches Verhalten« so aufzubereiten, dass es praxisnah und konkret in den Betrieben umgesetzt werden kann.

Gemeinsam mit dem Bundesfrauenausschuss der NGG wurde daher der Slogan »TeamArbeit – Mit Fairness, Respekt & Kollegialität« entwickelt. Er verdeutlicht, worum es beim partnerschaftlichen Verhalten im Betrieb geht: um die Art und Weise, wie wir im Team miteinander umgehen wollen. »TeamArbeit« bringt das auf den Punkt: Der Begriff verbindet die Arbeit, unseren Arbeitsplatz, mit der Haltung gegenüber den Kolleg*innen und den Umgang mit ihnen. Deshalb ist TeamArbeit auch der Titel einer NGG-Kampagne, die sich zum Ziel setzt, Belästigung und Diskriminierung am Arbeitsplatz zu bekämpfen.

Wenn wir über Fragen der Haltung und des gegenseitigen Umgangs sprechen, ist das nichts, was vom Arbeitgeber einseitig vorgeschrieben werden kann. Auch praktisch kann ein gutes Miteinander nur gelingen, wenn alle im Betrieb vertretenen Personen darüber ins Gespräch kommen, wie sie miteinander arbeiten und umgehen wollen. Aus Sicht der NGG muss das mit Fairness, Respekt und Kollegialität geschehen.

Die betriebliche Öffentlichkeit ist zentral für einen kulturellen Wandel in der Arbeitswelt. Im Mittelpunkt der Kampagne der NGG stehen daher auch Aktionen, die helfen, das Thema mitten in die Belegschaften zu bringen, möglichst, bevor es einen konkreten Anlass gibt.

Um das zu unterstützen, wurde eine Art Toolbox entwickelt. Sie enthält verschiedene Materialien, die im betrieblichen Alltag eingesetzt werden, zum Beispiel eine Musterpräsentation für Betriebsversammlungen, Flyer, Aktionsschilder, aber auch Lunchtüten (»Belästigung kommt uns nicht in die Tüte«) und Ansteck-Buttons, mit denen die Kolleg*innen im betrieblichen Alltag zeigen können, dass sie für einen respektvollen, fairen und kollegialen Umgang miteinander stehen. Im Mittelpunkt steht eine Sammlung von Vorschlägen, welche Aktionen im Betrieb umgesetzt werden könnten.

Siehe hierzu auch die Tabelle ab S. 218: Übersicht mit betrieblichen Aktionsideen.

Im Fokus: Sexualisierte Belästigung

Für viele Frauen gehört sexualisierte Belästigung am Arbeitsplatz auch in NGG-Branchen zum Arbeitsalltag. Nach einer Studie der Antidiskriminierungsstelle des Bundes[5] aus dem Jahr 2019 waren 13 Prozent der Frauen in den letzten drei Jahren von sexualisierter Belästigung am Arbeitsplatz betroffen. Andere Studien gehen sogar davon aus, dass jede vierte Frau mit sexualisierter Belästigung am Arbeitsplatz konfrontiert wird. Deshalb ist das Thema seit langer Zeit im gewerkschaftlichen Fokus, sowohl in den DGB-Gewerkschaften als auch beim DGB Bundesvorstand selbst: Die Abteilung Frauen, Gleichstellungs- und Familienpolitik hat dazu einen Handlungsleitfaden für betriebliche Interessenvertretungen herausgegeben.[6]

Die Gewerkschaft NGG zählt mit einem Frauenanteil von knapp 40 Prozent zu den weiblichsten unter den DGB-Gewerkschaften. In unseren Branchen arbeiten Frauen in der Lebensmittelindustrie, in Hotels und Gaststätten genauso wie im Bäcker- oder im Fleischerhandwerk. In den Industriebranchen bekommen Kolleg*innen oft zu hören, »dass der Ton da halt etwas rauer sei«, während in der Gastronomie distanzloses Verhalten von Gästen mit »das ist hier halt so« abgetan wird. Beides stellt eine Normalisierung und Bagatellisierung von Sexismus und Belästigung gegenüber Frauen dar, was wir als Gewerkschaft NGG nicht akzeptieren und hinnehmen.

Sexualisierte Belästigung und Gewalt gegen Frauen sind Teil eines strukturellen Antifeminismus, der mit dem Erstarken des Rechtspopulismus verschärft wird, sich noch weiter zu verfestigen droht. Dieser Zusammen-

---

5 Die Antidiskriminierungsstelle des Bundes veröffentlicht auf ihrer Internetseite außerdem eine Reihe von Handlungsleitfäden und Tipps zum Umgang mit Belästigung.

6 DGB (2023): Sexualisierte Belästigung am Arbeitsplatz verhindern! Ein Handlungsleitfaden für betriebliche Interessenvertretungen. *www.dgb.de.*

hang wird auch von der Leipziger Autoritarismus-Studie[7] belegt und ist in den Betrieben spürbar. Deshalb muss es stets zu einer demokratischen Betriebskultur gehören, sexistisches und antifeministisches Verhalten klar zu benennen und sich dem entgegenzustellen.
Auch deshalb legt die Kampagne »TeamArbeit – Mit Fairness, Respekt & Toleranz« einen wesentlichen Schwerpunkt auf das Thema sexualisierte Belästigung am Arbeitsplatz. Es wurde eine Reihe mit Aktionsmaterialien bereitgestellt, die dabei unterstützen soll, Sexismus und Belästigung im Betrieb entgegenzuwirken.

NGG-Video
Zum Thema wurde ein Video produziert: »Rote Karte gegen Sexismus und Gewalt!«
Abrufbar unter YouTube: *https://www.youtube.com/watch?v=ej8jDFoJCoY*
Der QR-Code führt zur NGG-Website »Partnerschaftlichkeit am Arbeitsplatz fördern«, dort ist auch der Link zum Film zu finden.

Praxistipp
Am 25. November findet jährlich der Internationale Tag zur Beseitigung von Gewalt gegen Frauen statt. Er eignet sich gut, um das Thema »Gewalt gegen Frauen« aufzugreifen, besonders in Bezug auf »Belästigung am Arbeitsplatz«. Der DGB stellt zu diesem Zweck eine Reihe von Materialien bereit.

Partnerschaftliches Verhalten – ein Thema für die betriebliche Mitbestimmung

Im Arbeitsalltag sind Betriebsräte erste Ansprechpartner*innen für Anliegen ihrer Kolleg*innen. Niemand weiß besser als sie, wie die Stimmung im Betrieb ist und welche Sorgen und Nöte die Kolleg*innen haben. Oft-

7 Leipziger Autoritarismus Studie: Seit 2002 wird an der Universität Leipzig untersucht, wie weit extrem rechte Einstellung in der Mitte der Gesellschaft verbreitet sind. Die Ergebnisse werden alle zwei Jahre veröffentlicht. Die letzte Studie erschien 11/2024. *https://www.theol.uni-leipzig.de/kompetenzzentrum-fuer-rechtsextremismus-und-demokratieforschung/leipziger-autoritarismus-studie.*

mals genießen die Gremien und ihre Mitglieder das besondere Vertrauen der Belegschaft. Betriebsräte spielen daher eine zentrale Rolle dabei, partnerschaftliches Verhalten am Arbeitsplatz zu fördern und auszugestalten. Als gewählte Interessenvertretung der Beschäftigten sind sie ein wichtiger Akteur im Betrieb.
Gleichzeitig sind Betriebsräte juristische Expert*innen, sie kennen die Rechte ihrer Kolleg*innen und die Pflichten der Arbeitgeber. Es gehört zu den formalen Aufgaben von Betriebsräten, »darüber zu wachen, dass die zugunsten der Arbeitnehmer geltenden Gesetze, Verordnungen, Unfallverhütungsvorschriften, Tarifverträge und Betriebsvereinbarungen durchgeführt werden«.[8] Das gilt selbstverständlich auch mit Blick auf das AGG und alle weiteren gesetzlichen Regelungen mit dem Ziel, Diskriminierungen und Benachteiligungen am Arbeitsplatz zu verhindern.
Dazu gehört es unter anderem, beim Arbeitgeber auf die Einrichtung einer innerbetrieblichen Beschwerdestelle hinzuwirken, wie sie das AGG in § 13 vorsieht.
Damit ein Betriebsrat seine Aufgaben erfüllen kann, müssen seine Mitglieder mit den gesetzlichen Pflichten vertraut sein. Das Bildungszentrum Oberjosbach[9] ist ein Ort, an dem Betriebsräte der Ernährungsindustrie und des Lebensmittelhandwerks alles über ihre Aufgaben lernen und sich austauschen können. Zum Qualifizierungsprogramm gehört auch ein regelmäßiges Seminarangebot (nach § 37 Absatz 6 Betriebsverfassungsgesetz – BetrVG) zum Thema partnerschaftliches Verhalten am Arbeitsplatz. Ein wesentlicher Inhalt des Seminars ist die Bedeutung der innerbetrieblichen Beschwerdestelle sowie einer Betriebsvereinbarung. Zusätzlich ist geplant, das Thema in den Branchenseminaren zu verankern.
Darüber hinaus sollten Betriebsräte es als ihre Aufgabe verstehen, selbst für eine Kultur des Respekts, der Fairness und der Kollegialität im Betrieb zu werben. Dazu gehört es auch, dass Betriebsräte mit ihrem Verhalten mit positivem Beispiel vorangehen und sich ihrer innerbetrieblichen Vorbildfunktion bewusst sind.

Die Betriebsvereinbarung – Aktiv werden, bevor es zu Konflikten kommt

Da sich die Konflikte am Arbeitsplatz elementar von Konflikten im Privatleben unterscheiden, ist es umso wichtiger, im Betrieb schon vor dem

8 § 80 Abs. 1 Betriebsverfassungsgesetz (BetrVG).
9 NGG, BZO: Bildungszentrum Oberjosbach, zu erreichen unter *https://www.ngg.net/ueber-uns/partner/bildung-fuer-betriebsraete*.

Entstehen von Problemen, also ohne konkreten Anlass, zu agieren und sich Gedanken über den möglichen Umgang mit Konflikten zu machen. Das wirksamste Instrument dazu ist eine Betriebsvereinbarung. Sie kann die Zusammensetzung und Ausgestaltung der Beschwerdestelle regeln, sollte darüber hinaus aber auch den Ablauf eines Beschwerdeverfahrens festlegen: mit Verantwortlichkeiten, Fristen und möglichen Reaktionen und Sanktionen.

Die Betriebsvereinbarung dient nicht nur als rechtlicher Rahmen, sondern hilft auch, eine transparente Grundlage für die Gestaltung einer partnerschaftlichen Arbeitswelt zu schaffen. Im Idealfall definiert die Betriebsvereinbarung klare Standards und Regeln, an die sich alle halten müssen. Sie hält verbindliche Orientierung für den Umgang miteinander fest und benennt das Ziel, Formen der Diskriminierung und Benachteiligung als unerwünschtes Verhalten darzustellen, nicht zu tolerieren und zu verhindern.

Eine solche Betriebsvereinbarung kann ein wichtiger Beitrag für eine demokratische Betriebskultur und ein Baustein für das gute Miteinander im Betrieb sein. Sie setzt klare Grenzen für diskriminierendes Verhalten und zeigt auf, dass und wie die betrieblichen Parteien entschlossen gegen Diskriminierung und Belästigung vorgehen.

Das dient nicht nur dem Schutz von Betroffenen, sondern schafft im Idealfall ein Arbeitsklima, in dem Diskriminierung und Belästigung nicht vorkommen. Es ermutigt alle betrieblichen Akteur*innen dazu, nicht wegzuschauen und sich für Fairness, Respekt und Kollegialität einzusetzen, es stärkt aber auch die Betroffenen, sich zu wehren, verantwortliche Stellen oder den Betriebsrat über Vorfälle zu informieren.

Checkliste Betriebsvereinbarung

Kurz und knapp: Eine Betriebsvereinbarung umfasst idealerweise folgende Regelungspunkte:[10]

- **Definitionen**: Was wird unter Belästigung verstanden, was unter einer Benachteiligung? Es empfiehlt sich, dabei auf die Definitionen aus dem AGG zurückzugreifen. Gerade wenn es um sexualisierte Belästigung geht, kann es sinnvoll sein, Beispiele für unzulässiges Handeln zu nennen.
- **Grundsätze**: Was sind die Grundsätze des gemeinsamen Arbeitens im Betrieb? Wie soll miteinander umgegangen werden?

---

10 Noch ausführlichere Hinweise bietet auch das Praxiswissen Betriebsvereinbarungen der Hans-Böckler-Stiftung: 369 Prävention sexueller Belästigung – Institut für Mitbestimmung und Unternehmensführung (I.M.U.) in der Hans-Böckler-Stiftung.

- **Beratung**: Wohin können sich die Beschäftigten wenden und beraten lassen, wenn sie selbst belästigt oder Zeuge einer Belästigung werden?
- **Beschwerdestelle**: An wen können sich die Beschäftigten wenden, wenn sie sich formal beschweren wollen? Bei der Ausgestaltung der Beschwerdestelle sollte darauf geachtet werden, dass diese sowohl mit Vertreter*innen des Arbeitgebers als auch mit Mitgliedern des Betriebsrats besetzt ist. Das Beschwerderecht nach § 85 BetrVG bleibt davon unberührt.
- **Ablauf des Beschwerdeverfahrens**: Wie läuft das Beschwerdeverfahren ab? Welche Fristen sind einzuhalten und wann müssen welche Stellen einbezogen werden? Zudem sollte auch geregelt werden, dass die Mitglieder der Beschwerdestelle alle Informationen vertraulich behandeln müssen.
- **Präventive Maßnahmen**: Welche Maßnahmen hat der Arbeitgeber präventiv zu ergreifen? Wie wird sichergestellt, dass alle Beschäftigten über den Inhalt der Betriebsvereinbarung informiert sind und wissen, wie sie sich beschweren können?
- **Abhilfemaßnahmen und Sanktionen**: Welche Sanktionen und Abhilfemaßnahmen werden bei einer berechtigten Beschwerde getroffen?

Konkret: Partnerschaftliches Verhalten im Betrieb in den Fokus nehmen

Wie bereits beschrieben, lassen sich Fairness, Respekt und Kollegialität nicht »von oben verordnen«. Vielmehr geht es um ein gesamtbetriebliches Bekenntnis und Commitment (Engagement), wie man im Betrieb miteinander umgehen will. Deshalb ist es wichtig, darüber ins Gespräch zu kommen und alle im Betrieb mitzunehmen.

Phase 1	Beschäftigten-befragung	Eine gute Möglichkeit, das Thema im Betrieb anzupacken, ist, die Beschäftigten zu befragen. So erfährt der Betriebsrat, wie die Kolleg*innen den Umgang miteinander einschätzen und welche Erfahrungen sie bereits gemacht haben. Die Ergebnisse können wichtige Anhaltspunkte liefern, worauf bei der Ausgestaltung einer Betriebsvereinbarung besonders geachtet werden sollte. Dies kann zum Beispiel die Einbeziehung Dritter (Kund*innen, Gäste) sein, aber auch die Gestaltung von Arbeitsplätzen oder die Beleuchtung von Arbeitswegen.
Phase 2	Betriebsver-sammlung	Das Thema kann auf die Tagesordnung der nächsten Betriebsversammlung gesetzt werden. Zum Einstieg bietet sich beispielsweise an, die Auswertung der Beschäftigtenbefragung vorzustellen und aufzuzeigen, wie die Belegschaft die Situation einschätzt. Viele Beschäftigte sind erschrocken, wenn sie zum ersten Mal hören, welche Erfahrungen ihre Kolleg*innen am Arbeitsplatz gemacht haben und was diese Erlebnisse für deren Arbeitsalltag bedeuten. Falls ihr euch noch nicht sicher genug im Thema fühlt, ladet externe Expertise ein (Referent*in).
Phase 3	Fotoaktion | Aktionstag	Ausgehend von den Diskussionen bei der Betriebsversammlung kann der Betriebsrat gegebenenfalls auch gemeinsam mit dem Arbeitgeber einen Aktionstag zum Thema »partnerschaftliches Verhalten« organisieren. Ihr könnt zum Beispiel mit einer Fotoaktion in allen Abteilungen ein starkes Zeichen setzen, dass die Beschäftigten für eine Arbeitswelt ohne Belästigung und Diskriminierung stehen.
Phase 4	Betriebsrat schließt Betriebsvereinbarung	Die Betriebsvereinbarung ist ein zentrales Element, wenn es darum geht, Diskriminierungen und Benachteiligungen am Arbeitsplatz zu verhindern (siehe oben). Der Betriebsrat sollte den Arbeitgeber daher auffordern, eine entsprechende Vereinbarung abzuschließen. Wichtig ist, dass Arbeit-

		geber und Betriebsrat nach erfolgreichem Abschluss auf einer Betriebsversammlung gemeinsam die Ergebnisse vorstellen. In manchen Betrieben hat sich auch ein gemeinsamer Flyer bewährt.
Phase 5	Regelmäßige innerbetriebliche Informationsangebote und Schulungen	Nicht nur für neue Beschäftigte ist es wichtig zu erfahren, dass im Betrieb kein Raum für Belästigungen und Diskriminierung ist. Daher ist es wichtig, das Thema immer wieder auf die betriebliche Tagesordnung zu bringen. Das geht am einfachsten mit einem regelmäßigen Tagesordnungspunkt auf einer Betriebsversammlung pro Jahr. Außerdem sollten regelmäßige verpflichtende Schulungen für Führungskräfte aber auch Schulungsangebote für alle interessierten Kolleg*innen angeboten werden.

Gute Praxis im Interview:

Dorint Gesamtbetriebsvereinbarung (GBV): »Beschäftigte kennen ihre Rechte!«
Polis Raptis ist der engagierte Vorsitzende des Gesamtbetriebsrats einer renommierten Hotelkette. Seit 2010 setzt sich das Unternehmen mit einer umfassenden GBV für den Schutz vor Diskriminierung, sexueller Belästigung und Mobbing ein und fördert aktiv ein partnerschaftliches Verhalten am Arbeitsplatz. Im Interview teilt er seine Erfahrungen und Einblicke in die Umsetzung der GBV.

Wie kam es dazu, dass ihr eine GBV zu dem Thema abgeschlossen habt?
Sexuelle Belästigung, aber auch Mobbing, wurde immer mehr zu einem Thema. Wir hatten eine Reihe kleinerer, aber auch wirklich großer Vorfälle: von sexistischen Sprüchen bis hin zu übergriffigen Berührungen. Kolleginnen und Kollegen haben sich dann an den Betriebsrat gewandt. Auch der Arbeitgeber wusste oft nicht, wie er damit umgehen soll. Da haben wir gemerkt, wie wichtig es ist, klare Regelungen zu schaffen.

Welche Erfahrungen habt ihr mit der GBV seither gemacht?
*Die GBV wurde und wird regelmäßig in Anspruch genommen, an unterschiedlichen Standorten. Durch die GBV ist klargestellt, wo und wie sich die Kolleg*innen beschweren können und was dann passiert; der Ablauf ist verbindlich. Das hilft allen Beteiligten, weil sie wissen, was im Falle einer Beschwerde passiert und wie zum Beispiel der Zeitplan ist. Die GBV sorgt dafür, dass die Kolleg*innen selbstbewusster werden, weil sie ihre Rechte kennen und weil sie wissen, dass Belästigung und Mobbing nicht geduldet werden. Sie trauen sich eher, »nein« zu sagen oder einem Verhalten Grenzen zu setzen.*

Welche Rolle spielt die GBV im Betriebsalltag?
Die GBV ist eine Betriebsvereinbarung wie jede andere. Landet sie nach Abschluss einfach in der Schublade, wird sie nichts bewirken, keinen Unterschied machen. Deshalb ist es uns wichtig, das Thema Antidiskriminierung sowie partnerschaftliches Verhalten immer wieder anhand der GBV zu besprechen, es zum Beispiel bei Betriebsversammlungen auf die Tagesordnung zu setzen. Es muss darum gehen, im Hotel eine Kultur des Respekts und des Miteinanders zu schaffen.

Was würdest du anderen Betriebsräten raten?
Der wichtigste Rat ist, sich mit dem Thema zu beschäftigen und nicht die Augen zu verschließen. Zu einem gesunden Betriebsklima gehört es auch, dass der Umgang untereinander zum Thema gemacht wird. Belästigung und Mobbing dürfen nicht als »normal« angesehen werden. Die GBV hilft dabei sehr, weil alle wissen, welche Regeln und Grenzen es gibt und was passiert, wenn diese nicht eingehalten werden. Ich wünsche mir, dass Betriebsräte sich nicht nur um Paragrafen kümmern, sondern auch den Menschen im Blick haben. Ganz wichtig dabei ist die Jugend- und Auszubildendenvertretung (JAV), denn häufig sind gerade junge Menschen und Auszubildende betroffen. Daher müssen sowohl Betriebsräte als auch JAVen Vorreiter sein.

Thomas Otto
Hauptgeschäftsführer der Arbeitskammer des Saarlandes.

Menschen bilden, Themen setzen, Perspektiven entwickeln: Resilienz gegen Einflüsse von Populisten

Darum geht es in diesem Beitrag
Populisten und Extremisten zielen mit einfachen, zersetzenden Botschaften auf die Erosion der Demokratie. Programmatisch stehen sie im Widerspruch zu den Interessen der Beschäftigten. Gewerkschaften können und müssen handeln: Wie kann man den Menschen sinnvolle Alternativen aufzeigen? Wie erreichen wir sie mit überzeugenden Konzepten? Die Antwort: In die Offensive kommen, relevante Themen setzen! Die Transformation der Wirtschaft ist so ein Thema, das dringend mit glaubwürdigen Gestaltungsperspektiven zu besetzen ist. Die Gesellschaft ist vom Transformationsgeschehen erfasst: sozial, ökologisch und digital. Wir brauchen ein stimmiges Bild von einer stabilen Demokratie, der sozialen Marktwirtschaft und einem zukunftsfesten Sozialstaat, der niemanden zurücklässt.

Wahlergebnisse auf Europa-, Bundes-, Landes- und Kommunalebene rütteln an unserer Demokratie und unserem Verständnis von demokratischen Werten. Hohe Zustimmungswerte erreichen populistische und rechtsextreme Parteien auch bei jugendlichen Wählerinnen und Wählern im Alter zwischen 17 und 24 Jahren sowie bei Gewerkschaftsmitgliedern. Die Populisten setzen mit einfachen Botschaften und einem professionellen Einsatz in der Social-Media-Welt auf die Erosion der Demokratie. In ihren Programmen stellen sie sich zum Teil offen gegen die Interessen der Beschäftigten auf, gleichzeitig solidarisieren sie sich medial mit den Ängsten der Menschen, die sie in Teilen selbst schüren.

Wollen wir unsere demokratischen Grundwerte gemeinsam mit den Arbeitnehmerinnen und Arbeitnehmern in unseren Betrieben stärken, sind grundsätzlich zwei Fragenkomplexe zu erörtern:

- Erstens eine Analyse: Was ist der richtige Weg, Menschen sinnvolle Alternativen aufzuzeigen – heraus aus der populistischen Ecke? Was können wir beitragen, um multiple Krisen zu überwinden oder wie können wir damit umgehen? Wie sind die Ängste der Menschen in einer sich rasend verändernden Gesellschaft aufzunehmen? Was ist unser Narrativ für eine soziale, gerechte Gesellschaft?

- Zweitens eine methodische Strategie entwickeln: Wie erreichen wir mit einem überzeugenden Narrativ die Menschen, in unserem Falle die Beschäftigten in den Betrieben und Verwaltungen? Welche Bedeutung haben traditionelle Medien wie TV, Radio, Zeitung oder Publikumsveranstaltungen noch? Wie müssen wir uns in der Social-Media-Welt positionieren?

Antworten auf multiple Krisen

Aktuell spüren wir eine breite Verunsicherung der Bevölkerung, die nach Jahren des anhaltenden Krisenmodus ausgelaugt erscheint. Waren und sind Covid-19 und der Ukrainekrieg nicht schon Belastung genug, kommen nun noch die ökonomische Stagnation in Verbindung mit der Transformation und weltwirtschaftlichen Turbulenzen zum Tragen. Das Geschehen ist für viele Menschen real bedrohlich, denn es kriselt auch in bisher als krisenfest bewerteten Branchen.
Es liegt nicht in unserer Macht, Krisen zu beenden und eine fortschreitende Spaltung in unserer Gesellschaft aufzuhalten, aber wir können und müssen aufzeigen, dass es bessere Wege und Antworten gibt, auf politische Herausforderungen zu reagieren und einen Umgang mit Krisen zu finden. Dass wir in Deutschland und in Europa mit der vorhandenen (Wirtschafts-)Stärke, dem hohen Ausbildungsniveau der Beschäftigten und mit den richtigen Instrumenten keine riesige Angst vor dauerhaftem Wohlstandsverlust haben müssen, gehört dazu, reicht aber nicht aus. Viele Menschen empfinden die aktuelle Lage für sich bedrohlich, und zwar nicht unbegründet.

Perspektiven: Wirtschaftswandel offensiv aufgreifen

Zur Wahrheit gehört, dass sich Krisen und Probleme verschlimmern und verstetigen, wenn die vom Verfassungsschutz als gesichert rechtsextrem eingestufte AfD ihre Botschaften umsetzen könnte, wenn Deutschland isoliert agieren würde (»Dexit« aus der Europäischen Union) und »ein-

fache Antworten« das politische Geschäft bestimmen. Was dabei herauskommen kann, zeigt das Beispiel USA.
Eine Antwort auf das aktuelle Dilemma ist: In die Offensive kommen und Themen setzen. Die Transformation der Wirtschaft ist so ein Thema, das dringend mit glaubwürdigen Gestaltungsperspektiven zu besetzen ist. Es geht um das Bild einer zukunftsweisenden Demokratie und sozialen Marktwirtschaft, um einen zukunftsfesten Sozialstaat, um den ernsthaft gerungen wird. Soziale Sicherheit, Grundrechte und Teilhabe stärken alle Bürgerinnen und Bürger dieses Landes.

3D: Dekarbonisierung, Digitalisierung, Demografie

Im Saarland sind die Arbeitskammer – als besondere Einrichtung des Landes für die Arbeitnehmer*innen – sowie die Gewerkschaften nah dran an den Themen Dekarbonisierung, Digitalisierung und Demografie – den drei großen »D«, die als prägend für die Transformation der Wirtschaft und der Industrie gelten. Wir sind dabei, wenn es darum geht, eine Wasserstoffwirtschaft im Saarland aufzubauen und so grüne Energie für die Industrie bereitzustellen. Perspektiven und neue Konzepte müssen tragfähig sein und glaubwürdig vermittelt werden!
Ganz wichtig: Wir fordern immer dazu auf, die Menschen in den Mittelpunkt zu stellen, damit sie in einer CO_2 freien, von Wasserstoff statt Öl und Gas geprägten Welt leben und arbeiten können. Und wir stehen dafür ein: Bei der Entwicklung digitaler Konzepte und der Begleitung des Einzugs der Künstlichen Intelligenz in die Betriebe sind wir als Partner aktiv in den einschlägigen betriebsorientierten Umsetzungsprojekten und achten dort darauf, dass die Beschäftigten mitgenommen werden.

Weiterbildung fördern, Menschen nicht überfordern

Die aktuellen Veränderungen werden zusätzlich durch den demografischen Wandel belastet. Der Renteneintritt der Boomer-Generation verursacht einen enormen Arbeits- und Fachkräftebedarf, weshalb wir die Belegschaften fit machen müssen für neue Anforderungen. Und wir müssen verstärkt und konsequent auf die Arbeitnehmer*innen setzen, gute

Arbeitsbedingungen gestalten, damit sie möglichst gesund und motiviert im Arbeitsleben stehen können; der Arbeitsmarkt muss für jene Gruppen attraktiver werden, die noch nicht im notwendigen und möglichen Umfang zur Verfügung stehen. Und ganz wichtig: Wir müssen Zuwanderung und Integration von vielen Menschen als Chance und Bereicherung verstehen, uns mit diesem Thema sachlich fundiert auseinandersetzen (vgl. den Beitrag von Romin Kahn in diesem Band).

Dies alles führt letztendlich zu einem aus unserer Sicht zentralen Thema: Das Land braucht eine neue Kultur der Aus- und Weiterbildung. Das haben wir bereits früh erkannt und ernst genommen; wir tragen im Saarland die Verantwortung für den »Weiterbildungsverbund Saarland« sowie für das »Weiterbildungsportal Saarland«. Mit diesen Instrumenten lassen sich Impulse setzen, damit Menschen Chancen und Perspektiven erkennen, damit im Land ausreichend qualifizierte Kräfte den Transformationsprozess kompetent begleiten können. Die saarländische Landesregierung gibt mit ihrer Fachkräftestrategie und dem Ansatz Guter Arbeit einen soliden Rahmen vor, der anderswo Schule machen kann.

Mehr Beteiligung und Social Media

Dies führt zum zweiten Fragenkomplex und der spannenden Aufgabe, wie wir die Idee einer starken, nachhaltigen, sozialen Wirtschaft in einer zukunftsfähigen Demokratie den Parolen der Populisten entgegenstellen.

Der traditionelle Weg, mit politischen Informationen an Beschäftigte heranzutreten, mit ihnen ins Gespräch zu kommen, läuft über Printprodukte, Presseinformationen an Funk, TV und Zeitung sowie über die direkte Ansprache in (betrieblichen) Veranstaltungen und bei Kundgebungen. Die Social-Media-Welt wird aufseiten der Gewerkschaften und ihrer Verbündeten auch genutzt, allerdings noch nicht so intensiv, wie es nötig wäre. Teils sind die Medienkampagnen zu schwach und kaum strategisch angelegt.

Gerade mit Blick auf die junge Generation haben wir im Saarland in den letzten Jahren neue Formate entwickelt – wie die Filmtage »Mit kritischem Blick«: Wir gehen auf Schulklassen zu und bieten ihnen aktuelle, gesellschaftspolitische Themen im Kinoformat an, anschließend finden Diskussionen statt. Im zweijährigen Turnus verleihen wir den »Esther-Bejarano-Preis«: In Erinnerung an die Holocaust-Überlebende würdigt die

Arbeitskammer Beiträge von Schulklassen in ihrer Auseinandersetzung mit Antisemitismus und rechten Parolen. Mit dem Format »Demokratie in Gefahr!« laden wir bekannte Autoren zur Lesung und Diskussion ein. Schließlich spielt vor Wahlen der Wahl-O-Mat in seinem moderierten »On-Tour«-Format in Schulveranstaltungen eine wichtige Rolle zur Stärkung der politischen Debatte.
Die Arbeitswelt- und Berufsorientierung junger Menschen wird zunehmend zu einem wichtigen Instrument der Stärkung in einem wichtigen Lebensabschnitt. In der komplexen (Berufs-)Welt muss der Übergang von Schule in Ausbildung oder ins Studium eine höhere Aufmerksamkeit und die Jugendlichen müssen mehr Unterstützung erhalten. Wir bieten Abschlussklassen daher unseren Projekttag »Schule und Arbeitswelt« an. Dabei informieren wir angehende Azubis, was im Betrieb auf sie zukommt und wie die Mitbestimmung sie durch das Arbeitsleben begleitet. Das Update folgt nach dem Einstieg in die Ausbildung durch das »AK-Azubilexikon« und mit der »DGB-Berufsschultour«. Landesweit engagieren wir uns mit der Bundesagentur für Arbeit bei der »Interregionalen Job- und Weiterbildungsmesse«, um für Weiterbildung zu werben und Anbieter wie Interessierte zusammenzubringen. Wir erzeugen so eine breite Öffentlichkeit.
Diese Ansätze der frühen Orientierung werden wir gemeinsam mit dem DGB 2025 mit einer neuen Jugendplattform stärken. Dort werden wir eine moderne Social-Media-Ansprache für die Zielgruppe entwickeln – von jungen Menschen für junge Menschen.

Politische Bildung, Angebote zum Mitmachen

Politische Bildung ist ein Schlüssel, um Resilienz für unsere Demokratie aufzubauen. Dazu gehört ein zeitgemäßes Bildungsfreistellungsgesetz, das wir 2024 im Saarland durch einen engagierten Einsatz von Arbeitskammer und DGB politisch durchsetzen konnten. Mit dem Bildungszentrum in Kirkel ist die Arbeitskammer ein wichtiger Akteur auf diesem Gebiet.
Daneben ist der Dialog mit den Beschäftigten – über unterschiedliche Formate – zu allen demokratierelevanten Themen zu stärken. Um mit ihnen in den Betrieben ins Gespräch zu kommen, müssen wir aktiv sein, auf sie zugehen und gezielt informieren. Es reicht nicht aus, Flugblätter

zu verteilen, Pressemeldungen zu schreiben oder kluge Interviews zu geben.
Die Stärkung der betrieblichen Mitbestimmung und der Betriebsverfassung sind Hebel zur Förderung der Demokratie. Vertrauensleute und Betriebsräte zeigen seit Jahrzehnten, dass die Interessen der Beschäftigten über Mitwirkung, Beteiligung und Mitbestimmung gestärkt werden, dass Demokratie nicht am Werkstor endet – und im Umkehrschluss, dass demokratische Prozesse in der Arbeitswelt auch in die Gesellschaft ausstrahlen. Mit der Mitbestimmungsmesse Saar und der Verleihung des Mitbestimmungspreises bieten Arbeitskammer und DGB eine Bühne für die Mitbestimmung; rund 40 saarländische Betriebs- und Personalratsgremien präsentieren dort alle zwei Jahre ihre Arbeitspraxis, weit über 600 Besucher*innen zeigen Interesse.
Wir bieten Betriebs- und Personalräten durch zahlreiche Beratungsangebote zu Guter Arbeit, Arbeits- und Gesundheitsschutz, Einführung Digitaler Instrumente und Künstlicher Intelligenz jede Menge Unterstützung. Wir vermitteln das Rüstzeug für anstehende betriebliche Veränderungen: etwa mit Informationen rund um die Weiterbildung in Bezug auf neue Technologien wie Wasserstoff, Kreislaufwirtschaft und vieles mehr.
Im Weiterbildungsverbund Saarland ist es uns gelungen, betriebliche Weiterbildungsmentor*innen auszubilden. Diese sensibilisieren und beraten niederschwellig in den Unternehmen für Weiterbildungsaktivitäten in der Transformation – in erster Linie für ein mehr an betrieblicher, aber auch für ein mehr an politischer Bildung. 2025 startet bereits der dritte Ausbildungsgang. Die Absolvent*innen werden nach Abschluss in einem Netzwerk weiter bei ihrer Arbeit unterstützt.

Hand in Hand: Interessenvertretung und Vertrauenskörper

Gewerkschaftliche Vertrauensleute und betrieblich Aktive als Multiplikator*innen bewirken in den Betrieben mehr als man denkt: sie sind präsent, haben ein offenes Ohr, organisieren als Mittler die Kommunikation der Beschäftigten mit der Interessenvertretung und umgekehrt, nicht zuletzt können sie Einfluss nehmen.
Sie sind fit zu machen auch für neue Kommunikationswege und die Relevanz ihrer Aufgabe. Sie werden von der Arbeitskammer befähigt, ihre Positionen mit einfachen, zeitgemäßen Methoden auch über ihre Social-

Media-Kanäle zu stärken, das betriebliche Umfeld zeitgemäß und aktiv zu betreuen. Insgesamt wollen wir unsere Kräfte in der Social-Media-Welt bündeln und Zielgruppen erschließen.
Zusammenfassend ist festzuhalten: Die beschriebenen Aktivitäten sind darauf gerichtet, zur Stärkung der Demokratie und der Beschäftigten beizutragen. Starke Gewerkschaften und ihre Netzwerke müssen die Chancen und neue Optionen erarbeiten, um gegenüber den Arbeitnehmer*innen als verlässliche Kraft aufzutreten, die in die Betriebe wirkt und darüber hinaus in die Gesellschaft. In diesem Sinne versteht sich die Arbeitskammer des Saarlandes als Netzwerkpartner eines der vielleicht wichtigsten Zukunftsprojekte der nächsten Jahre: Die Demokratie fördern und stärken!

Surftipps

Amadeu Antonio Stiftung: Gemeinsam für eine demokratische Debattenkultur im Internet
Rechtsextreme und Rechtspopulist*innen bestimmen viele Debatten im Netz und auf Social Media. Eine Reaktion auf gezielt gestreuten Hass ist die demokratische Debatte vieler: Am besten werden Einzelpersonen und Institutionen mit ihren Beiträgen online sichtbar. Das setzt nicht nur die Hassposts in das richtige Verhältnis, die nicht für die Mehrheit der Gesellschaft stehen; das setzt auch eine starke Stimme für die Demokratie und die Grundwerte. Auf dieser Seite findet ihr konkrete Vorschläge, wie mit »Hate Speech« und »Fake News«/Desinformation umgegangen werden kann.
https://www.amadeu-antonio-stiftung.de/digitale-zivilgesellschaft/das-koennen-sie-tun/

Antidiskriminierungsstelle des Bundes
Sie informiert über den rechtlichen Diskriminierungsschutz in Deutschland nach dem Allgemeinen Gleichbehandlungsgesetz (AGG). Man kann sich beraten lassen und auch individuelle Beschwerden vorbringen. Es gibt Informationen, Recht und Studien zum Thema – auch in Bezug auf das Arbeitsleben.
www.antidiskriminierungsstelle.de

Bündnis »Zusammen für Demokratie«
Das Bündnis unterstützt die Arbeit lokaler Demokratieinitiativen; der DGB ist ein Mitbegründer.
https://zusammen-fuer-demokratie.de/

Charta der Vielfalt e. V.: Für Vielfalt in der Arbeitswelt.
Die Charta ist Deutschlands größte Initiative von Arbeitgebern zur Förderung von Vielfalt in der Arbeitswelt. Die Charta wurde bereits von über 6500 Betrieben gezeichnet (Stand 7/2025) und bildet das Charta-Netz-

werk. Man kann sich zum Newsletter anmelden. Es gibt zahlreiche (Fortbildungs-)Veranstaltungen:
www.charta-der-vielfalt.de

DGB-Initiative »Betriebliche Demokratiekompetenz«
Die Initiative bietet gewerkschaftliches Erfahrungswissen für die gleichberechtigte, kollegiale Zusammenarbeit diverser Belegschaften – für demokratischen Zusammenhalt in der Gesellschaft:
https://betriebliche-demokratiekompetenz.de/

DGB
Alle Grundlagen zur Arbeit des DGB (*www.dgb.de*) sowie besondere Hinweise zum Thema Hass und Hetze in der Arbeitswelt, gegen die Spaltung von Belegschaften und Migrationsfeindlichkeit; Erfahrungen – auch mit der AfD – werden vorgestellt.
https://www.dgb.de/gerechtigkeit/demokratie/afd-der-feind-der-beschaeftigten/

Engagiert gegen Rassismus (Stiftung)
Angebote zur Vernetzung und Hintergrundmaterial. Das Projekt mit Datenbank wurde 2021 abgeschlossen, Materialien und Links könnten daher teils nicht mehr aktuell sein. An »Engagiert gegen Rassismus« wirken Personen aus unterschiedlichen Lebensbereichen mit, um möglichst umfassend für eine menschenfreundliche Gesellschaft einzutreten und Zeichen gegen Rassismus und Antisemitismus zu setzen.
https://stiftung-gegen-rassismus.de/engagiert-gegen-rassismus

Gelbe Hand: Mach' meinen Kumpel nicht an! – für Gleichbehandlung, gegen Rassismus e. V.
Eine der ältesten gewerkschaftlichen Initiativen gegen Rassismus und Fremdenfeindlichkeit: Der Verein feiert 2026 sein 40jähriges Bestehen, bekannt auch als »Kumpelverein«. Der Ursprung geht zurück auf »SOS racisme«, die Bewegung entstand in den 1980er Jahren in Frankreich. Mit dem Logo der gelben Hand wurde der Verein 1986 von der Redaktion des Gewerkschaftsmagazins »ran« und der DGB Jugend gegründet.
Es geht kontinuierlich um das Engagement für Gleichberechtigung und Chancengleichheit insbesondere in der Arbeitswelt. Der Verein klärt auf und trägt mit Initiativen zur Gleichbehandlung bei. Aktuelle Materialien stehen bereit.
www.gelbehand.de

Gelbe Hand: So nicht!

Die Neuauflage des Ratgebers zum Umgang mit rechtsextremen Sprüchen ist da (7/2025). Nicht immer hat man sofort die richtigen Argumente oder das nötige Hintergrundwissen parat. Der Ratgeber bietet Techniken und Tricks, wie man erfolgreich rassistische, rechtsextreme und rechtspopulistische Sprüche abwehren und kontern kann. Abwehr ist die beste Verteidigung und lässt sich handwerklich geschickt umsetzen! (PDF herunterladen):
https://www.gelbehand.de/meldung/so-nicht-1

Gesicht zeigen am Arbeitsplatz

Unternehmen aktiv für die Demokratie, gegen Rechtsextremismus, Demokratie- und Menschenfeindlichkeit. Sie übernehmen Verantwortung und gestalten den betrieblichen und gesellschaftlichen Zusammenhalt. Es gibt Publikationen und Handlungshilfen, Angebote zur Vernetzung, für Berufsschulen und für Multiplikator*innen. Eine Studie zu »Rassismus im Kontext von Wirtschaft und Arbeit« bietet Einblicke (2020).
https://www.gesichtzeigen.de/unternehmen-zeigen-gesicht/

Gute Praxis

Ansätze zur Stärkung der betrieblichen Demokratiekompetenz (Bericht für den Zeitraum 2021–2024) – online zum Downloaden:
https://betriebliche-demokratiekompetenz.de/gute-praxis-ansaetze-und-abschlussbericht-foerderzeitraum-2021-2024-erschienen/

Mobile Beratung gegen Rechtsextremismus

Dachverband von rund 50 Mobilen Beratungsteams bundesweit, die seit über 20 Jahren zum Umgang mit Rechtsextremismus, Rassismus, Antisemitismus, Antifeminismus und Verschwörungserzählungen beraten. Der Verband vernetzt die Teams, bündelt ihre Expertise, vertritt ihre Interessen und steht als Ansprechpartner*innen für Politik und Medien bereit.
https://bundesverband-mobile-beratung.de/mobile-beratung/

NRW-Initiative

Landeskoordinierungsstelle gegen Rechtsextremismus und Rassismus in Nordrhein-Westfalen.
https://www.lks.nrw.de/

Projekt »VAU«
VAU – Vernetzung, Aufklärung, Unterstützung. Gewerkschaftliche Bildung gegen rechte Einflussnahme in der Arbeitswelt. Hier können sich Gewerkschafter*innen bundesweit melden, sich mit anderen Aktiven vernetzen:
https://www.dgb-bildungswerk.de/politische-bildung/vau-vernetzung-aufklaerung-unterstuetzung

Respekt! Kein Platz für Rassismus
Die Initiative wurde 2006 aufgrund rassistischer Angriffe im Fußball gegründet. Um ein Zeichen zu setzen, wurden und werden Schilder an Fußballplätzen, Stadien und inzwischen auch an anderen öffentlichen Orten und in Betrieben aufgehängt: »Respekt! Kein Platz für Rassismus«. Die Initiative ist eine gemeinnützige GmbH, verpartnert und vernetzt mit Verbänden und Institutionen und inzwischen geöffnet für viele Lebens- und Arbeitsbereiche über den Sport hinaus.
Seit 2011 ist die IG Metall offizielle Partnerin der Respekt!-Initiative, seit Mai 2016 fördert sie die Initiative hauptverantwortlich. Sie organisiert mehr als 500 000 Mitglieder mit Migrationshintergrund.
https://www.igmservice.de/weiteres/initiative-respekt

Verein zur Bewahrung der Demokratie e. V. (VBD)
VBD – Gewerkschaften gegen rechts (angesiedelt bei der IG Metall Baden-Württemberg): Seit Jahren haben IG Metall-Standorte in Baden-Württemberg mit rechten Umtrieben zu kämpfen, zunehmend auch am Arbeitsplatz. Die Hetzer vom rechten Rand spielen mit den Ängsten der Menschen, um sich am Ende als Retter in der Not anzubiedern. Deshalb hat die IG Metall den Verein gegründet, der sich für die Demokratisierung einsetzt. Ziele sind Aufklärung, Sensibilisierung und eine gute gewerkschaftliche Praxis mit betrieblich Aktiven.
https://www.bw.igm.de/wir/vbd.html

WSI-Report 92: Umfrage zum AfD-Hoch
Erkenntnisse über die AfD-Wahlbereitschaft aus dem WSI-Erwerbspersonenpanel: Der Report von Andreas Hövermann (2023) analysierte anhand von zehn Erhebungswellen des WSI-Erwerbspersonenpanels die AfD-Wahlbereitschaft und das Umfragehoch.
https://www.wsi.de/de/faust-detail.htm?sync_id=HBS-008748).